2011/2012年

上海国际经济、金融、贸易、航运中心发展报告

Development Report of Shanghai International Economic, Financial, Trading and Shipping Centers

上海市发展和改革委员会
上海市发展改革研究院 主编

上海人民出版社 格致出版社

编写人员名单

主　编： 周　波
副主编： 肖　林
编　委： 吴建融　汤志平　王建平　周　亚　顾洪辉　沈晓初　周　强

参与编写单位：

市发展改革委	市发展改革研究院	市商务委
市建设交通委	市金融办	市经济信息化委
市交通港口局	市口岸办	市统计局
市旅游局	市科委	人民银行上海总部
上海银监局	上海证监局	上海保监局
上海海关	上海海事局	上海检验检疫局
国家外汇管理局上海市分局	上海张江高新技术产业开发区管委会	
上海证券交易所	上海期货交易所	中国金融期货交易所
上海黄金交易所	中国外汇交易中心	上海清算所
上海航运交易所	上海临港产业区管委会	上海综合保税区管委会
上海虹桥商务区管委会	上海国际旅游度假区管委会	
市浦江办	浦东新区金融局	浦东新区航运办
黄浦区发展改革委	虹口区航运办	上海世博发展集团

编审小组成员：

张忠伟　马海倩　吴璟桉　任新建　叶继涛　丁国杰　华　夏
王　楠　李　浩　张　苑　陈　怡　顾仲恺　黄　驰　贝立珩
吴晓莺　任福明　王　靖　郭　宇　裘文进　殷　飞

编辑部：

市发展改革研究院经济研究所　金融研究所
市发展改革委政策法规处

图片特供： 新华社上海分社

特约组稿（按姓氏拼音排列）：

陈银芸　陈莉莉　陈胜全　程　鹏　戴　妍　戴永翔　段晓阳　段　静
方伽俐　樊　清　葛伟华　黄卫芳　黄献军　黄凌燕　何念如　何玮娜
金丽莉　金艳萍　吉玉萍　刘　慧　刘　宇　刘志红　雷电发　罗　江
刘清水　刘子珩　林章林　林建明　李洪彦　廖士光　马俊生　毛慧红
毛翔宇　祁国中　任　炜　邵时婕　沈轶斐　田　华　唐卫峻　王晓艳
王　维　谢建军　许　墨　徐　衡　徐　璐　叶　锋　郑凌云　郑　懿
邹增强　周　海　甄明霞　张　为　张剑波

序

加快建设上海国际经济、金融、贸易、航运中心和社会主义现代化国家大都市，是党中央、国务院立足全局作出的一项重大国家战略。2009年4月，国务院正式印发《国务院关于推进上海加快发展现代服务业和先进制造业建设国际金融中心和国际航运中心的意见》（以下简称国务院《意见》），进一步明确了加快上海“四个中心”建设的总体目标、主要任务和政策措施，体现了国家对上海发展的高度重视和充分支持。

2011年是国务院《意见》发布实施的第三年，也是“十二五”规划的开局之年。三年来，面对更加复杂多变的国际国内形势，在国家各部委的大力支持和指导下，上海市委、市政府深入贯彻落实国务院《意见》，充分依托“两个中心”部际协调机制，按年度落实重点工作分步推进，在全市上下的共同努力下，“四个中心”建设取得重大进展。2011年以来，国家发布了《“十二五”时期上海国际金融中心规划》，上海也相继出台了“十二五”时期加快建设国际航运中心、国际贸易中心等一系列重大规划。全年上海金融市场交易额较2008年增长1.4倍，直接融资总额增长1.3倍。上海港集装箱吞吐量首次突破3000万标箱大关，继续位居世界第一，浦东机场连续四年保持世界货运第三大机场地位。上海关区进出口总额、服务贸易进出口总额较2008年分别增长30%和70%以上，位居国内首位。同时，经济中心辐射功能逐步扩大，市场要素加速集聚，平台功能日益完善，城市综合实力明显提升。我们坚信，在上海市委、市政府的有力领导下，通过更加扎实的工作、更大力度的创新，上海一定能实现到2020年基本建成国际金融和国际航运中心的目标，上海“四个中心”建设必将迈上新的台阶。

为全面、准确反映上海“四个中心”建设的全貌，记录上海“四个中心”建设发展的路径和历程，上海市发展和改革委员会从2010年起，按年度组织编写并公开出版《上海国际经济、金融、贸易、航运中心发展报告》（以下简称《报告》）。今年的《报告》力求客观总结和反映 2011 年为推进上海“四个中心”建设所采取的一系列政策措施及取得的积极成就，全面阐述 2012 年的重点发展任务与举措。《报告》主要分为发展综述（2009—2011）、国际经济中心、国际金融中心、国际贸易中心、国际航运中心、重点专项规划、重要研究、媒体聚焦、大事记等部分。为了及时总结国务院《意见》发布三年以来的积极进展，进一步增强可读性、体现《报告》深度，今年的《报告》在发展综述部分对“四个中心”建设三年以来的进展情况作了回顾，并增设了重点专项规划和重要研究两部分，整个《报告》力求做到信息丰富、数据翔实、观点权威、图文并茂。

《报告》得到了中央在沪机构、市有关部门、有关区（县）政府、区（县）发展改革委、有关开发区的大力支持和鼎力配合，在此表示衷心感谢。同时，由于编撰内容量大面广，《报告》难免会存在一些不足之处，希望各级领导和社会各界批评指正。

上海市人民政府副秘书长
上海市发展和改革委员会主任

2012 年 9 月

目 录

目录

Contents

Contents

Contents

国际经济中心

国际金融中心

国际航运中心

国际贸易中心

1 发展综述（2009—2011）

2011 年是《国务院关于推进上海加快发展现代服务业和先进制造业建设国际金融中心和国际航运中心的意见》(以下简称国务院《意见》)正式印发的第三年。自国务院《意见》发布以来，上海在国家有关部委大力支持下，充分依托部际协调机制和全市“两个中心”协调推进机制，每年明确一批项目化的重点工作安排，细化措施，明确责任，滚动推进，国际经济、金融、航运、贸易中心建设取得重大进展。

国际经济中心

2009 年以来，上海转型发展进一步加快，民生保障进一步加强。经济增速有所放缓的背后是经济结构、质量效益的持续改善，是城市综合服务功能、公共服务水平的提升。当前上海经济正朝着科学发展观要求的方向发展，符合中央对上海率先转变经济发展方式的战略要求。

综合经济实力明显提高，经济质量效益不断提升。综合实力迈上新台阶。2008—2011 年，上海经济总量从 1.4 万亿元增长到 1.9 万亿元，2008 年、2009 年先后超越新加坡和香港，2011 年超过京都、首尔，排在世界大城市第 11 位。按常住人口计算，上海的人均生产总值 2009 年首破 1 万美元大关，2011 年达到 1.28 万美元，达到国际中上等富裕国家地区水平。经济综合效益提高。2011 年，上海以占全国 0.07% 的土地、1.6% 的固定资产投资，创造了全国 4.1% 的生产总值，贡献了全国超过 7% 的财政收入。地方财政收入达到 3429.8 亿元，比 2008 年增长 44%，其中三产财政收入比重从 2009 年的 75.4% 提高到 2011 年的 76.8%。节能减排取得良好成效。超额完成“十一五”减排目标任务。2011 年，上海单位 GDP 能耗又同比下降 5.32%，降幅高于全国平均水平，单位能耗名列全国前列；污染物排放量完成年度减排目标。

产业结构调整升级加快，服务业引领发展态势明显。第三产业比重持续提高。三产增加值占生产总值比重 1999 年首次超过 50%，2011 年持续提高到 58%，高端和新兴服务业成为重要增长点。批发零售、租赁和商务服务等行业快速发展，2011 年增加值占三产比重分别为 27.3% 和 8%。工业转型发展取得初步成效。战略性新兴产业加快培育，2011 年上海战略性新兴产业总产出突破 1 万亿元，比上年

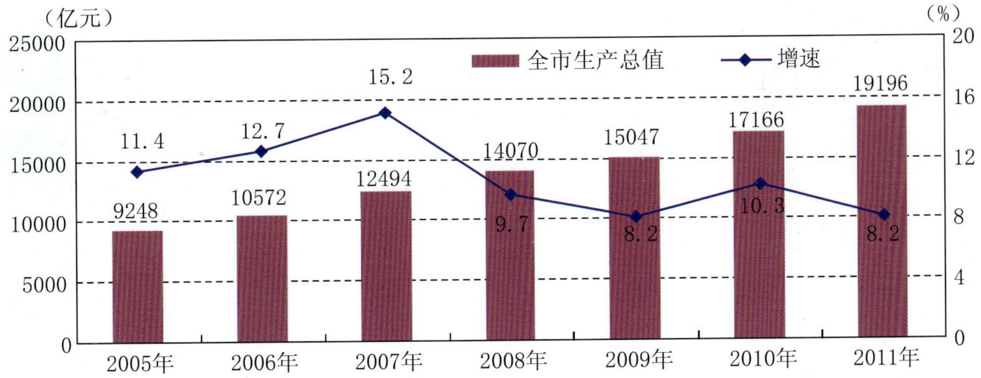

图 1 2005 年以来上海全市生产总值总量及增速

增长 12.2%。新能源等战略性新兴产业加快培育，极大规模集成电路制造装备等一批重大专项成果实现产业化。同时，五大高载能行业产值仅增长 1.1%，增速低于上海工业 5.3 个百分点。科技创新不断加快。“十一五”以来，上海全社会研发投入年均增长 17.4%，占 GDP 比例由 2008 年的 2.58% 提高到 2011 年的 3.11%；每百万人口发明专利授权数由 225 件提高到 390 件，在全国名列前茅。截至 2011 年末，上海共有 43 家国家级企业技术中心和分中心，360 家市级企业技术中心，分别比 2008 年末增加 6 家和 107 家。累计认定高新技术企业总数 3589 家，共认定高新技术成果转化项目 7831 项。集聚各类优秀人才，高技能人才占技能劳动者比例从 2008 年的 21.1% 提高到 26.1%，首批 160 位海外高层次人才入选上海“千人计划”，上海人才贡献率接近 40%，排名全国前列。

对外开放水平不断提高，城市服务功能不断增强。对外开放能级不断提高。截至 2011 年末，累计实际利用外资突破 1000 亿美元，其中三产实际利用外资比重从 2008 年的 67.8% 提高到 2011 年的 82.8%。2011 年，合同外资、实到外资分别达到 201 亿和 126 亿美元，比 2008 年增长 17.5% 和 25%，总额均创历史新高。总部经济加快集聚，累计达到 927 家，比 2008 年增加 251 家；其中跨国公司地区总部 353 家，投资性公司 240 家，外资研发中心 334 家。“走出去”步伐继续加快，2011 年上海人民币对外投资已批准金额达 8 亿元，积极争取国家“421 专项”资金近 40 亿美元，带动 47 亿美元境外项目。国际贸易功能不断增强。上海关区进出口总额从 2008 年的 6065.6 亿美元提高到 2011 年的 8123 亿美元，占全国比重超过 1/5；服务贸易总额达到 1250 亿美元，占全国比重达到 1/3；商品销售总额达到 4.6 万亿元，比 2008 年增长 70%。国际贸易结算中心外汇管理试点企业扩大到 20 家，跨境贸易人民币结算金额累计超过 3000 亿元。外高桥保税区生产总值、商品销售额、税收均占全国保税区总和的一半。

需求结构不断优化，消费对经济增长拉动作用明显增强。消费领先投资增长。2011 年上海实现社会消费品零售总额 6814.8 亿元，比 2008 年增长 48.9%，最终消费对经济增长的贡献率达到 60% 以上；完成全社会固定资产投资总额 5067 亿元。消费新兴业态发展态势良好，电子商务交易金额增长 27%，无店铺零售额增长 57.3%。投资结构不断优化。2011 年上海第三产业投资占全部投资比重达到 74.1%，比 2008 年提高3.7个百分点。民生领域投资力度加大，2011年保障性住房投资增长42.9%，占住宅投资比重达到34.3%。民间投资活跃，2011年民间投资达到1669.2亿元，比2008年增长41.4%。外贸结构不断升级。总体呈现“五个快于”：即服务贸易快于货物贸易、进口快于出口、一般贸易出口快于加工贸易出口、私营企业出口快于国有企业出口、新兴市场出口快于传统市场出口。

保障改善民生步伐加快，和谐社会建设不断加强。居民收入水平不断提高。2011年，上海城市和农村居民家庭人均可支配收入分别为36230元和15644元，分别比2008年增长35.8%和37.4%；其中，低收入家庭可支配收入增长高于上海平均水平，20%最低收入家庭的人均可支配收入增长14.7%，高于上海城市居民平均增幅0.9个百分点。公共服务日益加强。不断加大教育投入，促进义务教育均衡发展，免除义务教育阶段课本费和学杂费，对来沪从业人员同住子女实行免费义务教育制度。医药卫生体制改革全面推进，在促进公共卫生服务均等化、实施基本药物制度、加强医疗服务体系建设等方面取得新进展，688种药物列入基本药物目录，并在各基层卫生机构实行零差率销售，实现三级医院建设在郊区县的全覆盖，城乡医疗卫生条件得到改善。覆盖城乡的公共文化体育服务网络初步形成，图书馆、博物馆、美术馆等公共文化场馆实现免费开放，人民群众精神文化生活更加丰富。养老服务不断改进，截至2011年末，养老床位数已超过10万张，为20多万名老年人提供居家养老服务。

国际金融中心

2009—2011年，上海国际金融中心以金融市场体系建设为核心，以金融机构体系建设为重点，积极推进金融创新和改革开放先行先试，大力营造良好的金融发展环境，取得突破性进展。

金融市场体系进一步完善，市场规模、能级和功能快速提升。上海清算所、上海股权托管交易中心相继成立，全国银行间同业拆借中心推出信贷转让平台，上海保险交易所积极筹建，迄今已形成包括信贷、同业拆借和债券、外汇、票据、黄金、证券、期货、期权市场等较为完备的多层次金融市场体系。市场规模继续扩大。2011年上海金融市场交易额（未计外汇市场）为418万亿元，较2008年增长1.4倍，部分交易市场规模位居全球前列。市场深度不断拓展。股指期货平稳上市，期交所推出黄金期货、钢材期货、铅期货、锌期货等品种，贷款转让交易、超短期融资券、信用风险缓释工具等相继推出，上市商业银行进入交易所债券市场试点启动，非上市公众公司股份转让市场先行试点。市场功能显著增强。2011年上海金融市场直接融资总额达28814亿元，较2008年增长1.3倍；Shibor（上海银行间同业拆放利率）定价基准地位进一步提高；上海期货市场与伦敦、纽约一起被公认为世界铜的定价中心。

金融机构体系进一步健全，功能性金融机构和新型金融机构加快集聚。积极吸引各类金融机构入驻，截至2011年末，上海

表 1 2008—2011 年上海金融市场规模发展情况（万亿元）

金融市场		2008 年	2009 年	2010 年	2011 年	备注
上海金融市场交易额（不含外汇市场）		177.1	251	386.24	418	
股票市场	股票总市值	9.8	18.5	17.9	15	2009—2011 年全球排名分别为第 6、第 5、第 6，亚洲排名一直为第 2
	股票交易额	18.1	34.7	30.4	23.8	2009—2011 年全球排名分别为第 3、第 3、第 4，亚洲排名分别为第 1、第 1、第 2
	股票筹资额	0.22	0.33	0.55	0.32	2009—2011 年全球排名分别为第 5、第 4、第 6，亚洲排名分别为第 3、第 2、第 3
债券市场	总交易额	2.8	3.9	7.5	21.1	
期货市场	商品期货市场交易额	28.9	73.8	123.5	86.9	
	铜	全球同品种交易额排名		第 1		
	铝		—	第 2	第 2	
	锌			第 1		
	铅		—	—	第 4	2011 年新推出
	黄金		—	第 8	第 9	
	天然橡胶			第 1		
	燃料油			第 1		
	螺纹钢			第 1		2009 年新推出
	线材			第 1		2009 年新推出
	股指期货市场交易额			41	43.8	2010 年 4 月开始挂牌交易
银行间市场	货币市场交易量	73.2	89.6	115.5	132.9	
	债券市场交易量	37.1	47.3	64	63.6	
	衍生品市场交易量	4.2	6.7	10.6	15.4	
	总计	132	163.9	211.3	235.7	
黄金现货市场	总交易额	0.9	1.1	2.0	4.4	2008—2011 年始终保持场内现货世界第一
保险市场（亿元）	原保险保费收入	600	665	883.9	753.1	
	财产险公司原保险保费收入	131.8	151.8	197.2	233.4	
	寿险公司原保险保费收入	468.3	513.2	686.7	519.7	

注：银行间市场包括银行间外汇、货币、债券和衍生品市场，外汇市场交易量暂不公布；衍生品市场数据包括汇率衍生品和利率衍生品，汇率衍生品交易量按期末汇率折人民币。

金融机构总数已达1136家，较2008年增长64.9%。功能性金融机构加快集聚。中国银行上海人民币交易总部获批，国有重点商业银行在沪设立第二总部工作取得重大进展；人保、太保两家总公司直属航运保险运营中心成立；德意志银行在沪设立持牌的资金运营中心；中德证券公司总部迁入上海并扩大业务范围。新型金融机构加快集聚。货币经纪公司、基金管理公司、融资租赁公司、汽车金融公司、券商直投公司、资产管理公司、股权投资企业、创业投资企业、消费金融公司、企业集团财务公司、专业性养老保险公司、小额贷款公司等一批新型金融机构纷纷入驻上海。外资合资金融机构加快集聚。截至2011年底，累计有25个国家和地区的银行来沪设立机构，外资法人银行共计22家，占全国一半以上，资产规模占全国48.8%；5家合资证券公司落户上海，摩根士丹利华鑫证券开业，东方花旗证券有限公司顺利获批；纽银梅隆西部基金等22家合资基金管理公司和1家合资期货公司业务开始开展。

积极稳妥推进金融产品与业务创新，许多领域先行先试亮点频现。在全国率先开展跨境贸易及相关人民币结算业务，2011年跨境人民币结算量达3312亿元，约为2010年的4.9倍。国际贸易结算中心外汇管理改革、期货保税交割、外资法人银行、金融租赁公司、融资融券、单船单机融资租赁、个人本外币兑换特许业务、新台币双向兑换业务等先后试点。金融产品创新陆续推出。超短期融资券、信用风险缓释工具等相继推出，人民币海外投资基金组建；股指期货平稳运行，2011年总成交金额43.8万亿元。金融业务创新不断涌现。银行间外汇市场正式开展人民币对外汇期权交易、外汇期权组合业务，开展并购贷款、知识产权质押融资、保单融资、小企业网络联保贷款等多项创新业务。金融企业创新稳妥推进。地方金融国资国企改革取得阶段成果，浦发银行、中国商用飞机有限责任公司、上海国际集团获批联合筹建金融租

赁公司。

金融发展环境进一步优化，规划、制度、法规等服务和监管体系不断加强。国家发展改革委发布《“十二五”时期上海国际金融中心建设规划》，市人大通过《上海市推进国际金融中心建设条例》，市政府出台《关于集聚金融资源，加强金融服务，加快上海国际金融中心建设的若干规定》，金融仲裁院、金融审判庭、金融和知识产权公诉处等机构陆续成立。服务环境明显改善。上海金融业联合会和上海市金融发展服务中心成立；上海中小企业信贷网络服务平台启动运行。信息化水平不断提高。新华社金融信息平台落户上海；上海金融统一征信平台建设稳步推进，信用信息记录制度和披露制度进一步完善。形成影响力广泛的金融发展支撑载体。陆家嘴论坛成为具有一定世界影响的国际金融高层次交流平台。陆家嘴金融城和外滩金融集聚带作为国际金融中心核心载体地位进一步凸显。

国际航运中心

2009—2011 年，上海国际航运中心以现代航运服务体系建设为核心，以国际航运发展综合试验区为突破，积极推进政策落实和创新突破，取得重要进展。

国际航运发展综合试验区建设大力推进，政策、制度、功能取得创新突破。成立上海综合保税区管委会，实质性启动“三港三区”联动工作。营业税免征政策效应明显。大批航运、

物流及相关企业入驻洋山保税港区，自2009年至今，累计新增注册企业400多家，其中物流企业270多家，航运企业50多家。2011年减免企业营业税21.94亿元，受惠企业281家（自2009年5月政策实施以来累计减免营业税47.14亿元）。新型国际贸易试点加快推进。先后两批共20家企业获得新型国际贸易结算中心试点，截至2011年末累计完成结算金额24亿美元，预计未来结算金额有望达到100亿美元。期货保税交割完成全流程运作。洋山保税港区以铜和铝作为试点品种，完成包括仓单生成、到期交割、期转现交割、仓单注销、报关进口和转口出境等主要环节的“期货保税交割”全流程操作，期货保税交割业务正式进入市场运行阶段。保税船舶登记试点启动。洋山保税港区作为新的船籍港开展船舶登记业务于2011年12月正式获批。

现代航运服务体系加快培育，航运机构、航运市场和航运产业快速发展。上海各类航运服务企业总数已超过1000家，其中外资航运机构已达250家。全球十大国际集装箱班轮公司、九大船级社分别在上海设立总部、区域总部或分支机构。海事仲裁、运价交易、保险公估、航运咨询等航运专业服务机构相继建立。非双边海运协议关系国在华设立独资公司、航运经纪人准入制度均首先在上海取得突破。国家级船员评估中心和中国船员招募中心落户上海。航运交易市场规模不断扩大。2011年上海航交所共完成船舶交易285艘次，船舶交易总值20亿元，中国船舶交易信息平台接受船舶成交信息报送3192艘、439.6万载重吨。上海航运运价交易公司推出上海至欧洲、美西两条航线集装箱运价指数衍生品，至2011年底集装箱运价衍生品交易市场单边成交金额达705亿元。航运金融服务业加快培育。2011年上海地区船舶险和货运险总量达到34.45亿元，占全国的22%。上海综保区融资租赁业务试点规模不断扩大，租赁资产规模超过10亿美元，并筹建首期20亿美元的融资租赁项目贷款资金池。航运产业基金管理公司正式挂牌，成为国内首支航运产业基金。交通银行、浦发银行成立航运金融部，工商银行及中国银行上海分行设立专门的航运金融服务中心，为航运企业提供一揽子金融服务。邮轮经济加快发展。上海港国际客运中心全面投运，吴淞口国际邮轮码头一期建成，结合外高桥海通码头，初步形成“两主一备”布局。2011年上海港邮轮靠泊113艘次，其中母港邮轮达81艘次，出入境旅客24万人次。“亚洲邮轮大会”品牌影响力继续扩大。

航运集疏运体系进一步优化，国际航运枢纽港地位日益凸显。京沪、沪宁、沪杭城际高速铁路正式开通，甬温、温福、福厦、合宁、合武铁路建成通车，铁路虹桥站投入运营。外高桥港区六期全面竣工，洋山深水港西港区工程前期工作启动。浦东、虹桥两机场形成5条跑道、4座航站楼、5个货运区的规模。2011年上海港完成货物吞吐量7.28亿吨，集装箱吞吐量首次突破3000万标准箱，达到3174万标准箱（水水中转比例达到41%，国际中转比例4.6%），继续保持货物、集装箱吞吐量世界第一地位。浦东、虹桥机场完成飞机起降57.4万架次，旅客吞吐量7456万人次，货邮吞吐量356万吨。浦东机场货邮吞吐量达到310.9万吨，连续四年保持世界货运第三大机场地位。

口岸服务效率进一步提升，航运发展环境持续优化。海关和检验检疫的报检报关“一单两报”试点启动，“全国海关电子税费支付系统”正式运作，上海口岸通关物流的EDI业务单证电子化率达74%，居全国首位。率先试点建立口岸通关服务协调机制，洋山港区、浦东机场、北外滩和外高桥地区的“一门式”口岸通关服务中心建设加快推进。两批国际航运经纪公司陆续注册成立，目前获得航运经纪人从业资格证书的已达 345 人。组建航运经纪人俱乐部，加强行业信息交流与探讨。上海国际航运仲裁院、上海海事仲裁院等机构相继成立。

国际贸易中心

2009 年以来，上海利用港口、航运、金融等方面的综合优势，在搭建大平台、服务大市场、推动大开放、优化大环境上下功夫，全方位推进国际贸易中心建设。

国际贸易中心建设的旗帜进一步鲜明。 发布《关于加快推进上海国际贸易中心建设的意见》、《上海建设国际贸易中心"十二五"规划》，实现从"破题"到"举旗"的跨越。成立上海市国际贸易中心建设工作推进小组，并进一步深化商务部与上海市部市合作机制。围绕国际贸易中心建设，编制出台《上海商业发展"十二五"规划》、《上海会展业"十二五"发展规划》、《上海电子商务发展"十二五"规划》、《2009—2012 年上海服务业发展规划》、《上海服务贸易发展中长期规划》等市级专项规划。

一批国家级的功能性项目相继落实。 2011 年，上海就国家会展项目与商务部签署部市合作框架协议，国家会展项目被列为部市合作重点推进项目。2011 年 12 月 26 日，"中国博览会会展综合体"正式开工建设，同日，商务部、科技部、国家知识产权局和上海市政府共同组建的"上海市国际技术进出口促进中心"挂牌成立，"中国（上海）网上国际贸易中心平台"开通。聚焦浦东新区、虹桥商务区及浦江沿岸等重点区域，首批筛选示范效应强、辐射范围广、产业特色明显的城市共同配送、现代商贸服务功能区、国际贸易中心公共平台等 12 个试点项目。外高桥保税区被授予全国首个"国家进口贸易促进创新示范区"，浦东机场综合保税区（二期）封关运作，崇明成为全国首批 12 家"国家船舶出口基地"之一，虹桥商务区国别商品中心开业运营，大虹桥服装服饰出口创新基地升级为国家外贸转型升级示范基地。

贸易总量不断提高，结构进一步优化。 2011 年上海关区进出口总额 8123.1 亿美元，较 2008 年增长 33.9%；上海货物贸易进出口总额 4374.4 亿美元，比 2008 年增长 35.8%，总量仅次于广东、江苏，居全国第三；上海社会消费品零售总额 6814.8 亿元，比 2008 年增长 48.9%；上海服务贸易总额 1292.7 亿美元，比 2008 年增长 75.7%。受国际、国内市场变化影响，上海贸易结构呈现一些新的特点：服务贸易快速发展，增速快于货物贸易；外贸进口增长快于出口，特别是部分资源类、消费类

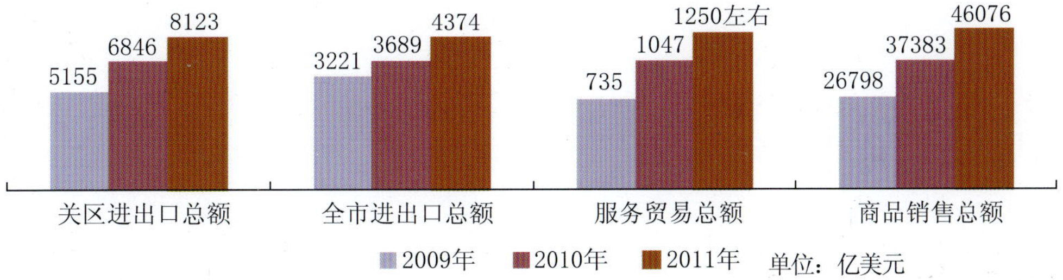

图 2 2009—2011 年上海国际贸易中心建设不断推进

商品进口增幅较大；一般贸易出口增速快于加工贸易；对新兴市场进出口增速快于传统市场，从南非、印度、中东等新兴市场进口增速明显。

对外经济合作交流进一步增强。2011年，外商直接投资合同金额达到201.03亿美元，实到金额126亿美元。跨国并购增强，已占上海对外投资总额的四成。新签对外承包工程合同额达到123.5亿美元。承担国家援外工程和物资项目34个，项目总额16.7亿元，援外培训外国官员766人，派出各类劳务人员1.4万人。截至2011年末，外商累计在沪设立投资性公司240家、跨国公司地区总部353家、研发中心334家。跨国公司地区总部和投资性公司数量均居全国第一，外资研发中心数量列全国第二。

贸易便利化程度进一步提高。2010年起开展国际贸易结算中心外汇管理试点，截至2011年，试点企业扩大到20家，跨境贸易人民币结算金额累计超过3000亿元。优化行政审批流程，大力推进分类通关改革、保税仓库分拨、商品预检验、报关“一单两报”等创新试点，“一门式”口岸通关服务中心协调机制建立。推广国际服务外包业务保税监管模式。开展进口旧机电全球维修业务检验检疫监管模式试点、外高桥保税区贸易便利化创新试点、“空运直通式”作业模式、入境冻品查验新模式等，建立张江海关事务服务中心、国际贸易技术标准服务中心、创新模式共建出口技术服务平台，贸易便利化环境逐步优化。检验检疫、质监、海关、工商等部门加强联合执法，共同推进和谐贸易建设。

2 国际经济中心

年度综述

现代服务业

战略性新兴产业

先进制造业

2012 年重点任务和举措

经济发展案例

2011年是"十二五"规划的开局年，上海经济紧紧围绕创新驱动、转型发展的总体要求，面对复杂外部环境和自身结构调整的双重挑战，坚持推动科学发展，全市经济保持平稳较快增长，转变经济发展方式取得积极成效。

年度综述

2011年经济发展的总体情况

2011年，上海实现生产总值（GDP）19195.69亿元，按可比价格计算，比上年增长8.2%。其中，第一产业增加值124.94亿元，下降0.7%；第二产业增加值7927.89亿元，增长6.3%；第三产业增加值11142.86亿元，增长9.6%。

地方财政收入3429.83亿元，比上年增长19.4%。全年地方财政支出3914.88亿元，比上年增长18.5%。全年完成全社会固定资产投资总额5067.09亿元，同比增长0.3%。从产业投向看，第一产业投资18.62亿元，占全社会固定资产投资总额的比重为0.37%；第二产业投资1295.83亿元，所占比重为25.57%；第三产业投资3752.64亿元，所占比重为74.06%。全年战略性新兴产业投资507.19亿元，增长达9.5%。

2011年，上海外商直接投资合同金额201亿美元，比上年增长31.3%，实际到位金额126亿美元。

2011年经济运行的基本态势

工业结构转型升级取得进展。2011年，上海完成工业（规模以上口径，下同）总产值32445.15亿元，比上年增长7.7%；实现工业增加值6798.28亿元，增长7.4%。工业生产增长呈现逐步放缓的趋势。战略性新兴产业获得较快发展，全年（制造业部分）完成工业总产值7850.35亿元，高出上海工业现价增幅2.3个百分点，占上海工业总产值比重达24.5%。对重化工业发展依赖继续减弱，全年五大高载能行业工业产值仅增长1.1%。主动实施产业转移，以劳动密集型为特征的电子信息产品代工企业产值增幅下降显著。

三产成为经济重要增长点。2011年，上海第三产业增加值增长9.6%，增幅比上年提高3.9个百分点，对上海GDP增长贡献率达到66.7%，成为拉动经济增长的主动力。从主要行业看，交通运输、仓储和邮政业增加值增

表 1 2011 年上海国民经济发展整体情况

指标名称	单位	数值	同比增长（%）
全市生产总值	亿元	19195.7	8.2
第二产业增加值	亿元	7927.89	6.3
其中：工业增加值	亿元	7208.59	7.4
规模以上工业总产值	亿元	32445.2	7.7
第三产业增加值	亿元	11142.86	9.6
社会消费品零售总额	亿元	6814.8	12.3
全社会固定资产投资总额	亿元	5067.1	0.3
地方财政收入	亿元	3429.8	19.4
居民消费品价格指数	以上年为 100	105.2	5.2

资料来源：上海市统计局。

长 5.4%，批发和零售行业增加值增长 12.6%，信息传输、计算机服务和软件业增加值增长 17.8%，金融业增加值增长 9.4%，房地产业增加值下降 2.4%。以研发服务、信息服务、商务服务和金融服务为代表的知识密集型服务业加快发展，占比达到 50% 左右。电子商务等行业加快发展，新兴业态不断涌现。

消费市场和对外贸易增长稳定。受 2010 年上海世博会高基数以及国家取消部分消费刺激政策等因素影响，全市商品消费增速有所放缓。全年社会消费品零售总额 6777.11 亿元，增长 12.3%（若剔除物价上涨因素，实际增长 7.9%），规模、增幅指标继续高于固定资产投资。其中，电子商务领域高速发展，无店铺零售业态实现零售额 233.02 亿元，增长 57.3%。外贸进出口商品总额 4374.36 亿美元，比上年增长 18.6%。对外贸易结构不断优化。一般贸易出口增长高于加工贸易，服务贸易出口增长高于货物贸易出

表 2 2011 年上海第三产业主要行业发展情况

行业	增加值（亿元）	比上年增长（%）	占第三产业比重（%）
第三产业	11142.86	9.6	—
# 交通运输、仓储和邮政业	868.31	5.4	7.8
信息传输、计算机服务和软件业	784.77	17.8	7.0
批发和零售业	3040.99	12.6	27.3
金融业	2277.40	9.4	20.4
房地产业	1019.68	−2.4	9.2
住宿和餐饮业	279.34	−0.3	2.5

资料来源：上海市统计局。

口增长，对新兴市场进出口增长快于传统市场。

城市综合服务功能不断增强。国际金融中心建设取得新突破。上海股权托管交易中心正式挂牌，推进信托受益权转让市场、贷款转让市场建设，协调推进中国银行等国有重点商业银行在沪设立第二总部工作取得重大进展，跨境贸易人民币结算业务进一步扩大，继续深化沪港金融交流合作，积极扩大中小企业融资渠道，金融市场（不含外汇市场）交易总额突破400万亿元，各类金融机构累计超过1000家。国际航运中心建设深入推进。上海港货物、集装箱吞吐量位居全球第一，浦东国际机场货邮吞吐量排名世界第三。航运服务功能不断增强，一批功能性航运机构

表3 2011年上海城市综合服务功能发展情况

指标名称	单位	数值	同比增长（%）
金融市场交易总额	万亿元	418	基本持平
上海港货物吞吐量	亿吨	7.3	11.4
上海港集装箱吞吐量	万标准箱	3174	9.2
机场旅客吞吐量	万人次	7456	3.7
航空货物运输总量	万吨	356	–3.9
商品销售总额	万亿元	4.6	23.3
关区进出口总额	亿美元	8123.1	18.6
其中：进口	亿美元	3123.5	19.5
出口	亿美元	5000	18.1
外贸进出口商品总额	亿美元	4374.4	18.6
其中：外贸进口	亿美元	2276.5	21.0
外贸出口	亿美元	2097.9	16.0

和企业落户上海，上海船舶交易价格指数发布，航运运价指数衍生品成功推出，船舶保税登记方案正式试点，邮轮产业蓬勃发展。国际贸易中心建设加速推进。全年商品销售总额位居国内前列，上海关区进出口总额占全国比重超过两成，服务贸易总额居国内首位。城市信息化水平进一步提高，全市光纤到户覆盖累计超过400万户以上家庭，重点推进提升信息感知和智能应用水平领域八个重点专项，云计算、物联网、TD-LTE、车联网等新一代信息技术产业创新发展。

自主创新步伐不断加快。战略性新兴产业加快培育。战略性新兴产业制造业产值增速明显快于全市工业，组建并运作创业投资基金，智能电网、云计算、物联网等一批重点专项相继实施，重大高新技术产业化取得积极成效。自主创新能力持续增强。全年全社会研究与试验发展经费支出相当于全市生产总值比例达到3.1%，每百万人发明专利授权数达到390件。上海牵头承担极大规模集成电路制造装备及成套工艺、新一代无线移动宽带网等国家专项371项，经国家认定的企业技术中心累计已达43家。自主创新环境不断优化。与国家联合组建的5只创投引导基金正式运行，鼓励银行开展科技金融合作，财政科技投入体制机制不断完善。创新创业人才加快集聚。实施海外高层次人才引进和雏鹰归巢计划，首批160位海外高层次人才入选上海“千人计划”。

现代服务业

发展情况

2011年，面对更加复杂多变的国内外经济环境，上海加快转变经济发展方式，深化调整经济结构，现代服务业发展取得新成效。全年第三产业实现增加值11142.86亿元，首次突破万亿大关，同比增长9.6%，快于第二产业3个百分点。

服务业对经济贡献日益加大。2011年，全市服务业增加值占国内生产总值比重达到58%，继续比上年有所提高。服务业财政收入占地方财政收入比重达到76.8%；服务业吸引外商直接投资实际到位金额所占比重达到82.8%，比上年提高3.4个百分点；第三产业固定资产投资占比达到74.1%，比上年提高1.4个百分点。

服务业内部结构不断优化。房地产业增加值占服务业比重进一步下降，从2010年的10.2%下降到2011年的9.2%。金融业和商贸业继续有力支持服务业稳定增长，占上海服务业的比重达到47.7%，比上年提高1.5个百分点。信息服务业、生产性服务业、文化创意产业经营收入快速增长。

重点行业发展

金融影响力进一步提升。据2011年度伦敦金融城全球金融中心指数、新华—道琼斯国际金融中心发展指数最新排名，上海分列全球第五、第六位；2011年上海金融市场交易额（未计外汇市场）为418万亿元。各类金融机构累计超过1000家，外资法人银行占全国的80%以上，股权投资企业达到436家，股权投资管理企业达到556家；34家上海企业获得第三方支付牌照，占全国的1/3。

航运服务业能级持续提升。2011年上海港货物和国际标准集装箱吞吐量继续保持国际领先，分别达到7.3亿吨和3174万标准箱，集装箱水水中转比例达到41.1%，比上年提高3.1个百分点；船舶保险业务总量占全国40%，落户的外资船务公司占全国比重超过85%，中国首个航运国际标准诞生，新设4家融资租赁公司和8家SPV（特殊目的公司）项目公司。

商贸服务业全面升级。2011年，上海关区进出口总额8123.1亿美元，占全国比重1/5。上海服务贸易总额达1292.7亿美元，占全国比重超过三成。国际贸易结算中心外汇管理试点企业扩大到20家，跨境贸易人民币结算金额累计超过3000亿元。2011年，上海商品销售额46075.9亿元，比上年增长23.3%。

服务业综合改革试点

积极开展国家和上海服务业综合改革试点。积极探索突破服务业发展瓶颈的有效途径，按照国家服务业综合改革试点的工作有关

专栏

上海世博园地区开发

世博园地区位于上海城市核心区黄浦江沿岸，总面积5.28平方公里。区域5条地铁线汇集，并拥有越江2桥3隧等完善便捷的交通及市政配套。

世博园地区是促进上海城市功能转型和中心城区功能深化提升的重要功能载体。规划按照建设“四个中心”和国际化大都市的要求，充分考虑城市公共活动中心的建设，贯彻可持续发展理念，该地区定位为：突出公共性特征，围绕顶级国际交流核心功能，形成集文化博览创意、总部商务、高端会展、旅游休闲和生态人居于一体的上海21世纪标志性市级公共活动中心。成为功能多元、空间独特、环境宜人、交通便捷、体现低碳和创新、富有活力和吸引力的世界级新地标。该地区有望成为大型企业全球或地区性总部集聚地、国际文化交流中心、文化创意基地、国际性旅游会展目的地，以及国际机构的汇聚之地。5.28平方公里土地将形成“五区一带”的功能结构，包括依托原浦西企业馆区的文化博览区，整体保留的城市最佳实践区，以世博村地块为依托的国际社区，原AB片区组成的会展商务区，以及C片区组成的后滩拓展区。

要求，成立市服务业综合改革试点协调推进小组（现调整为市服务业发展改革工作领导小组），推进闸北生产性服务业集聚发展示范区建设。放大国家服务业综合改革试点效应，集聚各部门政策和要素资源，初步形成有利于服务经济发展的制度环境。积极开展市级服务业综合改革试点工作，确定黄浦区、长宁区、徐汇区、浦东金桥出口加工区、普陀区长风生态商务区等首批10个市级试点区域，试点工作在全市服务业各领域、各环节多方位开展。

出台服务业发展规划

制定出台上海市服务业发展“十二五”规划。初步明确未来五年全市服务业发展目标：到2015年，服务业增加值占上海生产总值比重提高到65%左右，服务业从业人员占全社会从业人员比重达到60%左右；构建以支柱服务业为主体、新兴服务业为引领、社会服务业为基础、发展模式不断创新的服务业发展体系；进一步优化服务业空间布局，打造东西轴线、黄浦江和中环三条具有国际影响力的现代服务业集聚带，建设虹桥商务区、世博园地区和上海国际旅游度假区三个标志性新区域。《“十二五”时期上海国际金融中心建设规划》、《上海建设国际贸易中心“十二五”规划》、《上海市文化创意产业发展“十二五”规划》和《上海市旅游业发展“十二五”规划》等服务业重点领域规划也相继出台。

财税政策支持

营业税改征增值税试点。财政部和国家税务总局下发《关于在上海市开展交通运输业和部分现代服务业营业税改征增值税试点的通知》，在全市交通运输、研发和技术服务、信息技术服务、文化创意服务、物流辅助服务、有形动产租赁服务和鉴证咨询服务等领域实行营业税改征增值税试点工作，以推进结构性减税，调整服务业税收关系，深化社会分工，拓展服务市场，延长服务业产业链条，促进地方经济发展。

服务业发展引导资金。根据《上海市服务业发展引导资金使用和管理办法》要求，认真开展年度服务业发展引导资金申报及评审工作。2011年，共计对105个项目给予15550万元专项资金支持，给予服务贸易和服务外包企业3756.8万元专项资金支持。

战略性新兴产业

2011年，上海全面落实国家和全市层面重大战略部署，高新技术产业化取得进一步发展，全年完成总产出10194.9亿元，比上年增长12.2%。

发展情况

2011年上海战略性新兴产业保持稳步增长，制造业部分全年完成工业总产值7850.4亿元，比上年现价增长11.5%，高出上海工业总产值现价增速2.3个百分点，发展势头良好；服务业部分全年共实现营业收入2344.5亿元，比上年增长14.8%，总体增长较快。全年完成总投资507.2亿元，比上年增长9.5%，高于工业投资增速9.2个百分点。

重点产业发展

新能源产值比上年同期增长27.5%，增速为七大重点产业之首；高端装备制造、生物、新材料、节能环保、新能源汽车产业分别比上年增长11.4%、10.7%、14.5%、13.4%、15.5%，增速高于全市工业增速。

专项规划和政策

出台《上海市战略性新兴产业发展“十二五”规划》，提出重点发展五大主导产业、两大先导产业、启动实施15个专项工程。编制完善《上海市高技术服务业“十二五”规划》，重点发展八大高技术服务业领域，制定出台《上海市关于加快培育和发展战略性新兴产业的实施意见》，明确战略性新兴产业46项具体分工，围绕推进张江国家自主创新示范区建设，制定出台《张江国家自主创新示范区企业股权和分红激励试行办法》和实施细则，目前已有多家企业制定试点方案。研究制定《关于上海市进一步鼓励软件产业和集成电路产业发展的若干政策》，提出新一轮软件产业和集成电路产业扶持政策。完善高新技术产业化项目用地“绿色通道”。全年共有59个项目纳入市统筹指标支持高新技术产业化渠道，涉及总投资约400亿元，安排市统筹占补平衡指标4500亩。出台《关于加快推进高新技术产业化人才队伍建设的若干意见》，发布高新技术产业化8个重点领域以及节能环保、民用航天等10个重点领域的“十二五”人才规划，对10个重点领域的471类岗位人才提出开发需求，研究并建立特殊人才引进“绿色通道”。

重大项目建设

突破一批关键核心技术。启动实施第四批36个自主创新和高新技术产业化重大项目，带动新增社会投资约50亿元。通过对高新技术产业化专项的扶持，在重点领域突破一批核心自主知识产权和关键技术：天马微电子

表4 2011年战略性新兴产业分行业工业总产值

行业	工业总产值（亿元）	同比增速（%）
新一代信息技术	2228.7	7.0
高端装备制造	2584.7	11.4
生物	627.5	10.7
新能源	520.5	27.5
新材料	1731.7	14.5
节能环保	407.8	13.4
新能源汽车	27.5	15.5
合计	7850.4	11.5

资料来源：上海市统计局。

表 5 战略性新兴产业发展成效显著

行业	主要进展
新一代信息技术	· 国家科技重大专项新一代宽带无线移动通信网累计申请专利 300 多项，参与制定国家和行业标准 50 余项 · 签署 TD-LTE 产业战略合作协议，我国主导的国际主流 4G 标准产业链在沪初步形成 · 909 工程升级改造一期项目基本建成 · LED 产业化项目启动建设
高端装备制造	· C919 大型客机累计签订订单 215 架，ARJ21 新支线飞机启动适航取证 · 国产先进封装光刻机形成小批量生产能力，已交货 4 台 · 非晶微晶薄膜电池核心设备研制成功，打破了国外厂商对我国高端太阳能电池设备市场的垄断 · 上海电气自主开发的 300 兆瓦核电汽轮机电液控制系统，成功应用于巴基斯坦核电站项目
生物	· 国家肝癌科学中心开工，首台国产质子治疗设备研制项目、上海转化医学研究中心项目加快推进 · 中国首个治疗用生物一类新药研制成功并获国家批准 · 盐酸安妥沙星等国内首创新药获批上市，艾力沙坦等新药完成临床试验，18 个创新药物获得临床批文，12 个创新药物获得生产批文
新能源	· 太阳能光伏发电关键技术及其产业化项目通过竣工验收，将降低太阳能组件生产成本 · 兆瓦级太阳能热发电示范项目建成 · 3.6 兆瓦海上风电机组研制成功，将在东海大桥二期风场应用 30 多台
新材料	· 完成 8 英寸硅片抛光外延和埋层外延开发，并实现量产 · 宝钢集团 780 兆帕级别汽车用高强性能复相钢实现量产
节能环保	· 全市备案的节能服务企业达 174 家，其中列入国家备案名单 105 家，数量位居全国前列 · 备案的合同能源公司全年申报合同能源管理项目 305 项，节能量达到 12 万吨标煤
新能源汽车	· 上汽荣威 750 中混混合动力轿车批量生产并实现上市，上汽自主研发的纯电动轿车完成公告用车制造，插电式混合动力轿车已完成模拟样车制造 · 驱动电机开发达到产业化水平 · 中国电动汽车国际示范城市试乘试驾中心落成运营，吸引约 2 万人次试乘试驾

4.5 代 AM-OLED 中试线基本建成，达到国际先进水平；中微公司集成电路等离子体刻蚀设备进入生产线应用；理想公司高端太阳能电池设备 PECVD 产品交付使用，打破国外厂商长期垄断。国内首个治疗用生物一类新药普佑克研制成功并获国家批准。C919 大型客机研制、航空发动机等自主知识产权项目有力推进。新一代宽带无线移动通信网累计申请专利 300 多项，参与制定国家和行业标准 50 余项。

大力推进服务国家战略。积极创建和推进国家重大示范试点，成功创建“国家电子商务示范城市”，加快推进上海“国家高技术服务产业基地”建设，大力推进“国家云计算服务创新发展试点示范城市”建设，组建上海云计算企业“云海产业联盟”，上海4个项目获“国家云计算示范工程”支持。为电子信息产业转型升级积极争取国家909工程升级改造资本金支持和新型显示滚动实施方案支持。组织申报工业自动化国家工程研究中心创新能力建设、重点产业振兴和技术改造、智能制造装备、集成电路设计和国家信息安全等专项资金。积极运作与国家联合组建的5个新兴产业创业投资基金。

加快建设重大科学工程和研发基地。聚焦新能源、新一代信息技术、生物医药等领域，启动一批重大科技攻关项目，推进一批重大科学工程和研发基地建设。大力推进首台国产质子治疗设备研制项目、上海转化医学研究中心项目建设，加快国家肝癌科学中心、蛋白质科学研究设施、清洁高效煤电成套设备国家工程研究中心、抗体药物国家工程研究中心、中科院浦东科技园二期等创新能力项目建设。新增展讯通信、一机床、泛亚汽车3家国家企业认定技术中心，累计达到43家。国家新能源机动车产品检验中心、国家智能电网用户端产品（系统）检测中心、国家手机测试平台的能力建设全面展开。

先进制造业

发展情况

2011年产业发展呈现前高后低走势，完成工业增加值7208.59亿元左右，增长7.4%；战略性新兴产业产值同比增长11.5%，高新技术产业化产值同比增长12.0%；生产性服务业重点企业营业收入4980亿元，增长21.3%。全年工业投资与上年基本持平。全年产业结构调整项目751项、节约标煤56万吨左右，调整危化企业88项。规模以上工业企业单位增加值能耗进一步下降。

高新技术产业化发展

制定新能源装备、大规模集成电路、3—5万辆新能源汽车等11个重点专项方案。制定《关于推进专项工作的实施意见》，银联、盛大、上海天马，以及智能传感器等一批云计算、新型显示和物联网专项获得国家支持。

专栏

区（县）战略性新兴产业发展情况

浦东新区集中开工了33个战略性新兴产业项目，总投资136亿元；闵行区全力打造“大紫竹”国际化创新基地，推进新能源、民用航空制造等战略性新兴产业发展；嘉定区结合“大院大所”回归，培育和推进了一批战略性新兴产业项目；闸北区积极推进数据港等重点项目，加快软件和信息服务业发展等；杨浦区积极推进云计算、物联网、智能电网示范工作。商飞、国网等13家央企先后入驻世博园央企总部集聚区，入驻业务板块70多个，新增注册资本总额将超过500亿元，其中大部分属于战略性新兴产业和现代服务业。

引进东软、腾讯、三一精机、华仪风电等一批新的企业或项目。启动46个市级重大项目和48个委内重点项目，如映瑞光电LED项目、上海石化1500吨PAN基碳纤维项目、盛大网络的面向互联网云计算平台项目等。已启动的C919大型客机研制、商用航空发动机、909升级改造、MOCVD和PECVD装备、电动汽车等一批重点项目继续推进。建立重大产业项目土地和人才相关配套机制。

工业投资和产业基地建设

重点跟踪推进10亿元以上项目24个，总投资840多亿元，推动三一精机、大众动力总成等新开工项目较快增长；加大技术改造力度，跟踪推进国家级、市级技改重点项目，技改投资占上海工业投资比重达到53.8%。推动基地园区建设，新增闵行民用航天军民结合、金桥开发区电子信息（ICT）两家国家新型工业化产业示范基地，工业向104区块的集中度达到73%；上海新增建设用地中高新技术产业化、战略性新兴产业和先进制造业用地占80%以上；制定规划产业区块外产业结构调整转型指导意见，分类推进存量工业用地合理利用。

调整淘汰落后产能和工业节能降耗

推进钢铁、石化重大布局调整项目，完成产业结构调整任务，完成危化企业调整超过年初目标40%以上；完成浦东张江、松江九亭两个调整专项，推进嘉定南翔、奉贤南桥、崇明生态岛、宝山南大二期等6个重点区域专项。落实工业和信息化部下达的淘汰落后产能和“关小”任务，推进差别电价工作。推进工业能效对标、合同能源管理推广等能效工程，聚焦节能技改专项，促进主要高载能产品单耗下降，工业用能占全市比重从上年56%降至55%。

2012年重点任务和举措

2012年，面对更加复杂的国内外发展环境，上海将按照加快推进“四个中心”建设和实现“四个率先”的总体要求，聚焦重点领域和重点区域，加快体制机制创新，切实推进产业结构优化升级和经济发展方式转变。

深入推进改革试点，突破服务业制度束缚

积极推进闸北区开展国家服务业综合改革试点。推动设立上海市闸北区国家服务业综合改革试点专项资金，支持试点区域的重点项目建设。认真梳理生产性服务业发展中的体制机制约束和关键瓶颈问题，加强与国家有关部门沟通，力争在生产性服务业的关键环节取得实质性突破。

深入推进市服务业综合改革试点工作。推动首批试点区域按照市政府《关于开展服务业综合改革试点工作的通知》和本区（县）试点方案内容，制定试点工作实施意见，建立区（县）级层面组织领导体系和工作机制，进一步梳理服务业发展中的关键问题，细化试点主要目标和任务，并分解到年度计划，落实到具

体单位。

加快推进重点领域服务业发展

以贯彻落实《国务院关于推进上海加快发展现代服务业和先进制造业建设国际金融中心和国际航运中心的意见》为契机，充分发挥世博后续效应，加快推进金融、航运、商贸、文化创意产业等重点领域发展。

金融服务业要加快完善金融市场体系，推动张江国家自主创新示范区非上市股份公司进入代办股份转让系统扩大试点范围，健全上海股权托管交易中心制度框架并启动市场交易，加快筹建保险交易所。推进人民币国际化和金融市场对外开放，推动金融产品工具创新，研究推出利率、汇率相关金融衍生产品。

航运服务业要聚焦探索建立国家航运发展综合实验区，加快完善航运发展环境和政策支持体系，研究探索有利于洋山保税港区发展国际中转业务航运支持政策，吸引重量级功能性航运机构落户，支持发展船舶融资、航运保险等航运金融服务，完善北外滩、吴淞口邮轮母港功能和配套服务。

商贸服务业要聚焦现代市场体系建设，加快建设大宗商品交易平台、进口奢侈品展示交易平台，合力推进虹桥商务区国家会展中心等项目进程。完善国际贸易服务体系，推动“三区三港”在创新贸易功能模式、优化贸易便利化环境等方面联动发展。深化国际贸易结算中心外汇管理试点。推动市级商业中心调整结构，实现差异化经营；加快新城商业建设，提高商业集聚度和功能配套水平。吸引各类企业总部、贸易组织、行业机构入驻，打造国际贸易中心标志性、区域性空间载体。

文化创意产业要依托国家级文化产业基地，扶持文化类新兴产业发展。支持社会资本进入政策允许的文化创意产业，大力培育骨干文化企业，打造一批具有核心竞争力的知名文化品牌。加快国家对外文化贸易基地、上海国际时尚中心、上海国际工业设计中心等一批项目建设。

培育发展战略性新兴产业，大力推进高新技术产业化

推进战略性新兴产业集聚发展。深化推进国家战略性新兴产业示范基地、国家高技术服务产业基地和电子商务示范城市建设，进一步开展国家云计算服务创新发展试点示范工作。聚焦上海国家微电子产业基地、国家软件产业（出口）基地、国家生物医药基地建设，打造产业基础技术研究环境。积极协调推进大型客机总装制造基地、北斗卫星导航应用等项目的建设，全力推进民用航空、卫星导航产业集聚发展。

推进重大专项工程建设实施。贯彻落实《上海市战略性新兴产业发展“十二五”规划》和《实施意见》要求，加快完善《专项资金管理办法》和《重点产品和技术目录》，加快研究启动云计算、生物医药与医疗器械、电子商务与新型贸易现代化、高技术服务业等一批重点领域专项工程，以加速产业规模化发展为目标。

推进创新能力进一步提升。继续大力推进中科院上海市院市合作，促进创新成果转化及示范应用。推进上海科学院加快组建上海产业技术研究院，支持紫竹新兴技术产业研究院发展，积极争取国家工程研究中心、工程实验室落沪，加强战略性新兴产业的共性技术、系统集成技术、产品技术的开发。以获批建设第三个国家自主创新示范区为契机，进一步研究完善张江管理体制和下放行政审批权限相关方案。加快推进重大创新政策率先在张江高新区试行，充分发挥区（县）政府和分园的建设主体作用。

经济发展案例

临港产业区

2011年，临港产业区按照国家、上海加快推进战略性新兴产业和高新技术产业化的总体要求，积极落实“生产、生活、生态”三生融合发展理念，产业功能进一步培育，生产生活配套进一步完善。产业区全年实现工业总产值456.5亿元，比上年增长30%；完成固定资产投资123.8亿元，增长18.4%；引进产业投资总额104.9亿元，增长4.1%；完成税收收入35.1亿元，增长19%。产业区主导产业集聚度达到76.8%，高新技术产业化产值率达到71.2%。

工业生产继续保持高增速。全年工业总产值比上年净增105.3亿元；其中，装备产业区完成产值293.5亿元，增长11.2%。申能临港燃机发电、外高桥造船海洋工程、ABB船舶和矿山设备、电气阿海珐、浩盾通风设备等8个项目投产，新投产项目全年完成产值70.7亿元。此类重大项目的投产，为临港产业发展增加新的力量。

产业项目拉动投资明显。产业区全年投入建设项目共152个；产业项目有91个，完成投资共81.5亿元，同比增长22.8%，占区域投资比重的65.9%。从产业分类来看，发电及输配电设备成为当年投资最大的产业，共25亿元；工程机械及物流装备、海洋工程、物流配套、汽车整车及零部件、船用关键设备及配

临港产业区汽车整车总装车间

套等项目投资按计划完成。

产业链功能不断延伸。“创新驱动、活力临港”2011年上海临港产业区发展战略性新兴产业发布会成功举办，中航商用飞机发动机、中船柴油机配套园等24个高端装备制造业和战略性新兴产业项目签约落户临港产业区，涉及航空配套、节能环保、新能源、海洋工程、精密机床、LED芯片、智能电网等多个领域，项目投资总额超过120亿元；重大产业项目基本实现“当年签约、当年供地、当年开工”。加强战略招商，推动产业链衔接配套，继战略性新兴产业发布会后，又有28个项目进入招商储备，总投资约144亿元，涉及新能源、民用航空、新材料、特种装备等多个行业。

基础及配套设施有序建设。产业区全年基础设施完成投资17.3亿元。东港区公用码头项目水域部分完工、陆域部分开工；大芦线航道整治一期工程航道部分基本完工。奉贤分区一、二、三期市政道路及配套工程可确保落地项目配套保障。产业区全年完成社会事业投资25亿元。重装备区50万平方米公租房项目试桩。奉贤园区产业中心投入使用。闵联园区经济型酒店开工。泥城产业公寓项目建成。泥城生活广场、华亮商务楼、绿地泥城商业广场、芦潮港滨河商业街、书院海天广场等一批商业、住宅项目开建。

生态环境进一步塑造培育。芦潮港社区公共绿化项目完工，泥城滨河文化公园一期启动，芦潮港桃花公园进入规划选址。奉贤园区两港大道红线外两侧防护绿化、公共绿化一期工程、友谊河整治等项目推进迅速。

上海国际旅游度假区

2011年是上海国际旅游度假区开发建设启动年。围绕建成能级高、辐射强的国际旅游度假区和打造上海现代服务业集聚高地的总目标，度假区坚持重点项目优先，基础设施优先，园区发展实现良好开局。

区域开发平稳起步，各项工程顺利推进。2011年，度假区实现全社会固定资产投资额29.8亿元，其中政府财力投资完成8.72亿元，企业（产业）固定资产投资21.1亿元。上海迪士尼项目于2011年4月8日正式开工，核心区及外围配套项目全面启动并且按节点有序推进。核心区各项工程中，场地环境治理工程按全球领先的环境标准对园区场地进行全面评估和环境治理，场地形成、市政道路及附属设施、中心湖、围场河等工程进展顺利。度假区外围道路工程中，唐黄路和航城路已实现结构贯通，围绕迪士尼项目2015年建成的总体目标，已经完成若干个关键节点工作。

管理办法出台，围绕重点项目做好审批服务。《上海国际旅游度假区管理办法》于2011年5月26日公布，为区域行政机构提供一门式高效审批管理和服务提供了法律依据。2011年8月1日起，度假区审批平台正式开通，度假区范围内投资、商务、规划、土地、建设、环保、绿化、市容、水务等方面行政许可事项的审批工作都可在度假区管委会一门式受理。管委会同步制定行政审批工作制度、行政审批手册及办事指南，设立办事大厅，优化操作流程，建立管委会网站，实现并联审批、网上公开等工作，初步形成依法合规、便捷高效的审批服务机制。

启动战略招商，推动度假区出形象、出功能。围绕上海迪士尼项目，积极做好合作公司落户相关服务工作，深化与迪士尼产业链延伸和关联产业合作；呼应国家和上海市“调结构、促转型”战略，加强度假区战略招商，年内先后与多家中央企业和国际知名企业对接，充分利用其在资金、技术、政策、品牌渠道方面的优势，开展创新、前沿领域合作，突出度假区服务功能及在转型发展中的示范作用，围绕世界级旅游目的地和低碳智慧度假区建设等，积极开展项目合作。

张江高科技产业园区

2011年，在国务院各部门的大力支持和市委、市政府的有力推动下，张江示范区建设全面启动、开局良好，呈现出“三个加速”的特点和态势：

创新资源加速汇聚。按照2010年统计口径，“一区八园”的企业总数从上年的1.1万余家增加到1.6万家；研发机构从上年的800余家增加到1000余家；示范区内的国家“千人计划”人才达到173名，比上年增加35名；2011年新引进战略性新兴产业重大项目79个，比上年增加1/3；授权发明专利总数为19818件，其中有效专利为15935件，主要分布在战略性新兴产业领域。

经济总量加速攀升。按2010年国家级高新区42平方公里统计口径，2011年技工贸总收入为8231.84亿元、增加值903.72亿元、税收551.543亿元，同比增长23.37%、25.84%和42.16%。如果按照目前296.4平方公里统计，技工贸总收入为1.6万亿元，企业总数为2.2万家。

辐射能力加速提高。围绕创新驱动、转型发展的战略要求实施扩区计划后，基本形成“一核、三带、多组团”的创新格局（一核即张江核心园，三带即浦东创新带、沿北中环—沪宁线的北上海创新带和沿沪闵—沪杭线的西上海创新带，多组团即多个分园、区块及专业园的联通）。国内外合作交流的深化发展，中英医药国际合作“王朝计划”的首批40项技术转移成果中的11项已经落户张江；长三角医疗科研创新战略联盟在上海成立，一批与外省市合作建设的园区发展良好。

围绕股权激励、科技金融、人才特区、财税改革、管理创新“五个突破”采取的实质举措开始显现效应。

启动股权激励试点。首批6家市属企业（不包括区属企业）已开始试点工作，各分园的试点和政策培训正在展开；为支持试点，浦东新区设立规模为5亿元的代持股专项资金，上海大学出台“技术成果出资入股管理办法”等相关文件。

深化科技金融服务创新。上海促进科技金融服务创新“十条”意见出台；张江高新区管委会与中国银行等7家银行与签署合作协议，为科技型中小企业提供1400亿元的授信额度；科技型中小企业履约保证保险贷款、知识产权质押贷款等得到大范围推广；市股权托管交易中心正式挂牌，首批19家单位已进场交易；2011年，示范区上市企业累计92家。

加快推进人才特区建设。张江核心园形成人才特区建设方案，并实质启动人才公寓建设；紫竹高新区积极探索国家级海外高层次人才创新创业基地管理体制机制。

抓紧实施财税政策改革。集成电路全程保税监管政策试点、扩大入境特殊生物材料检验检疫改革试点、生物医药企业便捷通关试点等国家赋予的改革试点加快推进；上海在全国率先试点增值税扩围，对示范区内服务外包企业、软件与信息服务业和物流业等产生利好影响。市财政、国资、金融管理部门安排的总量为30亿元的科技信贷风险补偿、融资担保和投资等专项资金开始启动；新一轮张江专项资金管理办法，聚焦重点领域、重大项目和薄弱环节，探索多渠道发现机制和资助、投入、补偿、奖励、贴息等多种投入机制改革；新一轮紫竹专项资金也已启动实施。

初步形成管理体制机制改革方案。管理体制改革方案和向分园下放行政审批权试点的若干意见已形成框架；市政府行政资源整合机制，市级管委会服务协调机制和分园管理机构增强对审批权下放的承接力、执行力、监督力等各项改革措施相继实施；制订示范区政府规章，开展人大立法调研等工作正在推进。

黄浦江两岸综合开发

2002年1月正式启动的黄浦江两岸综合开发，是新世纪的上海为延伸浦东开发开放效应，进一步增强城市综合竞争力，采取的一项意义深远的重大战略决策。旨在通过对黄浦江两岸的环境改造和功能重建，优化沿江空间资源、环境资源和历史文化资源配置，将两岸的生产型功能转换为服务型功能。

黄浦江两岸综合开发规划控制范围从吴淞口至徐浦大桥，两侧岸线长度约85公里，规划控制面积约74平方公里。规划控制范围内设核心区和协调区，其中核心区分为中心段、南延伸段和北延伸段，涉及浦东、宝山、杨浦、虹口、黄浦、徐汇等6个行政区。

2011年黄浦江两岸综合开发工作按照创新驱动、转型发展的要求，在规划编制和管理、土地前期开发和出让，以及沿江基础设施与滨江环境建设、重点区域重点项目建设等方面取得明显成效。

加强规划编制和管理工作。 按照“十二五”市级专项规划的要求，完成《黄浦江两岸地区发展“十二五”规划》（草案）的研究和编制工作；继续深化优化黄浦江两岸综合开发中心段、南延伸段重点地区的规划方案，进一步完善东外滩、南外滩、徐汇滨江、浦东滨江等地区的城市设计；积极推进黄浦江沿岸旅游码头与游艇码头布局规划的编制和深化工作；形成黄浦江两岸地区规划实施评估方案成果。

推进土地前期开发工作。继续推进复兴地区的动迁，实质性启动南外滩滨水区综合开发工作；继续推进三岔港游艇基地项目的动迁工作；推进徐汇滨江地区部分地块的腾地工作；推进杨浦滨江地区渔人码头三期、上海国际时尚中心三期等地块的前期开发，积极探索土地收储的创新做法。

有序推进土地招商和出让工作。市浦江办组织沿江相关区参展第六届亚洲国际地产投资交易会，宣传黄浦江两岸地区的发展规划，展示黄浦江两岸的开发成果，对沿岸重点区域和重点项目进行推介；世博园地区B片区（E22）完成10幅地块的出让，作为中国商飞、中信建设、上海电力、山东鲁能、中国华电等13家央企的总部用地；完成耀华地区ES2单元15-1地块的土地出让工作，全球500强企业韩国SK集团竞得该地块，并表示将把SK的物流、国际贸易、证券、基金管理等业务迁移并落地浦东。

加快推进重点地区和项目建设。加快推进重点地区的基础性开发和公益性、功能性项目的建设，实现黄浦江两岸的功能转换。完成浦江E18滨江绿地项目的建设；继续推进耀华地区环通商业广场项目，外滩地区的外滩公共服务中心项目、上海外滩国际金融服务中心项目、外滩源项目等，北外滩地区的上海国际航运服务中心项目、白玉兰广场等，东外滩地区的渔人码头一、二期等的工程建设；吴淞口国际邮轮港顺利开港，上港十四区整体转型推进有序。

3 国际金融中心

2011年，在国家相关部门的大力支持下，上海各有关方面认真贯彻落实国务院《国务院关于推进上海加快发展现代服务业和先进制造业建设国际金融中心和国际航运中心的意见》精神，以金融市场体系建设为核心，以金融机构体系建设、改革创新开放先行先试和营造良好金融发展环境为重点，加快推进上海国际金融中心建设，各项工作在上年的基础上又有了新的进展，部分关键性工作取得了实质性突破。

年度综述

2011年，上海金融市场交易额（未计外汇市场）为418万亿元，部分交易市场规模位居全球前列。如上海证券市场股票交易额排名亚洲第二、全球第四，上海黄金交易所黄金现货交易总额4.44万亿元，继续保持全球第一。银行间市场首批非金融企业非公开定向债务融资工具（简称定向工具）130亿元成功发行。铅期货在上海期货交易所上市交易。上海股权托管交易中心正式挂牌。

德意志银行在沪设立持牌的资金运营中心，中德证券公司总部、摩根士丹利华鑫证券、新湖期货、华泰财险、弘毅投资、方源资本等机构落户上海。航运产业基金、航运金融专业委员会以及上海航运运价交易有限公司相继成立。浦发银行与中国商飞公司合资成立的金融租赁公司获批。浦发银行与美国硅谷银行成立专注服务科技型中小企业的合资银行并获银监会正式批准。

截至2011年末，跨境贸易人民币结算金额累计超过4000亿元；人民币对外汇期权在外汇交易中心推出，我国人民币对外汇期权交易正式进入实质性操作阶段；启动组建人民币海外投贷基金；积极做好上海外商投资股权投资企业试点工作，截至年末，共有五批14家企业获得试点资格，基金总规模超过 140 亿元人民币。陆家嘴金融城进一步扩大范围，外滩金融功能得到拓展延伸；上海金融景气指数正式发布。

金融服务业和金融机构

银行业

截至 2011 年末，上海银行业金融机构资产总额达 8.07 万亿元，比上年增长 16.11%；本外币各项存款余额 5.67 万亿元，增长 13.51%；本外币各项贷款余额 3.74 万亿元，增长 10.24%（见图 1）。不良贷款余额为 223.8 亿元，比年初减少 48.14 亿元，不良贷款率为 0.6%，比年初下降 0.2 个百分点，不良贷款余额和比例较年初实现“双降”；全年累计实现净利润 954.73 亿元，增长 19.69%。其中，中间业务收入 362.56 亿元，增长 31.4%。

外资银行集中度高。截至 2011 年末，累计有 25 个国家和地区的银行来沪设立机构，共计外资法人银行 22 家，各类外资银行分行 78 家（含法人分行），同城支行 97 家，外资银行代表处 89 家，机构数量占全国一半以上，资产规模占全国 48.8%，从业人员占全国逾 40%。其中，有 5 家在沪外资法人银行资产规模已过千亿元人民币。

营运中心日趋聚集。上海充分利用金融市场集中的优势，吸引银行业金融机构在沪设立专业化的运营中心。目前上海的持牌专营机构已有 16 家，包含资金交易中心、信用卡中心、票据中心、私人银行、贵金属部等，进一步增强了上海的资金集聚能力、专业服务能力以及全国辐射能力。

非银行金融机构等新金融业态发展迅速。国内首家消费金融公司正式挂牌运营，农银金融租赁公司成立，交银租赁、招银租赁成功在综合保税区内设立项目公司，企业集团设立财务公司取得明显进展。截至 2011 年末，上海非银行金融机构数量达 31 家，其中法人机构 29 家，上海已经具有国内门类最为齐全的非银行金融机构。

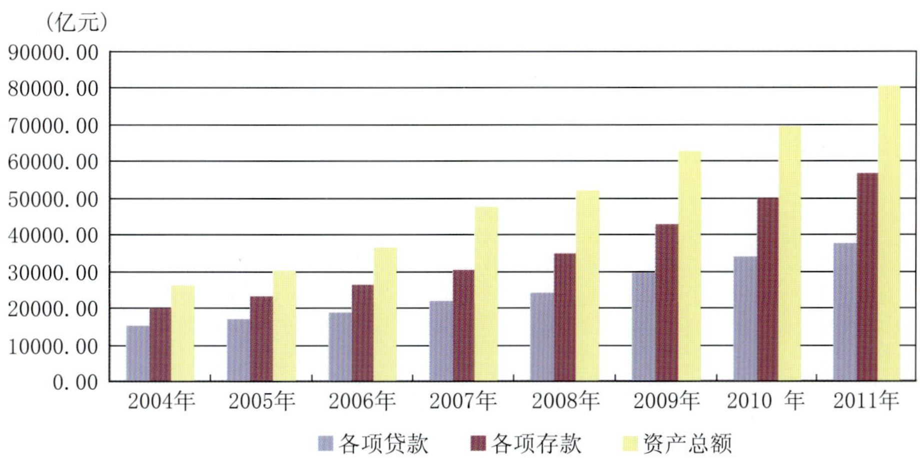

资料来源：上海银监局。

图 1 2004—2011 年上海银行业金融机构资产总额和各项存贷款余额

证券期货业

截至2011年末，上海证券交易所共有931家上市公司，股票总市值15万亿元，当年股票交易额24万亿元，当年股票筹资额3200亿元，是全球规模最大的新兴市场，已跻身全球主要交易所行列。根据世界交易所联合会的最新统计，上交所股票总市值排名亚洲第二、全球第六，当年股票交易额排名亚洲第二、全球第四，当年股票筹资额排名亚洲第三、全球第六。

证券基金期货经营机构数量不断增加，集聚态势初步形成。全年共新增各类经营机构46家，其中证券公司1家、基金公司3家、期货公司1家，证券公司、证券投资咨询公司、基金公司分支机构共12家，证券、期货营业部共22家，基金第三方支付机构2家，外资代表处5家。截至年末，上海证券基金期货经营机构数量达861家，占全国12%，其中法人机构101家，占全国23%。截至年末，上海有合资证券公司5家、基金公司22家、期货公司1家。

证券期货行业结构逐步优化，自身实力不断增强。2011年，上海17家证券公司有4家被评为AA级，占全国25%，连续三年保持领先优势。自营、资产管理、融资融券等三项业务收入行业占比分别为31%、30%、36%，均居全国首位。期货公司注册资本合计58.14亿元，较上年增长39%；保证金规模达340.5亿元，居全国首位；代理交易额为275万亿元，行业占比较上年增长2个百分点。全年新发行基金100只。截至年末，上海34家基金公司共管理基金412只，占全国44.6%；管理基金总份额8529亿份，占全国32.2%；总净值

表1 2011年上海证券期货经营机构情况

类别	家数	占全国比重（%）
证券公司（含2家券商所属资产管理子公司）	17	15
证券公司直投子公司	6	18
证券公司在沪分公司	48	26
证券公司在沪营业部	481	9
证券投资咨询公司	19	23
证券资信评级机构	2	33
基金管理公司	34	49
异地基金公司在沪分支机构	24	—
基金评价机构	3	30
基金第三方支付机构	2	100
期货公司	27	17
期货公司在沪营业部	111	10
外资证券、基金代表处	81	48

中外金融机构集聚

6844亿元，占全国31.6%。

保险业

截至2011年末，上海共有115家保险公司和5家保险资产管理公司。其中财产保险公司53家，人寿保险公司45家，养老险保险公司7家，健康保险公司5家，再保险公司4家，保险集团公司1家。截至2011年末，上海市共有保险专业中介机构310家，其中保险代理机构146家（其中分支机构32家），保险经纪机构99家（其中分支机构42家），保险公估机构65家（其中分支机构24家）。

2011年上海市原保险保费收入累计753.1亿元；其中财产险公司原保险保费收入233.4亿元；寿险公司原保险保费收入519.7亿元。2011年上海保险赔付支出累计260.7亿元，比上年增长34%。其中财产险赔款支出104.3亿元，增长23.8%；寿险给付92.1亿元，增长41.0%；健康险赔款给付60.7亿元，增长186.9%；意外险赔款支出3.6亿元，增长19.00%。

金融要素市场体系

货币信贷市场

2011年，上海市金融机构信贷投放自我约束机制基本建立，存贷款增速回归常态，贷款结构明显改善。截至2011年末，上海金融机构本外币各项存、贷款余额分别为58186.5亿元和37196.8亿元，同比分别增长12.3%和10.3%，增幅比上年末分别下降4.7个和4.8个百分点。

各项存款同比少增。2011年，全市本外币各项存款增加6369.6亿元，同比少增1115.2亿元。其中：财政存款减少151.5亿元，同比多减807.3亿元。2011年末，上海本外币存款余额在全国的比重为7%，与上年末基本持平。

各项贷款增长放缓。2011年，上海本外币贷款增加3654.3亿元，同比少增752.6亿元。其中：人民币贷款增加3349.7亿元，同比少增933.5亿元；外汇贷款增加75.6亿美元，同比多增41.2亿美元，主要与人民币升值预期、本外币贷款利差及外汇资金头寸改善等因素有关。

人民币贷款利率高位回调。2011年前三季度，人民币贷款实际利率水平逐月走高。5月开始，人民币信贷市场各期限贷款实际利率水平均突破7%。随着年内第三次基准利率上

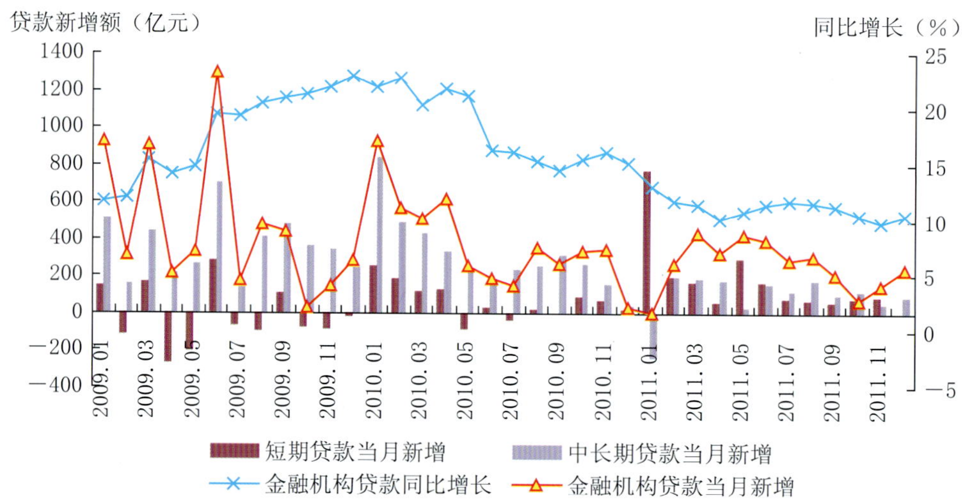

图2 上海中外资金融机构本外币各项贷款增长变化情况

资料来源：人民银行上海总部。

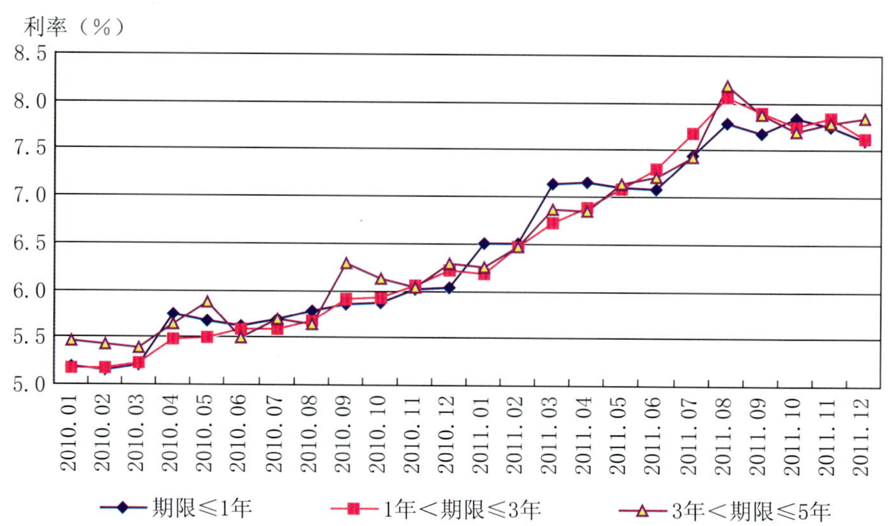

图3 2010—2011年上海人民币贷款实际利率走势

资料来源：人民银行上海总部。

调，8 月贷款实际利率水平达到全年高点。年末，市场流动性略有好转，贷款利率水平有所回落。12 月，上海 1 年期以下、1 至 3 年期、3 至 5 年期贷款加权平均利率分别为 7.60%、7.61%和 7.83%，同比分别上涨了 1.57 个、1.41 个和 1.54 个百分点。

表 2　2011 年上海商业银行各利率浮动区间人民币贷款占比情况（%）

机构类别	下浮	基准	上浮			
	0.9—1	1	1—1.3	1.3—1.5	1.5—2	2 以上
国有商业银行	40.96	32.97	26.04	0.03	0.00	0.00
股份制商业银行	20.31	26.8	50.03	2.65	0.17	0.04
外资银行	16.42	15.25	61.89	5.33	0.9	0.21
其他银行	24.81	44.48	30.68	0.03	0.00	0.00
全部商业银行	27.87	28.35	41.53	1.96	0.24	0.05

美元贷款利率冲高回落。2011 年前三季度，上海外币贷款需求保持较高水平，美元市场流动性较为紧张。商业银行美元贷款利率突破 Libor(伦敦银行同业拆放利率) 加 400 个基点，存款报价一度高至 Libor 加 250 个基点以上。10 月开始，欧债危机加剧，人民币升值预期减弱，对美元的贷款需求减弱，存款意愿增强，美元贷款利率水平快速下行。12 月，3 个月以内和 1 年期美元贷款加权平均利率分别为 2.78%和 3.85%，比 10 月分别下降 0.75 个和 2.13 个百分点。

同业拆借市场

货币政策传导通畅，Shibor(上海银行间同业拆放利率) 利率基准性能良好。银行间货币市场利率对货币政策变动及时、反应灵敏，

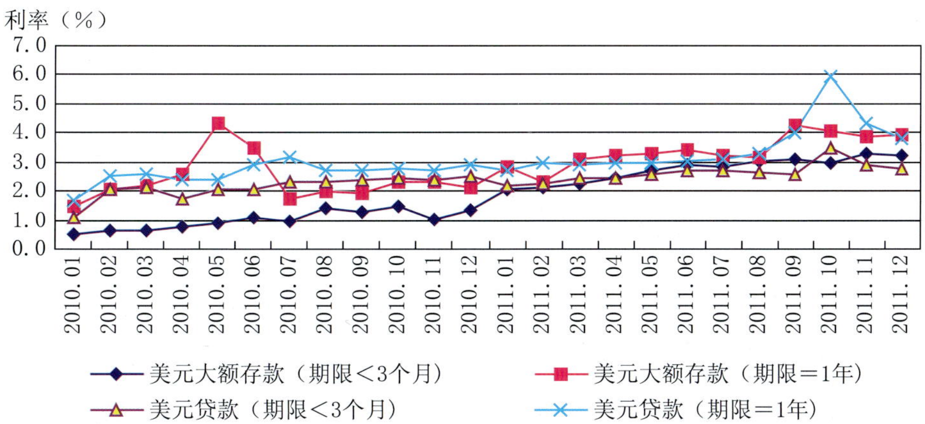

资料来源：人民银行上海总部。

图 4　2010—2011 年上海金融机构美元贷款利率水平变化

为货币政策通畅传导发挥了重要作用。2011年的几次货币政策调整消息公布后，货币市场利率都迅速做出了反应，且对存款准备金变动的反应较加息更为直接。Shibor利率短端走势与短期货币市场利率一致，与同期限信用拆借和质押式回购利率利差保持稳定。

银行间货币市场成交量明显增长。2011年，银行间货币市场成交132.9万亿元，同比增长15.1%，与上年28.8%的增幅相比增势显著放缓，除1月、2月外，各月成交均在10万亿元以上，12月更是创下14.4万亿元的单月最高纪录。

货币市场利率走高。整体来看，主要货币市场利率较年初明显走高。2011年末，隔夜拆借利率收于5.02%，大幅上升217个基点；7天质押式回购利率收于6.33%，大幅上升214个基点；隔夜和7天质押式回购的全年加权利率分别达到3.17%和4.10%，较上年分别高出148个和181个基点，升幅在80%左右。2011年货币市场短期利率波动幅度较上年明显加大。

票据市场

2011年，共有232家金融机构通过审核成为"中国票据网"成员。截至2011年末，票据网成员累计1888家。2011年，共有787家金融机构发送报价20495笔，环比增长25%；金额累计111502亿元，环比下降0.6%。从回购报价看，共有508家机构发送回购报价8904笔，环比增长37%，占报价总笔数的43%；金额累计72481亿元，环比增长17%，占报价总金额的65%。从转贴报价看，共有722家机构发送转贴报价11591笔，环比增长16%，占报价总笔数的57%；金额累计39021亿元，环比下降22%，占报价总金额的35%。

外汇市场

多因素推动银行间外汇市场持续较快发展。2011年，我国对外进出口贸易、银行零售市场结售汇业务、跨境人民币业务等经济活动进一步快速发展，做市商机制改革、新的货币对引入等制度变革因素推动银行间外汇市场持续较快发展，全年交易量增长27.2%。

人民币汇率弹性进一步增强，境内外汇率对比逆转。2011年人民币对美元汇率中间价保持较快升值速度，全年升值5.1%，明显

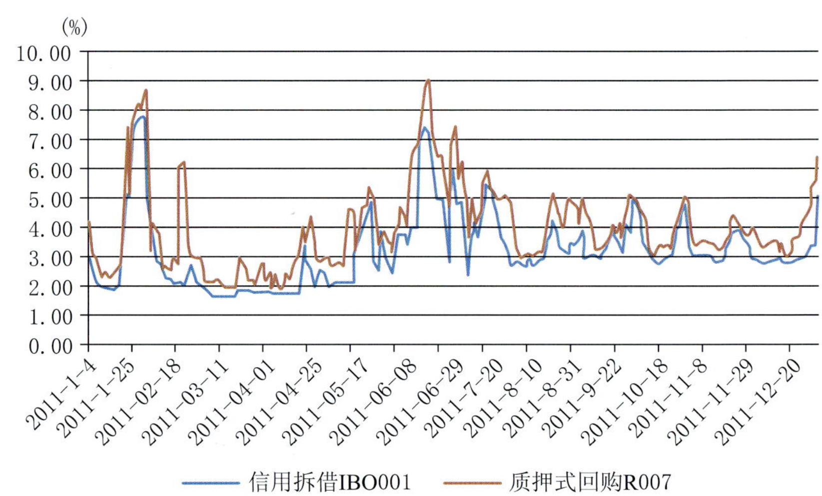

图5 货币市场利率走势

资料来源：中国外汇交易中心。

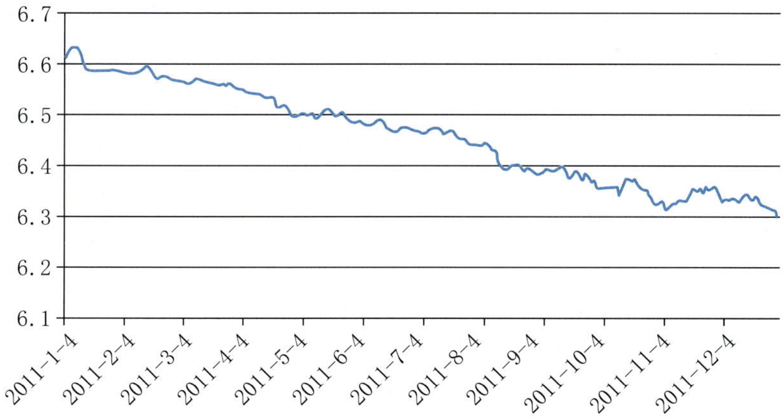

资料来源：中国外汇交易中心。

图 6 人民币对美元汇率中间价走势

快于 2010 年 3.1%、2009 年 0.1% 的升速。2005 年汇改以来，人民币对美元汇率中间价累计升值 31.4%，人民币对非美元货币汇率大幅振荡。人民币对美元即期交易汇率弹性进一步增强，全年盘中波动日均 96 个基点，较 2010 年日均 70 个基点和 2009 年日均 30 个基点进一步扩大。尤其是 9 月末和第四季度部分时期汇率盘中波动较大，多次触及 5‰上限。境内外即期美元汇率价差自 9 月国际市场环境发生明显变化以来逆转。

外汇衍生品市场比重持续提升，结构明显优化。2011 年银行间人民币外汇衍生品市场保持高速成长，共成交 19866.2 亿美元，在 2010 年增长 62.2% 的基础上继续提升 50.9%。衍生品在整个银行间人民币外汇市场中的占比升至 1/3，在 2010 年增长 9 个百分点基础上继续提高 5 个百分点。2011 年外汇衍生品市场延续上年底的结构性变化，远期交易显著复苏，全年远期 / 掉期[①]成交比为 1：8，较 2010 年 1：39 和 2009 年 1：82 明显优化。

境内外外汇衍生品价差反转，升值预期消除。2011 年上半年多数时期，1 年期非交割远期（1YNDF）价格低于境内 1 年期远期价格，二者形成 200 个基点以上的汇差。第三季度国际市场环境发生明显变化以来，境外人民币衍生品汇率价格快速向上突破境内衍生品价格和中间价，显示人民币汇率的贬值预期。第四季度，这一价格倒挂现象延续但程度有所减轻。

股票市场

截至 2011 年末，上海证券交易所共有 931 家上市公司，股票总市值 15 万亿元，当年股票交易额 24 万亿元，当年股票筹资额 3200 亿元，是全球规模最大的新兴市场，已跻身全球主要交易所行列。根据世界交易所联合会的最新统计，上海证券交易所股票总市值排名亚洲第二、全球第六，当年股票交易额排名亚洲第二、全球第四，当年股票筹资额排名亚洲第三、全球第六。

2011 年，中国水电、新华保险等 38 家中央和地方大中型企业顺利完成 IPO，募集资金 1014 亿元，股票再融资筹集资金 2186 亿元。作为大型优质企业的主要聚集地，上海证券交易所还不断加大企业并购重组服务力度，2011 年

① 国际外汇市场远期 / 掉期比为 1 ：4（根据 BIS2010 全球外汇市场调查数据计算）。

共有40家公司完成重大资产重组，使沪市增加市值超千亿的公司3家，超百亿的公司10家。

债券市场

上海债券市场包括上海证券交易所的交易所市场和中国外汇交易中心的银行间市场。

交易所债券市场发展取得重要进展，各项指标均创历史新高。2011年，上海证券交易所债券上市数量、托管量、成交量、投资者数量全面增长，新挂牌公司（企业）债券144只，债券托管量7332亿元，较2010年底增加33%。各主要债券品种规模都有较大幅度增长，其中企业债、可转债和公司债的托管量增幅均超过五成。债券市场总成交21万亿元，同比增加184%。恢复暂停3年的交易商办理流程，固定收益平台新增交易商30多家，交易商总数达到180家，注册账户1589个。

银行间债券市场成交规模微幅下跌，市场结构较为稳定。2011年，银行间债券市场受资金面偏紧、市场不确定性加大及债券一级市场发行量下降等因素的影响，成交量较上年略有下降，全年共成交38.1万笔，累计成交63.6万亿元，同比微降0.6%。从期限结构看，债券交易主要集中于0—7年期品种，该期限段债券品种累计成交57.8万亿元，同比增长3.3%，占债券市场总成交量的90.8%；从交易券种看，政策性金融债成交量最大，中期票据和央行票据分列第二、第三位。2011年，银行间市场政策性金融债累计成交18.6万亿元，同比下降12.7%；中期票据累计成交12.4万亿元，同比增长45.1%；央行票据累计成交11.9万亿元，同比下降31.7%；三者合计占债券市场总成交量的81.1%；从债券投资者结构看，商业银行仍为债券市场最大的净买入方，城市商业银行仍为债券市场最大的净卖出方。

股指期货市场

股指期货上市以来，市场总体运行平稳、理性、规范、成熟，市场监管严格，交易秩序良好。2011年，沪深300股指期货市场总体运行平稳，全年共计244个交易日，总成交量5041万手，日均成交20.6万手；总成交金额43.8万亿元，比上年增长6.5%，日均成交金额1793.6亿元。截至2011年末，会员共计

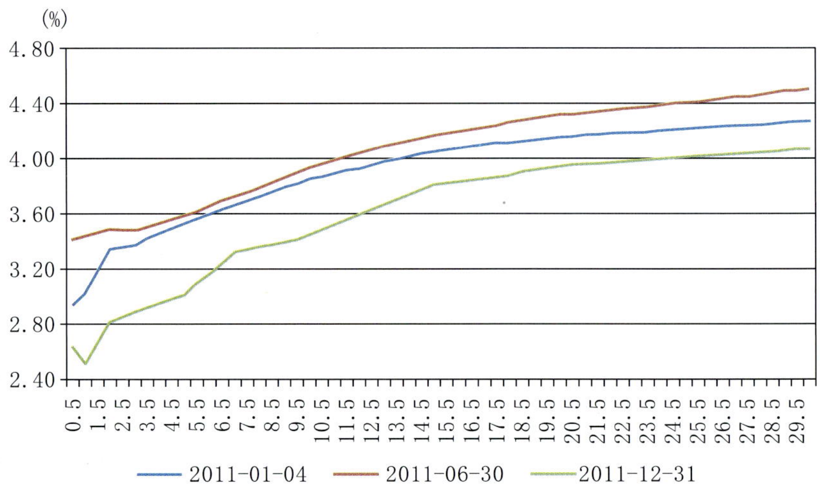

图7 银行间国债收益率曲线

资料来源：中国外汇交易中心。

146 家。其中，全面结算会员 15 家，交易结算会员 61 家，交易会员 70 家。股指期货投资者多为有丰富经验的股票、商品期货投资者，风险承受能力较强，参与秩序良好，市场未出现重大违法违规交易行为，没有出现会员强制平仓、客户投诉和交易纠纷。

运行质量较好，市场成熟度较高。沪深 300 股指期货与现货指数保持高度相关性，主力合约与沪深 300 指数相关系数为 99.6%，基差率较低，市场套利空间较少，市场成熟度较高。近月合约为主力合约，交易最为活跃，占市场总成交的 90% 以上，符合成熟市场一般规律。2011 年，沪深 300 股指期货持仓量稳步增长，日均持仓量为 3.9 万手，高于 2010 年 2.8 万手，市场运行质量有所提高。从各月日均持仓量来看，4—9 月日均持仓量保持稳定增长趋势；10 月、11 月日均持仓继续增长，到 12 月达到全年最高持仓量。顺利实现合约到期交割，各合约交割量较低，市场没有出现对到期合约的过度炒作，交割日合约价格走势平稳，收敛性好，未出现"到期日效应"。

市场规则体系不断完善，套保套利业务全面开展。为更好地满足各类机构投资者的风险管理需求，中金所先后两次修订完善《特殊法人机构交易编码管理业务指南》，制定《套期保值套利管理办法》及其指南，启动套期保值、套利管理系统建设。证券公司、基金公司、QFII(合格境外机构投资者)和信托公司等机构参与政策已经颁布实施。证券自营、资产管理、证券投资基金、基金专户、信托等业务已实际开户，部分参与交易踊跃，产品运用积极。截至 2011 年末，上海市场共有法人账户 1868 个，法人交易量占比超过 5%，持仓占

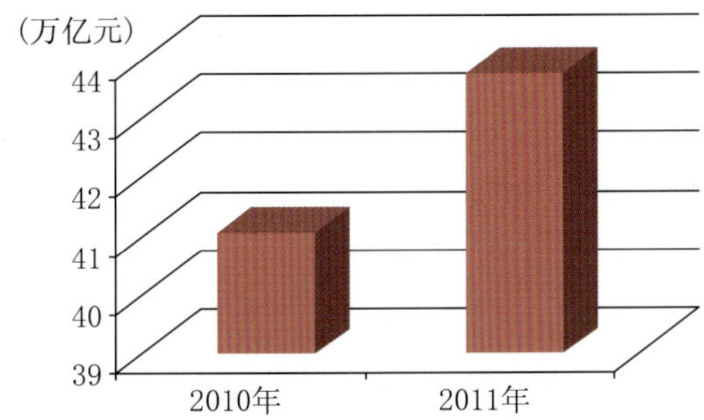

资料来源：中国金融期货交易所。

图 8 沪深 300 股指期货成交额统计（按单边计算）

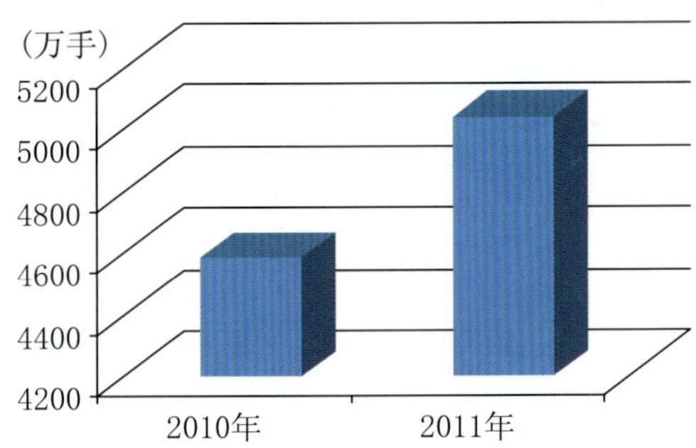

资料来源：中国金融期货交易所。

图 9 沪深 300 股指期货成交量统计（按单边计算）

专栏

股指期货套期保值功能有效发挥

2011 年，受国内外市场各种风险因素影响，沪深 300 指数全年下跌 25%。市场机构积极利用股指期货进行套期保值和对冲交易，有效对冲市场风险，保值避险效果明显。多家具有代表性的证券公司积极运用股指期货进行套保交易，减少了因股票价格下跌而带来的损失，实现正收益。同时，许多机构通过运用传统套保、阿尔法策略、期现套利、跨期套利等交易方式，较好地提高了产品业绩表现。

中国金融期货交易所严监管、紧运行，采取有针对性的措施，净化市场交易环境，全力维护市场"三公"。提高保证金，降低杠杆率，将近月合约保证金设置为 15%，远月合约设置为 18%，大大提高了交易所防范系统性风险的能力，做到风险可测、可控、可承受。

比接近35%。其中，特殊法人账户225个，涵盖51家证券公司、15家基金公司及部分信托等机构，参与股指期货以套保为主，是市场的重要参与力量。

商品期货市场

2011年，上海期货交易所各品种交易量出现较大幅度的下滑，除黄金同比增幅112.59%，铜微减3.60%外，其他品种同比减幅均超过30%，全年各个品种总计成交3.08亿张合约，约占中国期货市场所有品种（包含商品和金融期货）成交总量的29.24%，占全球商品期货与期权成交总量的比重由2010年的20.83%下降至10.96%。螺纹钢、铜、锌、天然橡胶、燃料油和线材等仍排名同品种全球第一。铝和铅分别排名全球同品

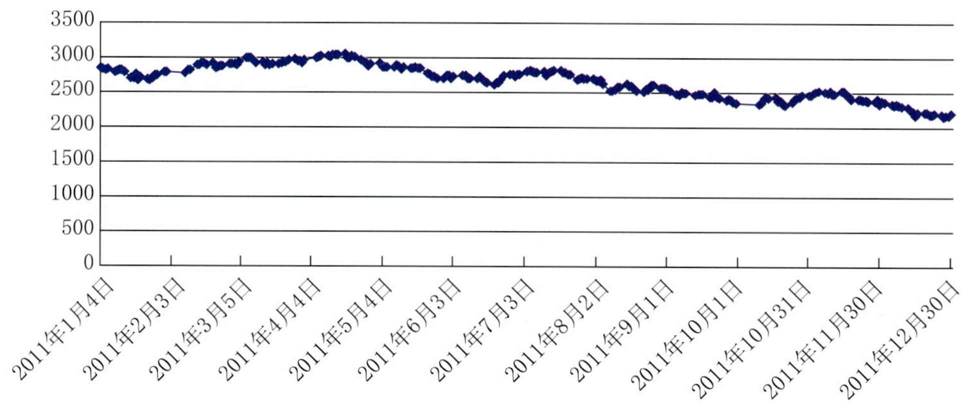

图10 2011年沪深300股指走势

资料来源：WIND资讯。

表3 2011年上海商品期货品种全球排名表（单边）

品种	2011年（手）	2010年（手）	同比增长（%）	2011年全球衍生品合约排名	2011年全球商品期货与期权合约排名	2011年同品种全球排名	2011年同一类别全球排名				
							非贵金属	贵金属	农产品	能源	其他
铜	48961130	50788568	−3.60%	61	19	1	4				
铝	9953918	17261995	−42.34%	168	54	2	11				
锌	53663483	146589373	−63.39%	55	15	1	3				
铅	293280			556	213	4	28				
黄金	7221758	3397044	112.59%	190	64	9		13			
天然橡胶	104286399	167414912	−37.71%	31	6	1			3		
燃料油	1971141	10682204	−81.55%	310	109	1				26	
螺纹钢	81884789	225612417	−63.71%	42	8	1	1				
线材	3242	151702	−97.86%	1537	750	1	54				

资料来源：FIA（美国期货业协会）。

铅期货上市

种第二和第四，黄金则排名第九。2011 年前 7 个月市场交易量明显下降，但 8 月以后市场呈现出明显的企稳回升趋势，并且增幅大于全国市场平均水平，市场份额回升明显。

铅期货自 2011 年 3 月 24 日成功上市以来，运行总体平稳。作为推行新品种大合约制的首次试点，截至 2011 年 11 月底，铅品种累计成交合约 28.68 万手，成交金额 1256.18 亿元，参与交易的会员 170 家，客户 13656 个，其中法人客户占比 4.14%。铅期货累计完成了 26050 吨实物交割。铅期货价格与现货价格保持基本一致，联动性较强，近月合约与现货价差一直保持在合理范围，市场功能正逐步得到发挥。

黄金现货市场

2011 年，上海不断加强以实物黄金交易为基础的黄金市场建设，不断提高市场国际化程度，扩大对外开放，强化市场风险管理，修订完善市场交易规则，加大交易系统建设力度，维护市场参与者利益，稳步推动黄金市场健康规范发展。

黄金交易量和交易额持续增长。2011 年，上海黄金交易所各黄金交易品种累计成交量① 为 7438.46 吨，同比增长 22.92%; 各黄金交易品种累计成交金额为 24772.17 亿元，同比增长 53.31%；日均交易量为 30.49 吨，同比增长 21.91 %。

会员数量不断增加。至 2011 年末，上海

① 上海黄金交易所交易量、交易额按双边统计。

黄金交易所会员数已达166家。其中，外资金融类会员从2009年的4家，增加至8家，即汇丰银行、渣打银行、加拿大丰业银行、澳大利亚和新西兰银行、瑞士信贷银行、大华银行、英国巴克莱银行、摩根大通银行等。法人客户和个人客户的数量持续增加，至2011年末上海黄金交易所法人客户为8052户，个人客户达到234.85万户。

资金清算和黄金实物交割平稳运行。2011年，上海黄金交易所资金清算和实物交割运行平稳。2011年，上海黄金交易所资金清算量为9427亿元，同比增长54.85%。其中会员自营6312亿元，增长60.65%；代理3115亿元，增长44.28%。资金清算的笔数和会员保证金存量也呈逐渐增加的趋势，日均分别为1100笔和180亿元。

询价交易增长较快。2011年，上海黄金交易所陆续推出黄金Au99.99、Au99.95、Au100g等黄金询价交易产品，全年询价黄金交易累计成交152.33吨，交易金额为491.72亿元，交易量占黄金交易总量的2.05%，较2010年全年询价交易量5.436吨有了较大的增长。

加强风险管理，保护市场参与者利益。2011年，黄金价格在高位大幅波动。2011年黄金价格走势波动幅度明显大于2010年，特别是进入7月以后，金价①在波动中上涨，8月22日达396元/克，9月6日再次达到390元/克上方，而9月下旬从370元/克上方在两个交易日内跌至了322元/克。上海黄金市场采取提高保证金比例、调整涨跌幅限制等风险控制措施，修改了上海黄金交易所6个业务规则，自2011年12月28日起正式实施了新修订的《上海黄金交易所现货交易规则》、《上海黄金交易所风险控制管理办法》、《上海黄金交易所会员管理办法》、《上海黄金交易所违规违约处理办法》、《上海黄金交易所现货交易清算实施细则》和《上海黄金交易所现货交易交割细则》，成功地化解了市场风险，保障了市场平衡运行，切实有效地保护了投资者的利益。

金融创新和金融开放

银行业

推动利率市场化的金融创新。在沪银行完成首笔以Shibor为基准的利率互换交易、远期交易，率先在全国尝试以Shibor为基准进行票据产品定价等。

积极开展并购贷款、银团贷款及贷款重组。有力支持上海经济转型与产业升级。推出针对中小企业的供应商租赁和小单租赁业务、知识产权质押贷款、信用保险保单融资，支持实体经济的合理金融需求。积极开展人民币跨境贸易结算试点，推动人民币国际化进程。

推动航运金融创新发展。交行、工行以及中行上海市分行均设立专门的航运金融服务中心，为航运企业提供一揽子金融服务方案，并积极探索离岸类、投行类业务，进一步拓展航运金融服务。

稳步扩大金融对外开放。深化沪港金融交流与合作，与香港特区政府财经事务及库务局在东南亚联合举行了“人民币金融市场国际化”路演活动；启动组建人民币海外投贷基金；大力吸引外资金融机构集聚上海；积极做好上

① 以下国内金价均指Au99.95的价格。

海外商投资股权投资企业试点工作，截至年末，共有5批14家企业获得试点资格，基金总规模超过140亿元人民币。

证券期货业

证券市场创新和扩大开放。推动资产证券化品种创新，逐步扩大基础资产范围，推进中小企业通过证券化产品扩大债券融资。完善权证市场交易机制，根据需要修订相关权证交易管理办法。探索基于场外交易场内化、衍生产品现货化的低风险场内衍生产品。加强ETF(交易型开放式指数基金)市场推广和产品创新，推动跨市场、跨境ETF审批工作，实现新产品的平稳上市；加强指数编制，推出适合投资者需求的指数产品，为增加ETF产品打好基础。逐步拓宽合资证券公司业务范围，有序推进财富里昂开展经纪和咨询业务。4家证券公司、14家基金公司获准开展QDII(合格境内机构投资者)业务。5家证券公司、4家基金公司在香港设立子公司并取得相关牌照，境外分支机构数量居全国首位。积极推动人民币合格境外机构投资者境内证券投资（RQFII）试点，目前4家证券公司、3家基金公司首批获准开展RQFII业务，占全国同类获批机构的1/3，额度占比36.5%。

期货市场创新和扩大开放。2011年3月成功上市铅期货。稳步推进白银期货上市准备工作，推进原油期货品种研发工作，进一步加强碳排放权期货、相关期货品种的期权以及商品指数期货的研究开发。稳步推进国际化进程，申请加入国际交易所联合组织（WFE）和美国期货业协会亚洲分会（FIA ASIA），提升交易所的国际影响力。推进境外品牌注册，进一步完善流程、加强管理。除已有几家成功注册，另有多家境外知名有色企业的十余个品牌正在办理注册手续，通过“制定标准”和“输出标准”，进一步确立“中国标准”的全球地位。

专栏

上海支持小微企业融资的创新举措

2011年8月，上海银行业率先采取差别化市场准入监管政策：小微企业专营分行成立半年可设支行，小微企业专营支行可批量设立，并要求城商行、上海农商行等小型银行业机构将部分存量支行改建为小微企业专营支行，鼓励银行业机构在“网点走出去，客户层级沉下去，客户结构升上去，社区、园区金融服务进得去”四个方面形成新的突破。同时，积极推动市政府有关部门出台小微企业财政支持措施，其中市财政“三个10亿元”（设立总量规模为10亿元的专项资金投资参股商业性融资担保公司、安排总量规模为10亿元的科技信贷风险补偿财政专项资金、与市国有投资公司共同设立总量规模为10亿元的投资专项资金）和“三项配套措施”[市对区（县）的转移支付中专设中小企业发展专项项目、进一步加大对初创期的小额贷款公司的财政扶持力度、积极创新为中小企业融资服务的有效方式]，为上海市首次出台直接惠及银行且具有普适性的小企业金融服务支持政策。截至12月末，辖内小企业贷款达到6792亿元，占全辖企业贷款30.2%，比上年增长17.5%，高于同期各项贷款增幅6.26个百分点。小企业贷款余额在全国各省市中位列浙江、江苏、广东、山东之后，名列第五，平均贷款利率水平长期以来一直低于江浙地区，体现了相对“量多价廉”的特点。特别值得一提的是，截至2011年底，上海已设立3家持牌小企业专营机构，引进3家专营小微企业分行，开设小微企业专营支行共74家，此外有6家银行指定了23家支行为科技金融服务特色支行。

保险业

继续推动医疗、旅游、火灾、科技和危化等责任保险发展。继续鼓励和支持保险公司配合政府工作，在社会公共管理、城市安全运行等方面不断进行责任保险产品创新，为政府提供各种保险工具进行风险管理。

积极推动健康险深入发展。牢牢抓住上海市医疗卫生体制改革的契机，在有关医疗信息共享机制建设、委托商业保险建立罕见病风险管理、开展高端医疗保险、研究老年护理方面进行研究和开拓。

推动家庭综合保险发展。有针对性地开发各类家庭保险产品，积极培育以家庭保险为特征的个人业务成为保险业新的增长点，不断提升保险在居民家庭风险管理中的重要性。积极发展综合家庭财产保险，大力发展保障型保险产品，包括贷款保证保险、旅游保险、人身意

专栏

跨境 ETF

跨境 ETF 是指跟踪由境外证券或商品充当组成成分的标的指数的 ETF（交易型开放式指数基金）。2011年8月17日，国务院副总理李克强在香港出席国家"十二五"规划与两地经贸金融合作发展论坛上表示，将在内地推出港股组合 ETF。这不仅为内地投资者提供了参与投资香港股票市场的机会，也为未来中国股市的国际化发展战略探路。

根据 Black Rock 提供的数据，截至 2011 年底，全球 155 家 ETF 发行人在 49 个交易所累计发行 3011 只 ETF，累计上市宗数达 6612（包括第一上市或主上市，以及多地上市），ETF 资产总规模达 1.35 万亿美元，其中，跨境 ETF 上市宗数达 3601，占 ETF 上市总宗数的 54%。近年来，香港交易所的跨境 ETF 发展迅速。截至 2011 年 12 月，香港市场共有 77 只 ETF 产品，其中以海外股份为相关资产的 ETF 有 50 只，跟踪境外证券资产的 ETF 约占 65%。

目前，国际上跨境 ETF 的上市方式大致上可以分为以下三种。

第一种，自主设立（primary-listing）模式。自主构建投资组合是跨境 ETF 的最常见形式，在美国上市的跨境 ETF 多为此类模式，如跟踪香港 25 只 H 股的新华富时 25 指数、在香港上市的跟踪 A 股指数的新华富时 A50 以及跟踪沪深 300 指数的 CSI300 ETF。

第二种，联接基金（feeder fund）模式。与自主设立模式类似，联接基金类跨境 ETF 同样必须在上市地注册并受上市地监管，基金管理人自行进行投资管理。但不同之处在于，其投资的对象主要为境外跟踪同一标的指数的一只或多只 ETF，或者以"ETF+ 其他基础成份股相关证券（衍生工具）"的形式实现对标的指数的跟踪。联接基金模式下的跨境 ETF 通常以现金方式进行申购、赎回，对价模式通常为基金资产净值（NAV）。此类产品的代表是台湾宝来标智沪深 300 证券投资信托基金，它是香港上市的沪深 300ETF 的联接基金；而香港的宝来台湾卓越 50 基金（香港），则是台湾上市的 50ETF 的联接基金。

第三种，境外注册成立（off-shore）基金模式。这种模式又称为交叉上市（cross-listing）模式。该类跨境 ETF 通常已经在境外成立并正常运作，在上市地区不需注册成立；但在上市地法律法规的规范下，该 ETF 获准在上市地区销售及上市。相对于 on-shore 基金模式，由于此类跨境 ETF 实质上是境外基金，因此，较难受到上市地监管机构的监管。如领先资产管理公司所发行的 ETF 在香港和新加坡交叉上市，韩国 KODEX200 ETF 在日本交叉上市都采用这种上市方式。

外保险等，满足人民群众日益增长的保障需求。

积极推动行业人身险信息平台建设。人身险信息平台作为涵盖寿险、意外险、健康险等多项与消费者密切相关险种的综合性信息平台，其建设建成对提升保险机构服务效率、服务水平有重大意义，能够实现行业信息共享、客户即时查询、最优保险方案推荐等多项功能，目前平台建设正在稳步开展。

金融发展环境

2011年，上海金融发展环境进一步优化，规划、制度、法规等服务和监管体系不断加强，在伦敦金融城全球金融中心指数和新华—道琼斯国际金融中心发展指数排名中，上海分别上升至第五位和第六位，反映了上海国际金融中心金融环境的改善和全球影响力的提升。

政策支持

国家发展改革委发布《“十二五”时期上海国际金融中心建设规划》，阐述了“十二五”时期上海国际金融中心建设的指导思想、发展目标和主要任务，是指导“十二五”时期上海国际金融中心建设的行动纲领。2011年，上海出台了《关于促进上海第三方支付产业发展若干意见》、《关于进一步促进房地产按揭贷款业务发展维护良好市场秩序的通知》、《在沪银行业金融机构协助在沪公证机构核实被继承人存款信息试行办法》、《关于进一步改进小企业金融服务的通知》、《关于加快推进信贷支持上海保障性安居工程建设有关工作的通知》、《关于推进上海地区银团贷款业务发展的指导意见》等政策文件。

行业服务

2011年，上海完成了首次金融创新奖评选表彰，“沪深300股票指数期货”等32个项目获得金融创新成果奖，“推进上海跨境人民币业务试点 / 外汇管理改革创新与国际贸易结算中心外汇管理试点”等5个项目获得金融创新推进奖。实施了金融人才奖励政策。金融资讯、会计、律师、公估等金融中介服务机构进一步发展。上海新金融研究院挂牌成立。上海金融景气指数正式发布。加强金融稳定机制建设，有效防范国际金融危机的冲击，确保了上海金融安全。

上海清算所登记托管与清算结算业务的服务对象包括发行人和投资者。截至2011年末，上海清算所累计开立发行人账户322户，包括中国石油天然气集团公司、中国联合网络通信有限公司等数百家大型国有企业。2011年，上海清算所结算成员数量快速增至1839户，涵盖商业银行154家、证券公司81家、保险机构51家、信用社39家、其他金融机构49家、非金融机构法人22家、非法人机构1443家。集中清算业务方面，截至2011年12月31日，上海清算所成功推出集中清算业务2项（外汇即期竞价净额、现券净额），全年资金清算累计2102.6亿元，直接清算参与者共计275家。登记托管和全额结算业务方面。2011年，上海清算所新增托管产品3个：非公开定向债务融资工具（PPN）、短期融资券（CP）及中小企业区域集优票据（SMECN II），全年累计登记托管证券278只5841.2亿元，兑付（注销）证券28只1795.1亿元，年

专栏

上海清算所登记托管产品

上海清算所主要负责创新产品、货币市场工具等金融产品的登记托管和清算结算。截至2011年底，托管产品包括信用风险缓释凭证（CRMW）、超短期融资券（SCP）、非公开定向债务融资工具（PPN）、短期融资券（CP）和中小企业集合票据（SMECN Ⅱ）等。上海清算所通过开展金融产品的登记托管业务，有效促进了金融要素向上海集聚，使得上海金融市场完整具备了“交易、清算、结算”的业务处理能力。

信用风险缓释凭证

信用风险缓释凭证（CRMW）是信用风险缓释工具的一种，指由标的实体以外的机构创设的、为凭证持有人就标的债务提供信用风险保护的、可交易流通的有价凭证，其核心功能在于缓释信用风险，为市场参与者提供有效的信用风险管理手段。上海清算所自2010年11月8日起提供CRMW的登记托管和清算结算服务。

超短期融资券

超短期融资券（SCP）是指具有法人资格、信用评级较高的非金融企业在银行间债券市场发行的，期限在270天以内的短期融资券，对改善企业的融资方式、丰富机构投资者的投资品种、加强中国货币市场及金融市场的多层次建设等方面具有重要意义。上海清算所自2010年12月21日起提供SCP的登记托管和清算结算服务。

非公开定向债务融资工具

非公开定向债务融资工具（PPN）相比银行间债券市场既有债券产品，定向工具具有“定向发行、有限转让、内部披露”等特点，发行额度不受企业净资产规模40%的限制；对发行人信用资信要求相对宽松；发行期限更加灵活，兼备多种短期、中长期债务融资工具的优势。PPN的推出是银行间债券市场提高直接融资比重，拓宽非金融企业融资渠道的又一重要创新。上海清算所自2011年5月4日起提供PPN的登记托管和清算结算服务。

短期融资券

短期融资券（CP）是非金融企业在银行间债券市场发行的，约定在1年内还本付息的债务融资工具。自2005年6月推出后，因发行注册程序简便、发行主体广泛、市场化程度较高，交易流通活跃，深受市场欢迎，是银行间市场非金融企业债务融资工具的主要产品。上海清算所自2011年9月1日起提供CP的登记托管和清算结算服务。

中小企业区域集优票据（SMECN II）

中小企业集合票据（SMECN）是指2个（含）以上、10个（含）以下具有法人资格的国家相关法律、法规及政策界定为中小企业的非金融企业，在银行间债券市场以统一产品设计、统一券种冠名、统一信用增进、统一发行注册方式共同发行，约定在一定期限还本付息的债务融资工具。为了解决中小企业集合票据发行流通中存在的实际问题，中国人民银行创新推出了“区域集优”模式中小企业集合票据（SMECN II），其特点是：“政府资金支持、中介机构让利、工作流程集优”，通过设立中小企业直接债务融资发展基金等手段，充分发挥地方政府、人民银行分支机构的监督协调和支持引导作用，这将切实推动中小企业集合票据的加快发展，对现有模式的中小企业集合票据形成有效替代。上海清算所自2011年10月28日起提供SMECN II的登记托管和清算结算服务。

末托管余额为260只4203.0亿元。2011年，上海清算所完成全额结算业务9862笔，结算金额7907.1亿元。

人才吸引

2011年，上海市金融工委、市金融办发布了《上海金融领域“十二五”人才发展规划》，提出要逐步形成符合上海国际金融中心建设要求的“门类齐全、结构合理、流动自由”的金融人力资源体系，逐步建成开放度高、融合度高、集聚度高、贡献度高的国际金融人才高地。实施了金融人才奖励政策。

金融监管

证券市场监管。强化上市公司信息披露监管，对股价异动及时启动现场核查。督促落实内幕信息知情人登记制度，增强内幕信息管理能力，有序推进14家上市公司开展内控规范试点。全年查处内幕交易案20起、操纵市场案6起，查处非法证券案件142起，移送公安3起，通报工商1起，责令整改2起，市场环境得到了有效净化。

保险市场监管。制定出台《上海保险公司合规管理指引》，制订《商业银行代理保险业务监管指引》实施细则，强化和完善高管人员监管制度，积极实施兼业代理登记制度，探

表4　2011年上海清算所登记托管业务情况

登记托管明细		期末余额	历史累计
固定收益产品	数量（只）	227	248
	面值总额（亿元）	3301.7	5091.7
信用风险缓释凭证	数量（只）	2	9
	名义本金（亿元）	2.3	7.4

表5　2011年上海清算所全额清算结算业务情况

现券交易	笔数	8891	8899
	清算面额（亿元）	5827.0	5830.4
	结算金额（亿元）	5865.5	5866.5
质押式回购	笔数	863	863
	清算面额（亿元）	2028.2	2028.2
	结算金额（亿元）	1981.2	1981.2
买断式回购	笔数	108	108
	清算面额（亿元）	60.2	60.2
	结算金额（亿元）	60.4	60.4

索试行专业代理登记制度。不断规范完善产寿险公司分类监管，完成保险专业中介机构分类监管，实现监管全覆盖。

外汇市场监管。加强对银行外汇业务的合规管理。严格做好各项银行结售汇业务审核，完善银行自身结售汇业务管理。开展贸易进口付汇现场核查，加强贸易项下外汇资金流动监测管理，通过总量核查筛选异常企业。开展对区内中资企业保税监管区域外汇登记证核证工作。组织对20家外商投资企业的外汇资本金结汇专项检查、对1家银行的外汇业务合规情况、4家银行外汇业务回访检查。打击各类违法违规外汇资金流入。

2012年重点任务和举措

继续深入贯彻落实国务院《意见》，按照“一个核心、两个重点”的推进思路，进一步加大工作力度，积极谋求上海国际金融中心建设取得新突破。将重点做好以下几个方面的工作：

继续推进金融市场体系建设。加快推进张江高新区非上市股份公司进入证券公司代办股份转让系统挂牌报价转让试点准备工作，不断扩大企业储备规模；进一步推进上海股权托管交易中心建设；协调推进全国性信托登记中心建设；积极做好票据交易市场、保险交易所建设的研究推进工作；进一步深化期货保税交割扩大试点；推进外汇交易中心增加人民币对新兴市场国家货币的直接报价品种；推动白银期货产品上市；开展原油期货、黄金ETF产品、上海清算所集中清算业务和在上海建立人民币全球清算平台的研究工作。

进一步加快金融机构集聚。支持国内外大型金融机构在沪设立总部或具有总部功能的机构；吸引国际和区域性多边金融机构入驻上海；推动金融机构在沪设立功能性持牌营运中心；继续吸引大型保险公司集团在沪设立财产保险公司或资产管理公司和其他专业保险子公司；引导符合条件的各类资本投资小额贷款行业，积极推进小额贷款公司接入人民银行征信系统；建立融资性担保公司管理信息系统，着力打造一批以中小企业融资担保为主业的机构；进一步吸引境内外有影响的PE、VC等准金融机构入驻上海。

加快推进金融对外开放。推动跨境ETF产品上市；推进符合条件的境外机构和企业发行人民币股票、债券试点；积极推动人民币境外直接投资等创新试点；协调推进人民币海外投贷基金开展运作；推动境外持有人民币的合格投资者（RQFII）投资境内金融市场；进一步推进沪港、沪台金融合作；加强与外国政府、金融管理机构、跨国金融机构的沟通。

进一步增强金融服务经济社会发展和结构调整的功能。进一步落实金融支持科技型中小企业相关政策，推进金融资源与科技型、文化创意中小企业的对接；探索发展商业保理行业；继续深化国际贸易结算中心外汇管理试点；继续推进航运金融服务发展，研究鼓励进出口企业在上海投保海上货物运输保险的政策措施；积极推进上海市金融系统节能减排工作；继续推动上海保障房建设的融资创新；积极推进个人税收递延型养老保险试点工作；积极推动电梯等特种设备责任保险；创新抵押方式，推进农村土地承包经营权抵押贷款试点；继续推进“绿叶菜成本价格保险”，推动农业保险产品创新。

进一步推进金融国资国企改革发展。继续加强地方金融国资国企管理，做好企业经营情况分析工作，完善企业经营业绩考核评价的方法；推动市属金融企业开展各类金融创新；通过引进战略投资者、国资股东调整等多种方式，优化整合市属金融资源；协调推进市属金融企业上市工作。

进一步营造良好金融发展环境。组织修订《上海金融创新奖评审和组织实施办法》，进一步做好金融人才奖和金融创新奖的评审和发放工作；进一步健全上海金融法治环境建设联席会议工作机制，积极打造交流研讨的信息平台和工作成果的展示平台；组织编撰《上海金融法治环境建设》白皮书，健全金融法治宣传教育工作机制，普及金融法律基础知识，增强公众的金融风险防范意识。

金融发展案例

陆家嘴金融城

2011 年，浦东继续聚焦陆家嘴金融城建设，围绕环境优化、机构集聚、创新试点、融合发展，扎实推进陆家嘴金融城各项金融重点工作。

金融环境建设加快推进。2011 年，围绕陆家嘴金融城，浦东在金融发展硬环境方面实现了六大突破。一是推进载体和空间容量突破。陆家嘴金融城商务楼宇竣工面积约 62 万平方米，开工建设面积约 61 万平方米，上海国金中心和上海船厂的子项目已投入使用，上海中心、塘东总部基地、世纪大都会等项目正加紧施工。二是推进商业配套功能突破。持续开展商务楼宇商业配套达标提升工程，配套设施明显增强；12 辆餐饮车投入使用，9 家餐饮企业进驻东方浮庭，白领就餐难问题得到改善；南滨江酒吧休闲街、环球金融中心绿地商业中心、高级成衣定制街、地下空间开发等重点项目顺利开工。三是推进交通便捷功能突破。在一期“明珠环”基础上，二层步行连廊“东方浮庭”项目投入使用；金融城 1 路巴士投入运营，年载客量超 70 万人次；11 座港湾式出租车扬招点即将开工建设。四是推进无线金融城建设突破。全年完成公共区域 WIFI 热点 66 个，占计划总量的 70%；完成 30 幢商办楼宇公共区域 WIFI 热点施工；开通为金融城白领设计的无线金融城 WIFI 平台。五是推进金融城形象和品牌突破。与《第一财经》合作创刊《陆家嘴金融城》，已发行两期试刊号；推进区域内标志性财经信息 LED 显示屏的建设，世纪天桥 LED 项目投入使用。六是推进文化层级和内涵突破。与震旦、上海华能签订了博物馆对外开放合作备忘录，鼓励金融城内的小剧院、小博物馆向社会开放。

金融软环境建设逐渐完善。一是推动金融“十二五”专项规划出台。为“十二五”浦东金融核心功能区建设提供指引。二是完善金融扶持政策。研究制定“十二五”金融扶持政策和实施细则，为“十二五”期间浦东金融业快速发展提供政策保障。三是完善金融人才服务体系。加强浦东国际金融交流研究中心与国外优质教育资源的合作，全年举办三期高端金融培训，共培训学员 200 人，反响良好；与仁济医院合作建立“金融人才、优质护理”医疗服务平台，覆盖总人数约2000人。四是完善金融机构服务体系。建立覆盖全区重点金融集聚区的楼宇和地块信息监测服务平台，为中小型金融机构进驻提供便利；积极协调大型金融机构用地用楼需求。五是加强金融法治建设。与金融仲裁院、金融法庭、金融犯罪公诉处探索建立定期互动机制，共同维护金融秩序稳定；配合新区法院召开非金融机构融资法律问题研讨会，探索融资租赁、融资担保、小额贷款等非持牌金融机构发展的法治环境。

外滩金融集聚带

2011年，黄浦区紧紧抓住上海加快建设国际金融中心的战略机遇，围绕“重塑金融功能、重现金融风貌、重树金融品牌”的发展目标，按照高度复合、高度集聚、高效开发、高端产业的发展要求，全力推进外滩金融集聚带建设，大力发展以金融为核心的高端服务业，不断优化外滩形态，提升金融功能。

加快建设老外滩、十六铺和董家渡等

三个功能组团，“一轴三段”发展格局基本形成。北部老外滩地区益丰大厦（北京东路 31 号）内部精装修全面铺开，洛克外滩源项目顺利推进，招商工作全面推进；163 项目已开工，179 项目正实施资金筹措、定位研究等工作，为开工建设打好基础。中部十六铺地区外滩国际金融服务中心（8-1 地块）已开工，SOHO 外滩（204 地块）、金外滩国际广场（B4 地块）的建设顺利进行。南部董家渡地区 13A、15A 地块动迁接近尾声，13B、15B 地块动迁工作正加紧推进。南外滩滨水区综合开发实施方案取得阶段性成果，有关地块出让前期准备工作正积极推进。

充分发挥外滩老大楼等独特资源优势，以股权投资、资产管理、资本运作为代表的新型金融机构加快集聚。上海新金融研究院等研究机构，东方证券资产管理、国泰君安资产管理、农银金融租赁、中泰信托、云锋基金等新型金融机构，以及摩根士丹利资产服务咨询、甲骨文金融服务软件等一批为金融配套的专业服务机构相继入驻黄浦，金融

外滩金融集聚带

产业生态日趋完善。

举办“外滩金融法律论坛”，邀请法律界人士和社会各界就“保险资金参与保障房建设模式的法律探究”、“集中清算是银行间市场交易安全的制度保障”、“刍议上交所国际板之法律适用”、“金融产品格式条款的说明义务”四个主题，以及其他金融法律热点问题进行了讨论。在推进外滩金融集聚带建设的同时，加强包括法律环境在内的软环境建设，营造良好的金融法律环境。

上海半岛酒店、华尔道夫酒店、罗斯福会所、外滩美术馆、外滩源圆明园路步行街等项目的相继开业，为国内外金融机构提供顶级的商旅、社交和文化服务，成为高端金融从业人员信息汇聚、同业互动、会务交流的场所，外滩金融文化内涵进一步丰富。市区相关部门联手，建立“金融家俱乐部”交流平台，为金融家定期组织沙龙活动，交流行业最新动态提供场所，进一步提升和扩大外滩金融集聚带的影响力。

外汇期权交易

为适应银行间外汇市场发展、满足市场主体风险管理的需要，中国外汇交易中心于2011年4月1日推出银行间人民币外汇期权交易，至此我国外汇市场已初步形成完整的基础类汇率衍生产品体系。

外汇期权是外汇衍生品序列中的重要工具，与外汇远期、外汇掉期和货币掉期共同构成基础类汇率衍生品体系。国际清算银行每三年一度的调查统计显示，国际市场OTC(场外交易市)外汇期权2010年的日均交易量为2070亿美元，十年间增长了5倍，占整个国际外汇市场(含即期、远期、掉期、货币掉期和期权)的5%，在OTC汇率衍生品中占8%。

现阶段我国银行间人民币外汇期权交易的货币对包括人民币对美元、港币、日元、欧元、英镑等，交易的期权类型为普通欧式期权，覆盖13个标准期限在内的3个品种(25Delta Call、ATM、25Delta Put)报价。

自银行间人民币外汇期权产品推出以来，该市场的交易逐渐活跃。截至2011年末，银行间人民币外汇期权共成交170笔、10.1亿美元。从市场会员的报价看，期权报价集中在美元ATM品种。从期权交易的类型来看，以美元看跌期权为主，占全部期权交易的80%。自推出期权交易以来，交易中心每个交易日向市场发布人民币对美元汇率隐含波动率曲线，为市场主体报价和盯市提供基准。

2005年人民币汇率形成机制改革以来，汇率衍生品序列不断完善。2005年8月银行间市场推出人民币外汇远期交易，2006年4月推出人民币外汇掉期交易，2007年12月推出人民币外汇货币掉期交易，2011年4月推出人民币外汇期权交易。银行对客户零售市场的汇率衍生品交易配套也陆续跟进，从而初步形成完整的基础类汇率衍生产品体系，市场参与者获得了相对完整的汇率风险管理工具。

我国汇率衍生品市场从无到有，经过七年的发展，在整个汇率产品市场中的份额上升至三成左右。七年来，不仅基础类产品序列逐步完整，而且市场参与者持续壮大，从银行向财务公司等非银行金融机构延伸，市场对国内外货币政策调整等因素反应灵敏，风险意识和风险管理能力有效提高，成交规模增速始终维持在50%以上，即使在国际金融危机期间也保持了较快的增速和抗风险能力，显示出高成长性。2011年我国银行间汇率衍生品成交水平接近2万亿美元。

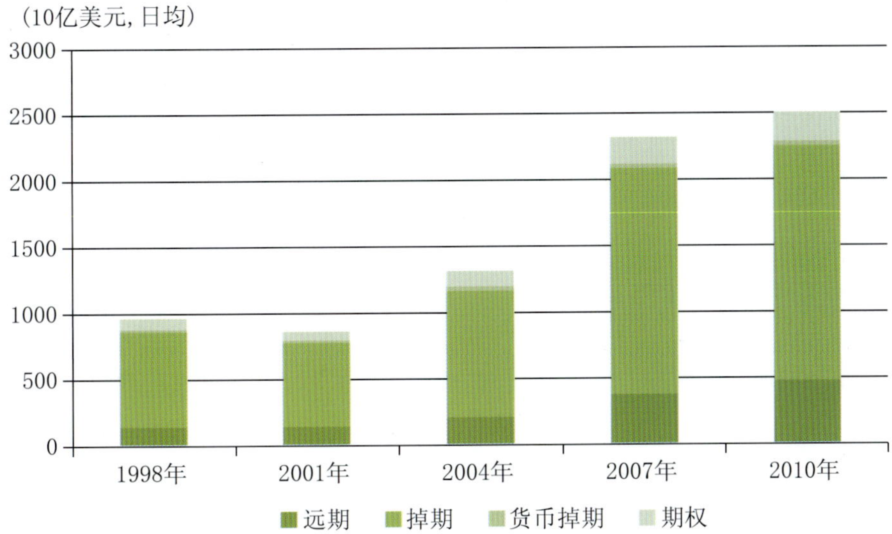

资料来源：BIS。

图 11 国际 OTC 汇率衍生品市场发展

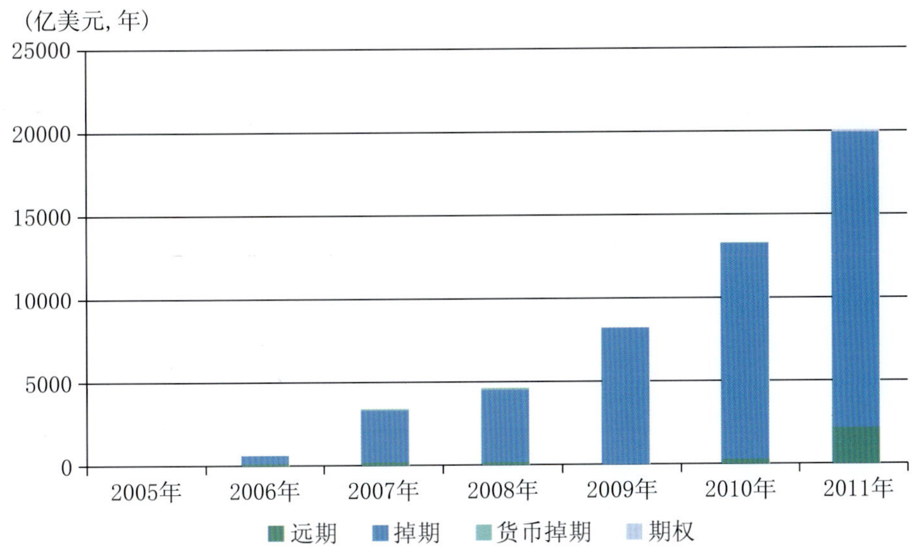

资料来源：中国外汇交易中心。

图 12 我国银行间汇率衍生品市场发展

RQFII 业务

开展 RQFII 业务试点是推进资本市场健康发展的重要创新。在证监会、人民银行、国家外汇管理局等有关部门共同努力下，《基金管理公司、证券公司人民币合格境外机构投资者 (RQFII) 境内证券投资试点办法》于 2011 年 12 月 16 日发布，允许符合一定资格条件的基金管理公司、证券公司的香港子公司作为试点机构，运用其在港募集的人民币资金，在经批准的人民币投资额度内开展境内证券投资业务。

开展 RQFII 业务试点，不仅为境外人民币提供了回流机制，进一步拓宽了资本市场的资金来源，而且满足了境外人民币持有者多元化投资的需要，有利于提升人民币的国际地位。推进上海证券类经营机构开展RQFII业务试点，有助于提升证券类机构服务境外投资者的能力，加强上海对外开放和金融创新步伐。同时，也有利于促进和深化沪港金融合作。

上海证券类经营机构开展RQFII业务试点保持领先优势。其中，汇添富香港于2011年12月19日向证监会申报RQFII业务资格，成为第一家递交RQFII试点材料的公司。在证监会首批批准RQFII业务资格试点的机构中，上海共有3家基金管理公司（华安香港、汇添富香港、海富通香港）、4家证券公司（国君金控、申万香港、海通金控、光大金控）获准取得人民币合格境外机构投资者（RQFII）业务资格，占全国同类获批机构1/3。在国家外汇管理局已批准的107亿元人民币RQFII额度中，上海7家证券类机构共获批42亿元人民币额度，占比近40%。截至2011年末，在首批获香港证监会批准的4只RQFII产品中，汇添富香港和国泰君安香港上报的RQFII产品名列其中，其中国泰君安香港的产品成为香港中资机构首只获批的RQFII产品。

4 国际航运中心

2011年，上海国际航运中心建设深入推进，在国务院相关部委、中央驻沪单位的指导下，现代航运服务体系建设和现代航运集疏运体系建设取得新进展，国际航运发展综合试验区加快政策创新和先行先试，取得新突破。

年度综述

2011年，上海港完成货物吞吐量7.3亿吨，同比增长11.4%。集装箱吞吐量3174万标准箱，同比增长9.2%，其中水水中转量为1305万标准箱，水水中转比例达到41%，国际中转比例4.6%。洋山深水港区集装箱吞吐量1309.8万TEU，同比增长29.6%，洋山港区水水中转比例为46%。上海港全年继续保持货物及集装箱吞吐量世界第一大港地位。航空枢纽辐射能力不断增强。浦东、虹桥机场完成飞机起降57.4万架次，旅客吞吐量7456万人次，起降架次和旅客吞吐量分别同比增长4.2%、3.7%，货邮吞吐量356万吨，其中，浦东机场货邮吞吐量达到310.9万吨，继续保持世界货运第三大机场地位。

国际知名航运机构和企业相继落户上海，上海航运产业基金公司、上海航运运价交易公司、多家航运经纪公司等相继成立和开展业务。国际航运发展综合试验区创新政策进一步拓展突破，邮轮产业获得积极发展。

现代航运服务体系

2011年，上海加快发展航运金融、船舶交易、信息服务、航运指数、口岸服务等重点领域，不断推动航运服务产业链向高端拓展，航运服务体系持续完善，国际航运中心的功能和地位进一步凸显。

航运金融

航运金融服务体系。交通银行等金融机构相继成立航运金融研究中心，中国人民财产保险股份有限公司、中国太平洋财产保险股份有限公司获批在上海试点设立航运保险运营中心，加大对航运金融业务的关注和投入。上海航运产业基金管理有限公司正式揭牌，基金投资项目按计划进行储备，首期资金募集工作开始推进。

融资租赁业务。上海综合保税区2011年新设7家融资租赁母公司和10家SPV（特殊目的公司）项目子公司，累计引进融资租赁母公司和单机单船项目子公司20余家，租赁标的物涵盖26架民航客机、6架直升飞机和3艘船舶，涉及的租赁资产规模超过10亿美元。同时，制定融资租赁常态化操作规程和管理模式，搭建综保区融资租赁综合服务平台，筹建首期20亿美元的融资租赁项目贷款资金池，引入第三方专业服务机构为项目提供上下游配套服务。

运价衍生品交易。上海航交所推出上海至欧洲、美西两条航线集装箱运价指数衍生品以及中国沿海煤炭运价衍生品，为航运企业提供保值避险、价格发现的交易平台。截至2011年末，集装箱运价衍生品交易市场单边成交总量约895万手，单边总成交金额约705亿元。目前，集装箱运价衍生品日单边成交量近10万手，日持仓量为12万手；煤炭运价衍生品日单边成交量近18万手，日持仓量为11.7万手。同时，制定一系列风险控制管理规则，进一步控制交易风险。

航运保险业务。国际航运保险业务免征营业税政策使海上保险业务加速集聚。截至2011年末，上海地区船舶险保费收入达20.85亿元，同比增长109%，占全国的37.32%；货运险保费收入13.60亿元，同比增长13.34%，占全国的13.90%。保险机构积极尝试航运保险业务新品种。中国人保航保中心正式开始“无船承运业务经营者保证金责任保险”咨询受理和业务办理，共有217家无船承运经营者成功选择投保无船承运业务经营者保证金责任保险。太平洋、平安等财产险公司也在积极申请相关业务。

期货保税交割。2011年3月，洋山保税港区生成首票保税仓单。8月，相继完成交割、通关等环节试点操作，第二票保税仓单完成进口申报，顺利完成从生成保税仓单、进行期货交割直至进出口申报验放的整个海关监管业务流程，标志着我国期货保税交割试点正式进入市场运作阶段。洋山保税港区依托功能先发优势，大力发展大宗商品业务。截至2011年末，已累计引进20家大宗商品运营龙头企业，总注册资本超过7.4亿元，初步形成大宗商品产业的集聚规模。

航运交易

船舶交易。2011年，上海航交所共完成船舶交易285艘次，船舶交易总价值高达20

专栏

上海航运产业基金

中国内地首只国家层面的航运领域专业基金——上海航运产业基金2011年3月26日在上海市虹口区北外滩问世。负责运营该基金的上海航运产业基金管理有限公司正式挂牌成立，注册资金人民币2亿元。

上海航运产业基金管理公司由国泰君安创新投资公司、中海集团投资公司、上海国有资产经营公司、虹口区国有资产经营公司四方，按 3.5：3：2.5：1的比例投资成立。该公司挂牌成立后，将开展资金募集工作，并将资金投向船舶、港口、航运服务发展等航运领域，为航运企业开辟新的融资渠道。

亿元。当年，中国船舶交易信息平台——“中华船舶交易网”接受船舶成交信息报送3192艘、439.6万载重吨，总交易金额为100.2亿元人民币，其中重点船舶公示336艘，共录入综合信息、船舶买卖、市场评述、船舶租赁、船舶修造各类信息和资讯6481条。上海航交所与中国船东协会联合编制《二手船买卖标准合同》，主要针对国内船舶买卖市场，具有较强的指导性、适用性和可操作性，有望成为继挪威版本后被业界认可的“上海版本”船舶买卖合同。2011年，上海船舶保险公估有限责任公司完成25艘船舶评估业务，评估类型涵盖散货船、油轮、化学品船、集装箱船、拖轮、工程船等在内的几乎所有船型。

航运指数。2011年，上海航交所在中国沿海（散货）运价指数（CBFI）基础上，正式对外试运行中国沿海煤炭运价指数（CBCFI），每日发布沿海煤炭货种的分航线分船型市场运价和即期市场综合运价指数。考虑到区域覆盖性、市场代表性、表征明确性和前瞻性，CBCFI包含9条航线。综合运价指数以2011年9月1日为基期，基期指数为1000点。该指数能更及时反映沿海煤炭运输市场日益频繁且剧烈的运价波动。12月7日，CBCFI已成为全国沿海煤炭运输衍生品市场交易的结算依据。

9月28日，航交所正式对外发布“上海船舶价格指数”。上海船舶价格指数包含价格体系与指数体系两部分。价格体系包括47000载重吨成品油轮、74000载重吨巴拿马型油轮等17个典型船舶估价。指数体系由5个综合指数组成。该指数可为我国航运、融资租赁、船舶评估和海事仲裁等企业和机构的日常运营管理，以及政府的宏观决策提供具有客观性、时效性、稳定性及代表性的参考标准和依据。

运价备案。国际集装箱班轮运价备案。2011年，上海航交所共受理备案运价信息413万条（其中公布运价46万条，协议运价367万条）。截至年末，有效公布运价11万条，协议运价39万条，备案运价数量及水平基本正常。无船承运业务经营者运价备案。

专栏

融资租赁

融资租赁，是指出租人根据承租人对供货人和租赁标的物的选择，由出租人向供货人购买租赁标的物，然后租给承租人使用。

融资租赁的特征一般归纳为五个方面：一是租赁标的物由承租人决定，出租人出资购买并租赁给承租人使用，并且在租赁期间内只能租给一个企业使用。二是承租人负责检查验收制造商所提供的设备，对该设备的质量与技术条件，出租人不向承租人做出担保。三是出租人保留设备的所有权，承租人在租赁期间支付租金而享有使用权，并负责租赁期间设备的管理、维修和保养。四是租赁合同一经签订，在租赁期间任何一方均无权单方面撤销合同。只有设备毁坏或被证明为已丧失使用价值的情况下，方能中止执行合同，无故毁约则要支付相当重的罚金。五是租期结束后，承租人一般对设备有留购、续租和退租三种选择，若要留购，购买价格可由租赁双方协商确定。

租金计算原则是：出租人以租赁物件的购买价格为基础，按承租人占用出租人资金的时间为计算依据，根据双方商定的利率计算租金。它的实质是依附于传统租赁上的金融交易，是一种特殊的金融工具。

上海航运交易所

截至2011年，持有我国无船承运业务经营资格证书的企业已达到3968家，其中已递交运价备案申请表企业为3338家，占全部企业数比例为84.1%；已备案企业2753家，占递交运价备案申请表企业的82.4%。2011年，上海航运交易所共接收无船承运业务经营者运价信息107余万条。运价备案制度的实施对维护航运市场的健康发展起到积极的作用。

信息服务

全国50家地方船舶交易机构成为上海航交所船舶交易市场会员，2011年船舶交易信息平台共接受3192艘次（439.6万吨、100.2亿元）船舶的成交信息报送。上海船舶价格指数、中国新造船价格指数相继发布，填补了我国船舶价格评估和系列船价指数多项空白。上海国际航运研究中心启动中国航运数

专栏

航运运价衍生品交易

上海航运运价交易有限公司 （以下简称SSEFC）于2011年3月25日揭牌、6月28日正式开张，是全球首个航运运价第三方集中交易平台，由上海航运交易所、上海市虹口区国有资产经营有限公司等单位发起成立，是为贯彻落实《国务院关于推进上海加快发展现代服务业和先进制造业建设国际金融中心和国际航运中心的意见》和上海市政府与交通运输部《加快推进上海国际航运中心建设合作备忘录》要求而设立的。

SSEFC将陆续推出上海出口集装箱、中国沿海干散货、国际远洋干散货等航运运价中远期交易，填补我国航运运价衍生品市场的空白，为我国航运企业控制船运风险创造条件。

据库构建工作，力争通过几年积累，建成国内首个航运专业数据库。上海国际港务集团起草的集装箱货运电子标签技术标准完成国际机构的公示和投票，正式成为国际技术标准（ISO18186），确立了在此领域的国际优势地位。上海口岸信息化服务水平不断提高，目前常用的 58 种通关物流业务单证中，已有 44 种实现电子化传输，业务单证电子化率达 74%，居全国首位。

服务机构

2011 年，经民政部授权上海社团局试点，国际海事组织的分支机构世界海事大学上海代表处正式成立，实现航运类国际组织在沪落户的突破。中国海事数据备份中心落户张江，在国际国内航行的中国船舶实时信息将在此平台上集成。非双边协议航运企业、全球最大龙门吊箱型船船队经营企业瑞士吉与宝公司在沪设立其亚洲总部。国内首家中外合资海上油污应急处理专业服务公司在沪设立。2010 年成立的首批 9 家经纪公司已逐步开展以人民币结算的本土经纪业务；第二轮试点工作启动，不断有国际知名航运经纪公司在北外滩落户。国家级船员评估中心建设用地基本落实，前期工作有序开展。国家海事局已在沪开展中国船员招募中心筹备工作。

船员服务

中国船员发展和保障中心即将落户上海，筹备组建步伐得到加快。上海海事局配合国家海事局在上海成功举办首届中国海员大会，开通网上船员公共服务平台——中国船员招募网，为企业和船员提供公益性招募求职、信息查询、合同报备等服务。上海船员服务协会成立，促进船员行业自律规范发展。2011 年，上海共组织船员适任证书理论考试 29328 人次，实操评估 14216 人次，区域性考试 8439 人，专业培训考试 14623 人，特殊培训考试 1997 人，签发各类船员证书 57150 本；全年共受理船员服务机构许可证申请 12 件，对 23 家甲级船员服务机构、32 家乙级船员服务机构实施监督检查，实施船员培训机构监督检查 228 次；参加《1978 年海员培训、发证和值班标准国际公约》马尼拉修正案国家级研讨会；积极引导高校和培训机构开展高端船员培训，加快高端船员集聚上海。

专栏

中国船员招募网

中国船员招募网（http://zhaomu.msa.gov.cn/）作为中国船员发展与保障中心的服务平台，于 2011 年 6 月 25 日开通运行。该网站的开通，是我国积极准备履行《2006 年海事劳工公约》的重要举措，它对维护船员权益，规范船员服务秩序，体现政府服务职能，继而促进中国船员科学发展具有重要意义。网站开设了“求职招募”、“合约报备”、“维权咨询”、“权威查询”四个极具特色的服务平台。

网站还设有“行业动态”、“培训考试”、“三方机制”、“船员生活论坛”等板块，提供最新的行业发展动态和船员培训考试信息，为船员提供心理健康指导、船上健康饮食指导等各个方面的服务，并建立起政府、公司和船员互动交流的渠道。

口岸服务

口岸便利化。《上海口岸服务条例》由市人大常委会表决通过，于2012年3月1日起施行。启动“一单两报”试点工作，对试点企业做好跟踪服务，稳妥扩大试点范围，推动试点业务量的提升。放宽口岸团体签证人数限定。建立并完善“一门式”口岸通关服务中心协调机制，做好浦东机场、北外滩口岸通关服务中心功能入驻准备。上海海关加大深化分类通关改革力度，引导企业守法便利，截至2011年末，已覆盖全部出口货物和近九成进口货物，货物通关时间平均缩短半天以上；提升区域通关改革效能，共与21省2直辖市建立通关合作，开通业务的异地企业达6297家。上海检验检疫局推进以风险管理和分类管理为主的监管新模式，加强企业诚信体系建设，通过实施分类管理，206家企业获得一类出口企业认定，优先享受检验检疫便利化优惠。

口岸开放。2011年先后完成外高桥、长兴岛、崇明、洋山等6座码头17个泊位的对外开通启用工作。浦东机场综保区二期封关顺利通过正式验收。同时，积极协调推进洋山保税港区扩区、铁路上海站正式开放、吴淞口国际邮轮码头对外开通启用，以及临港产业港区扩大开放的前期准备工作。2011年审核协调13座码头临时接靠国际航行船舶2457艘次，同比增长6%。口岸安全管理进一步增强，在打私综合治理、进口食品安全、管控日本核辐射产品、防范非法出入境、反恐问题等方面成绩显著，获得公安部、海关总署、国家质检总局等国家主管部门的高度评价。

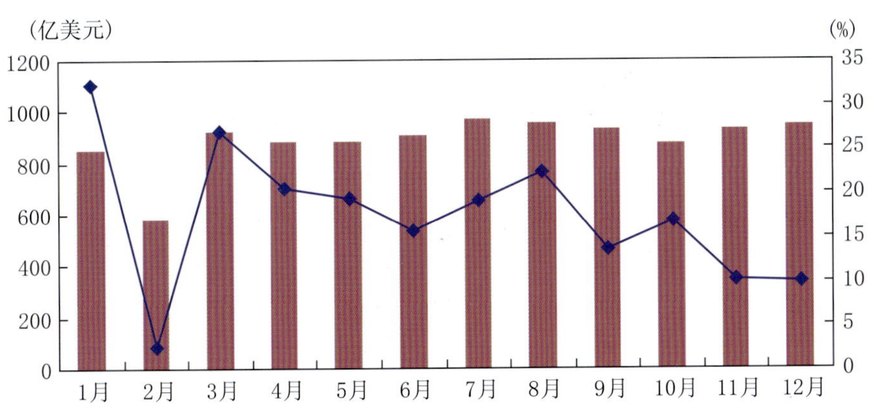

资料来源：上海市口岸办。

图1 2011年上海口岸进出口货物走势

现代航运集疏运体系

2011年，上海航运集疏运体系建设持续推进。港口方面能力突出，继续保持货物及集装箱吞吐量世界第一大港地位。同时，积极推进内河航道建设，完善路网体系，不断增强航空枢纽辐射能力，开发海铁联运、空铁联运等产品，充分发挥综合交通体系的作用，为上海国际航运中心建设奠定基础。

表1 2011年上海口岸主要数据统计

大类	项目	年累计	同比（%）
货物	上海口岸进出口货物总额（亿美元）	10654.9	17.3
	出口	6249.6	17.3
	进口	4405.3	17.3
	上海关区进出口货物总额	8123.1	18.6
	出口	4999.6	18.1
	进口	3123.5	19.5
	上海市进出口货物总额	4374.4	18.6
	出口	2097.9	16.0
	进口	2276.5	21.0
	上海口岸货物吞吐量（万吨）	34052.6	11.6
	航空口岸货邮量	275.0	−3.2
	水运口岸货运量	33777.6	11.8
	上海口岸集装箱吞吐量（万标箱）	2759.3	9.1
	出口	1212.0	8.1
	进口	1141.5	5.7
	内支线	405.8	23.2
人员	上海口岸出入境人员总数（人次）	25278658	6.2
	旅客总数	22869184	6.4
	航空口岸出入境人员	24259874	6.6
	旅客	22508474	6.8
	水运口岸出入境人员	858564	3.1
	旅客	210044	−20.2
	铁路临时口岸出入境人员	160220	0.3
	旅客	150666	0.3
交通工具	上海口岸出入境交通工具总数	198871	6.9
	飞机（架次）	171884	7.2
	船舶（艘次）	26623	5.3
	列车（车次）	364	−0.5
	进出上海口岸国际航行船舶（艘次）	43222	6.3
	货船	42800	6.3
	邮（客）船	422	1.2

资料来源：上海市口岸办。

港口建设

继续推进洋山深水港区四期及后续工程前期工作；外高桥六期工程试运行顺畅，并通过国家竣工验收；洋山保税港区进口汽车滚装码头改建工程基本完工；完成临港新城东港区一期工程水工码头桩基施工。洋山集装箱码头资产转移工作完成，集装箱航线得到优化调整，洋山港区已拥有欧洲、美东、美西、南美、地中海和非洲等多条干线。

内河航道建设

完成外高桥、罗泾港区进港支航道疏浚工程，切实发挥长江口深水航道疏浚工程效益。有序推进赵家沟、大芦线一期、杭申线、黄浦江上游航道整治，其中黄浦江上游航道整治工程完工，大芦线一期工程及赵家沟工程主体工程已近尾声。沿江集装箱物流的班轮化运作启动，长江支线箱量增幅明显，全年达到367.8万标准箱，同比增长20.2%。

公路建设

崇启通道工程竣工通车，进一步增强上海枢纽港对江苏中北部地区辐射作用。建立由公安、海关、港口、保税区等单位联动的外高桥地区及周边道路交通排堵联动机制，制定应急预案，保障港区周边道路交通。启动上海甩挂运输试点工作。

铁路建设

京沪高铁正式开通，京沪既有线通道运能得到一定程度释放；沪通铁路前期工作有序开展；加快货运尤其是海铁联运新产品的开发，向铁道部申请新增开行沪渝间集装箱五定班列，并获批复。2011年完成海铁联运10.3万标准箱，同比增幅43%。

航空枢纽

浦东机场第四、第五跑道工程前期工作

表2　2009—2011年上海口岸集装箱吞吐情况比较

年份	项目	上海港	上海口岸	水水中转	国际中转
2009	集装箱吞吐量（万TEU）	2500.2	2174	1003	143
	增速（%）	−10.7	−11.6	−4.1	持平
2010	集装箱吞吐量（万TEU）	2906.9	2529.8	1100	145
	增速（%）	16.3	16.4	9.7	持平
2011	集装箱吞吐量（万TEU）	3174	2759.3	1305.3	156.5
	增速（%）	9.2	9.1	18.6	8.0

资料来源：上海市口岸办。

按计划推进，T1航站楼改造方案深化研究基本完成；虹桥机场完成东跑道大修和T1航站楼优化调整规划方案，机场硬件设施进一步完善。目前，共有87家中外航空公司在浦东机场执行定期航班，通航国内外190个城市；东航在浦东机场新增4条国际长航线和13个国内通航点，有效中转衔接机会增加80%，旅客中转量同比增长39%，旅客中转率达到17%。东航正式加入天合联盟，新中货航完成重组挂牌成立，昆山异地航站楼项目落地，东航与上海铁路局合作构建空铁联运产品模式，浦东、虹桥机场旅客服务满意度国际排名不断上升。

国际航运发展综合试验区

2011年，在国家有关部门的大力支持下，各项政策落实工作取得明显进展，国际航运发展综合试验区已形成一定品牌效应，对航运相关企业的吸引力不断增强。

突破性政策研究

市发展改革委会同相关部门，动员社会研究力量，组织开展一系列研究，形成一批有质量的成果。形成加快突破邮轮经济发展瓶颈有关情况的报告，对国际上发展邮轮经济的主要政策措施作了梳理分析，为上海建成国际邮轮母港提供15条政策建议；委托中国国际经济交流中心和上海交通大学对提升上海国际航运中心市场服务功能进行深入研究，明确提出提升上海国际航运市场服务功能的突破重点等。

营业税免征

免征营业税政策实施以来，大批航运、物流及相关企业入驻洋山保税港区，2011年减免企业营业税21.94亿元，受惠企业281家。研究并初步确定将国际航空保险业务纳入国际航运保险业务免征营业税范围。启运港退税完成大量调研、论证、方案起草、修订等工作，并于2012年8月正式试点启动。

船舶登记

2011年12月21日，交通运输部海事局正式下发《关于同意上海海事局在洋山保税港区开展船舶登记工作的批复》，明确同意将“中国洋山港”作为一个新的船籍港，对注册在洋山保税港区的企业开展保税船舶登记业务。洋山保税港区成为全国第一个可以开展保税船舶登记的区域，开创了国内保税船舶登记的先例，为吸引中资国际航运船舶回归登记开辟新途径。这也是我国第一次在海关特殊监管区域设立船舶登记机构，提升了洋山保税港区航运资源的配置能力，并将促进航运金融等高端航运服务业的发展。

海关特殊监管区域管理创新

2011年，上海综合保税区引进美国药典、上海标检、东方公估行等标准检验鉴定机构，推动宇达电脑等保税维修企业试点集团内部第三方维修业务，支持卡特彼勒再制造项目开展保税物流运作。积极发展离岸数据中心产业，11月22日，云海数据中心在洋山保税港区正式揭牌启动。期货保税交割完成全流程操作。

中转集拼

洋山保税港区基本建立水水中转二次集拼的业务流程和网络体系，集拼模式进一步丰富，由上年的一个中转箱集拼一个本地箱的“一对一”模式，拓展到多个属地中转箱与多个本地箱进行多个目的港的“多对多”复合式拼箱模式。集拼箱量稳步上升，中转货物的货源地北起大连、青岛，南至厦门、福州，中到武汉、南京，初步覆盖沿江沿海经济腹地。

国际中转集拼功能取得阶段性成果。2011 年底成功举行货物由厦门经外高桥港区运抵洋山区内仓库的业务试运作和“穿梭巴士承运保税货物开通仪式暨国际中转课题阶段成果汇报会”，为国际中转集拼功能深化奠定基础。

邮轮经济

上海邮轮经济呈现快速发展势头，国际邮轮市场东移、出境旅游增长迅猛以及旅游需求高端化发展趋势，为上海邮轮旅游业的发展提供良好机遇。

邮轮母港发展

上海港国际客运中心全面投运，吴淞口国际邮轮码头一期建成，结合外高桥海通码头，上海形成“两主一备”邮轮母港形态布局。以上海为中心，豪华邮轮可以在 48 小时内通达韩国、日本等地。2011 年，上海港邮轮靠泊 113 艘次，其中母港邮轮达 81 艘次，进出境旅客 24 万人次。举办“上海邮轮文化周”、首届“中国国际邮轮产业发展高峰论坛”等活动，进一步推广邮轮文化。

邮轮机构

邮轮企业加速在上海集聚，截至 2011 年，全球排名前四的外资邮轮公司都已在上海设立经营机构：（嘉年华）中意海歌邮轮咨询有限公司、皇家加勒比邮轮公司上海代表处、地中海邮轮（上海）旅行社、丽星邮轮（上海）旅行社、歌诗达邮轮船务（上海）有限公司。

2011 年 10 月，歌诗达邮轮船务（上海）有限公司获批成立，成为全国第一家具备经营揽客、出具客票业务的外商独资邮轮船务公司。国际邮轮公司纷纷在上海设立邮轮服务公司，进行票务代理，提供邮轮咨询服务。上海市旅游培训中心、亚洲邮轮协会和 Seatrade 国际邮轮学院在上海共同建设“上海国际邮轮旅游人才培训基地”，培养邮轮旅游等多层次专业人才。

安全管理

制定“邮轮进出港全程安全保障方案”，依托 VTS、AIS、CCTV 等多种手段对大型邮轮安全航行全程监控，全力确保大型邮轮进出上海港安全顺畅。成功举行首次大型国际邮轮综合搜救演习，提升大型邮轮搜救能力。运用信息化监控系统对黄浦江游览船进行实时安全动态监管，共保障 33396 航次游览船的安全航行和约 530.9 万人次游客的安全游江。

表 3　游艇管理情况

年　份	游艇登记数量	游艇俱乐部备案	游艇备案	游览船监控航次	游览船安全载客（万人次）
2009	2	3	7	9671（夜间）	130（夜间）
2010	9	1	11	33396	530.9
2011	16	2	11	16807	236.5

资料来源：上海海事局。

2012 年重点任务和举措

2012 年，上海将围绕建设具有全球航运资源配置能力的国际航运中心，对接航运中心“十二五”建设目标，进一步加强突破性创新政策研究储备，进一步加强协调、形成合力，从注重航运中心硬件设施，向加强航运软环境营造和软实力提升转变。

优化现代集疏运体系

水水中转方面，加快内河航道、内河集装箱港区基础设施建设，细化外高桥内外港区整合方案并推进实施，推进芦潮港内河西港区一期工程建设，推动上海与周边地区内河集疏运体系的衔接。鼓励内支线运输，积极培育内河航运市场和相关服务业。实施长江战略，加快推进“长江一体化运营平台”建设，推动支线班轮化运作，加强支线泊位保障，提高对支线船公司的服务水平，加强与长江流域港口合作。继续提高水水中转比例，推动支线班轮化运作，加强支线泊位保障，提高上海港对支线船公司的服务水平，推动洋山保税港区江海直达。

海铁联运方面，结合沪通铁路项目，推进铁路进港。加快制定海铁联运班列开行方案，充分利用沪宁线释放运力，实施苏锡常地

专栏

全国首家独资邮轮船务公司

2011 年 9 月，交通运输部出台《关于加强外商独资船务公司审批管理工作的通知》，明确外国邮轮公司可在中国设立邮轮独资船务公司，为自有或经营的船舶提供揽客、出具客票、结算运费和签订服务合同等服务。在各方共同努力下，歌诗达邮轮船务（上海）有限公司于 9 月 9 日获得交通运输部批复，11 月 1 日领取工商营业执照，成为全国首家独资邮轮船务公司。2011 年 11 月 18 日，全国首家独资邮轮船务公司——歌诗达邮轮船务（上海）有限公司揭牌成立仪式在北外滩举行，上海邮轮经济产业链发展取得新突破。近期，美国皇家加勒比邮轮集团也有意在虹口区设立独资邮轮船务公司，目前正在筹备过程中。

区至芦潮港短途集装箱班列客车化开行。研究设计集装箱海铁联运业务流程和监管模式，完善洋山保税港区多式联运体系。

航空枢纽方面，力争完成浦东机场第四跑道工程，推进浦东机场第五跑道建设和T1航站楼改造，确保虹桥机场一号航站楼改造工程开工。加大《调整上海地区空域结构方案》推进力度，大力发展中远程国际航空运输，提高国际城市通达性；优化中转流程、拓展中转联程，提高旅客中转率；实施新一轮浦东机场国际航空货运枢纽发展规划。

深化完善航运服务功能

口岸服务方面，总结“一单两报”实施效果，完善试点功能，建立良性运作机制，进一步扩大受益面。在完成浦东机场和北外滩“一门式”口岸通关服务功能入驻的同时，研究提出外高桥港区通关服务环境优化措施。根据区港联动要求，创新浦东机场综保区通关监管模式和流程。提高口岸便利化程度，加强进口环节通关便利化措施研究。

市场环境优化方面，结合交通运输部清理整顿专项行动，规范船舶管理市场。开展上海航运产业基金首期资金募集工作，推动产业基金良性运作。推动国家部委出台《国际航行船舶保税油市场运行管理办法》，支持上海企业取得经营资质，逐步建立国际航行船舶保税油供应市场服务体系。做好增值税扩围试点对航运相关产业影响的调研分析，促进航运业税收环境优化。落实国际航空保险业务营业税免征政策。

信息化建设方面，落实交通运输部水运结构调整要求，实施交通电子口岸、内河航运综合信息服务、上海港冷链物流等示范项目。结合“智慧城市”三年行动计划，推进上海国际航运综合信息平台建设，建立上海国际航运中心门户网站，整合政府信息、口岸服务信息、港口船舶信息，研究提供增值服务。整合集装箱公共码头管理系统，提高港口运作效率。

信息集聚与发布方面，支持全国班轮运价备案中心建设，建立面向全国的运价报备服务系统。研究形成航运运价指数、衍生品发展规划，开展中国进口矿石、原油等大宗散货运价指数研究，推出沿海煤炭航线、国际干散货和国际油轮运价交易产品，提高国际话语权。优化船舶交易信息平台，完善上海船舶价格指数，宣传和推广船舶买卖标准合同，规范和优化船舶交易鉴证流程和手续。继续开发完善中国航运数据库。推进国家级船员评估中心、中国船员发展与保障中心建设；为中国船舶油污基金技术保障机构落户上海创造条件、提供支持。

加强综合试验区创新突破

政策突破方面，要继续利用好部际协调机制，争取中央部委支持，推动启运港退税等政策尽早落实。简化航空口岸国际中转旅客口岸监管查验手续，争取在上海先行先试过境旅客免办边检手续。探索降低口岸成本，研究综合试验区范围内试点口岸查验作业费用财政统一支付的可行性。落实国际航空保险业务营业税免征政策，吸引境外专业性保险机构入驻上海。完成交通运输部现代航运服务体系建设示范项目，完善航运中心政策、市场环境。从进一步接轨国际航运市场的目标出发，研究创新政策体制，深入研究船舶吨税制政策，为进一步争取国家支持做好准备。

业务创新方面，扩大融资租赁业务规模，研究制定规范化管理模式和操作流程，搭建公共服务平台。拓展水水中转集拼业务，推动建设洋山保税港区国际中转集拼中心。尽快启动洋山保税区港区进出口汽车滚装码头运作，提升洋山保税港区的产业功能。建设空运货物分拨集拼中心，连通口岸、保税监管，实现一般监管货物与保税货物同步运作。

邮轮经济方面，重点加大邮轮母港软环境建设力度，争取和落实邮轮通关便利化措施，探索建立邮轮口岸通关服务统筹协调机制，推动查验单位制定多点挂靠邮轮跨区域便捷通关流程，争取邮轮旅客过境免签证政策落地。同时，要做好交通运输部关于外商独资船务公司审批管理工作相关政策的宣传，鼓励境外企业在上海注册设立邮轮船务公司，开展相关经营业务。

航运发展案例

上海综合保税区

自2009年11月上海综合保税区管委会成立以来，综合保税区管委会围绕“成为上海‘四个中心’建设前沿阵地和突破口”的战略目标，以“三个导向”为指导，不断深入推进功能创新、联动发展，加快产业转型，打造总部经济，实现区域经济良好发展。

注重发展效益，推动经济规模再上台阶。2011年上海综合保税区完成商品销售额9700亿元，比2010年增长22%。完成进出口总额980亿美元，比2010年增长22%，占全市比重22.5%。完成工商税收383亿元，增长23%。工业万元产值能耗下降10%。综保区注册企业从业人员近25万人，增长5%。2011年完成集装箱吞吐量2850万标箱，增长13.5%，占上海港比重90.7%。其中洋山港完成1300万标箱，增长29%；外高桥港完成1550万标箱，增长4%。浦东国际机场货邮吞吐量完成306万吨。外高桥港、洋山港和浦东机场三大外贸口岸合计完成口岸外贸进出口货值9300亿美元，增长22%，占上海外贸口岸进出口货值的比重88%。

深化先行先试，推进区域功能创新拓展。深化国际贸易结算中心试点。经国家外汇管理局批复同意，2010年10月8日首批8家企业启动国际贸易结算中心试点，2011年9月23日将试点企业扩大到20家，年内第二批12家试点企业已全部开设结算专用账户，并逐步开展试运作。

推动融资租赁规模化发展。截至2011年末，上海综保区累计引进融资租赁母公司和单机单船项目子公司20余家，租赁标的物涵盖26架民航客机、6架直升飞机和3艘船舶，涉及的租赁资产规模超过10亿美元。同时，在市发展改革委的牵头协调下，进一步明确融资租赁操作规程和管理模式，并搭建综保区融资租赁综合服务平台，已联合国家开发银行、中国银行、建设银行、交通银行等机构筹建首期20亿美元的融资租赁项目贷款资金池，并引入第三方专业服务机构为项目提供上下游配套服务。

深化期货保税交割试点。在海关、期交所等单位的大力支持和推动下，期货保税交割试点业务于2011年3月16日生成首批保税仓单，8月完成交割、通关等环节的试点操作，顺利走通期货保税交割所涉及的七大环节（仓单生成、仓单注销、仓单所内质押、到期交割、期转现交割、转运出境、进口报关）全部流程，正式进入市场运作阶段。依托功能先发优势，大力发展大宗商品产业。截至2011年末，洋山保税港区已累计引进20家大宗商品运营龙头企业，总注册资本超过7.4亿元，初步形成大宗商品产业的集聚规模。

培育离岸、保税特征的服务贸易产业。签订《创新实践推动产业发展合作备忘录》，积极拓展两头在外的检测、维修功能，2011年引进了美国药典、上海标检、东方公估行等标准检验鉴定机构，推动宇达电脑等保税维修企业试点集团内部第三方维修业务，支持卡特彼勒再制造项目开展保税物流运作。同时，积极发展离岸数据中心产业，11月22日云海数据中心在洋山保税港区正式揭牌启动。

聚焦贸易便利化建设，营造一流的贸易环境。构建检验检疫电子一体化监管新模式。加快推进区域"直通放行"工作。强化企业诚信体系建设。积极创新入境维修监管模式，促进加工贸易产业链的延伸。持续扩大入境生物材料改革试点范围，为生物医药企业提供便捷服务。深入开展预检验模式的推广，推动进口贸易基地的建设。

着力强化招商引资，推进产业升级与转型。大力培育实体性总部经济。积极推进以营运中心为载体的实体性总部经济发展，截至2011年末，上海综保区已累计批准营运中心180家，市政府认定地区总部25家，这批跨国公司完成销售收入超过5000亿元，工商税收160亿元，经济总量已占保税区的46%，成为综保区发展总部经济、提升产业能级的重要抓手。洋山保税港区集聚了通信及电子产品、汽车零部件、家居产品等20多个知名品牌面向欧美和亚太的分拨配送中心。外高桥保税区在营运中心、分拨中心的基础上，进一步推动跨国公司整合亚太区跨境销售、物流配送、资金结算等功能，发展跨国公司亚太营运中心。浦东机场综合保税区的山高物流、德州仪器、索尼等一批空运分拨中心已启动运作，并逐步形成集聚态势。

推进功能性招商，加快发展特色产业。洋山保税港区在推动航运企业入驻的基础上，积极拓展贸易、物流、展示功能，大力发展汽车产业，已形成从汽车零配件及整车的进出口、分拨配送到汽车保税展示、销售的产业链布局。同时，依托期货保税交割功能，引进花旗商贸、江西铜业等大宗商品运营企业，初步显现出集聚效应。

外高桥保税区贸易便利化程度不断提高，专业化贸易平台加快发展。2011年9月29日，外高桥保税区被商务部正式授予全国第一个"国际进口贸易促进创新示范区"，11月18日文化服务贸易平台被文化部授予全国首个"国家对外文化贸易基地"。

同盛集团、临港集团、外高桥集团、浦东现代产业公司等开发公司紧密合作，联手推进区域的招商引资、开发建设、服务企业等工作。2011年12月23日，上海综合保税区联合发展公司正式揭牌，实现区内开发主体的战略联合，成为综合保税区加快招商引资、促进联动发展的生力军。

全力以赴推进开发建设，营造良好的企业服务环境续发展。浦东机场综保区正式启动运作，二期通过封关验收。2010年4月2日浦东机场综合保税区（一期）通过国务院联合验收组封关验收，9月28日机场综保区第一单货物顺利通关，实现正式启动运营。2011年完成二期封关的方案设计、项目审批以及基础设施、监管设施建设，12月28日机场综保区二期顺利通过封关验收。

成功举办第11届世界自由贸易园区大会。经过精心筹备，2011年11月10日—11日，第11届世界自由贸易园区大会在浦东顺利召开，会议丰富了功能创新的国际视野和实践思路，受到有关国际组织、国家有关部委、国内外同行及专业媒体的广泛关注，提升了上海综合保税区向自由贸易园区转型发展的国际影响。

强化企业的服务和管理。进一步拓展企业服务网络，建立与工商、海关缉私等部门的协调联系制度，建成企业服务综合信息平台，强化预警信息收集和稳商快速反应。搭建银企合作平台，建立与人才交流中心、有关高校、劳务公司及劳务所的就业服务平台，及时解决企业融资难、用工难等各类问题。落实劳动工资集体协商制度，做好劳动保障和劳动争议调处，完善综合执法工作体系，落实区域市容管理、安全生产及环境整治工作，确保区域运行安全稳定、规范有序。

北外滩航运服务集聚区

2011 年，北外滩抓住国际航运发展综合试验区深化发展的契机，形态建设有序推进，功能配套逐步完善。在航运市场整体低位徘徊情况下，产业基础进一步夯实；航运功能性机构选择落户北外滩，航运要素进一步集聚；高端航运服务业发展亮点不断，取得新突破。

完善配套，加快建设。截至 2011 年末，北外滩沿江地区开发建设累计完成 101.1 万平方米。上海港国际客运中心、东方海港国际大厦、上海国际航运服务中心中块航运服务中心大厦等相继竣工。进一步落实 220kV、110kV 变电站，明确输配电计划。滨江绿地国客段西侧上港花园对外开放。北外滩沿江楼宇形象标识工程启动实施，北外滩第二、第三层面城市设计终期成果继续深化；海门路 55 号等地块具备动迁实施条件。

集聚企业，夯实基础。航运企业数量已超过 3200 户，其中包括市级下放的中海集团、中海发展、中海物流、中远集运、上海海运、中远货运、上海航交所等业内龙头企业，预计到年底虹口区航运企业总数将达到 3250 户。全年航运企业共实现区级税收 6.24 亿元，同比上升 28.6%，占全区区级税收总量的 12.2%。

宣传造势，提升地位。举行“北外滩财富与文化论坛”、“中国财富管理论坛暨第二届‘金阳光奖’颁奖典礼”、“JOC 全球集装箱航运峰会 2011”、“2011 国际港口及航运信息化论坛”、纪念“中国救捞创建 60 周年”公众开放日启动仪式、“上海邮轮文化周”开幕式等宣传活动，进一步扩大北外滩的知名度和影响力。3 月 25 日，抓住国务院常务会议审议并原则通过《意见》两周年的契机，隆重举办“推进上海国际航运和金融中心建设重大项目揭牌和签约仪式”大型宣传推介会，进一步提升北外滩航运服务能级，集中展现上海“两个中心”建设阶段性成果。

聚焦高端，寻求突破。我国第一家外资独资邮轮船务公司（歌诗达独资邮轮船务公司）及全国首个“无车承运”试点项目正式在北外滩地区开展先行先试。第二次航运经纪人考试顺利举行，推动豪罗宾逊、奥普玛在内的第二批 7 家航运经纪公司落户北外滩。上海航运产业基金管理有限公司、上海航运运价交易有限公司正式挂牌成立，航运金融发展有序推进。上海船员服务协会、沪港国际航运研发与交流中心、世界海事大学上海办事处、上海市外商投资企业协会航运分会正式落户北外滩。上海海事局与虹口区签订战略合作协议，共同建立国家级海船船员评估中心。塞拉利昂的新劳船级社和巴拿马埃思彼船级社正式落户，世界著名船舶管理公司 V.SHIP 在北外滩投资设立西泰克海事技术咨询有限公司。年内访问上海北外滩的邮轮（包括客班轮）186 艘次，邮轮游客数为 16.6 万人次。

长三角区域口岸大通关合作

长三角区域大通关建设协作机制自2007年5月启动以来，在沪苏浙三地口岸单位的共同努力下，区域协作不断拓展，合作领域不断扩大，合作项目不断落实，呈现个性化、务实性、实效性发展势头。随着各口岸城市的加入，使得区域大通关合作进一步实现重心下移，使“点对点、城与城”合作模式有了更加坚实的载体，大大丰富和拓展了三地大通关合作的具体内容。

目前，长三角区域推行的“属地申报、口岸验放”、出口“直通放行”、“进口转检”等政策已实现全覆盖，通过上海口岸进出口的受惠企业扩大到5000多家，占上海与各地区域合作企业数的70%。三地口岸查验部门、运营管理单位共同建立并不断完善江海直达、铁海联运、空陆联运、陆改水等现代口岸物流多式联运体系，内河支线项目合作和五定班轮航线等得到有序推进。据统计，2011年上海口岸进出口货物总额占全国三成左右，其中约有一半货物分别来自江苏（38.5%）和浙江（10%）两省。沪苏浙三省市外贸进出口总额比去年同期增加约两成，在全国占比超过三分之一；比2007年启动区域大通关协作时增加六成，年均增长率近20%，呈现在较高水平上稳健增长的良好势头，区域大通关协作有力促进了长三角区域外贸经济的整体发展。

四年来，长三角区域大通关协作的参与主体由最初的三地政府和“四关四检”，逐渐拓展到海事、边检（边防）、外贸、电子口岸等部门。随着区域大通关协作的重心下移，铁路、航空、港务等口岸运营单位积极参与到大通关协作中，并逐渐成为项目推进的重要主体，协作主体更趋多元化和广泛性。

2011年21日—22日，长三角大通关建设协作第四次联席会议在沪举行，并首次邀请15个长三角口岸城市参会，标志着沪苏浙三地大通关合作进入新的阶段。会议围绕推进上海国际航运中心“一体两翼”建设，提升长三角区域口岸城市综合竞争力，实现三地合作共赢目标，就进一步深化口岸城市群合作、扩大区域通关便利的受益面、完善项目合作推进机制、促进干支线发展和保税物流便捷流转、推进口岸信息的互联和共享等内容进行深入讨论。会议期间，沪苏浙三地口岸主管部门共同签署了《推进长三角口岸城市群大通关合作协议》。

在加强长三角口岸大通关合作的同时，上海与中部六省大通关合作和沪川渝大通关合作也得到务实推进和不断深化。2011年10月25日—27日，上海与中部六省大通关合作第六次联席会议在山西太原市召开。2011年11月24日—25日，沪川渝大通关合作第四次联席会议在重庆市召开。各方就进一步完善大通关合作工作机制，推动大通关合作重心下移，拓展区域大通关项目合作进行广泛交流，取得一致意见。上海口岸与中西部口岸大通关合作机制，为上海更好地服务中西部地区经济社会发展起到积极作用。

航运运价衍生品交易

上海航运交易所是经国务院批准的，由交通运输部和上海市政府共同组建的我国唯一一家国家级航运交易所。2009年下发的国务院《意见》，明确将“加快开发航运运价指数衍生品，为我国航运企业控制船运风险创造条件”作为上海国际航运中心建设的主要任务之一。

发布多种运价指数。2011年，上海航交所在中国沿海（散货）运价指数（CBFI）基础上，于9月1日正式对外试运行中国沿海煤炭运价指数（CBCFI），每日发布沿海煤炭货种的分航线分船型市场运价和即期市场综合运价指数。考虑到区域覆盖性、市场代表性、

航运运价交易窗口

表征明确性和前瞻性，CBCFI包含9条航线。综合运价指数以2011年9月1日为基期，基期指数为1000点。该指数能更及时反映沿海煤炭运输市场日益频繁且剧烈的运价波动。12月7日，CBCFI已成为全国沿海煤炭运输衍生品市场交易的结算依据。

9月28日，正式对外发布“上海船舶价格指数”。上海船舶价格指数包含价格体系与指数体系两部分。价格体系包括47000载重吨成品油轮、74000载重吨巴拿马型油轮等17个典型船舶估价。指数体系共分5个综合指数：上海船舶价格指数SPI、国际散货船价综合指数BPI、国际油轮船价综合指数TPI、国内沿海船价综合指数CBPI、国内内河船价综合指数IBPI。上海船舶价格指数为我国航运、融资租赁、船舶评估和海事仲裁等企业或机构的日常运营管理和政府的宏观决策提供具有客观性、时效性、稳定性及代表性的参考标准和依据。

开展运价衍生品交易。为贯彻落实国务院《意见》相关精神，以及交通运输部和上海市政府《加快推进国际航运中心建设合作备忘录》要求，上海航交所积极推进运价指数中远期电子交易工作，2011年3月25日揭牌成立上海航运运价交易有限公司，按照“高标准、稳起步、严监管”的要求，创建了国际领先的航运运价衍生品集中交易平台，在国际上率先实现透明、高效的航运运价场内集中交易，打破发达国家数十年来对航运衍生品市场的垄断，同时，交易风险控制方面制订了高保证金制度、涨跌停板制度、持仓限额制度、强制平仓制度、强行减仓制度等严格的风险控制管理规则。6月以来，陆续推出上海到美国西部和欧洲的集装箱运价交易合约，以及沿海煤炭运价交易合约。截至2011年底，集装箱运价衍生品交易市场单边成交总量约895万手，单边总成交金额约705亿元。目前集装箱运价衍生品日单边成交量近10万手，日持仓量为12万手；煤炭运价衍生品日单边成交量近18万手，日持仓量为11.7万手，充分展现了交易平台在运费套期保值、对冲运价波动风险方面的积极作用。

年度综述
贸易便利化和扩大开放
功能载体和贸易主体
服务贸易和服务外包
“购物天堂”和商贸环境
2012 年重点任务和举措
贸易发展案例

5 国际贸易中心

2011 年，上海深入贯彻实施《关于加快推进上海国际贸易中心建设的意见》和《上海国际贸易中心建设“十二五”规划》，国际贸易中心建设稳步推进，亮点频现。

年度综述

2011 年，上海贸易总量进一步提高。全年上海关区进出口总额 8123.1 亿美元，较 2010 年增长 18.6%，进出口总值历史首次突破 8000 亿美元大关，继续位列全国各关区首位。其中，出口 4999.6 亿美元，增长 18.1%；进口 3123.5 亿美元，增长 19.5%；累计贸易顺差 1876.1 亿美元，增长 15.8%。全年上海货物贸易进出口总额 4374.4 亿美元，比上年增长 18.6%，总量仅次于广东、江苏，居全国第三。其中，进口增幅高于出口，全年进口 2276.5 亿美元，比上年增长 21%，高于出口 5 个百分点。全年进出口增幅均呈现波动回落走势。

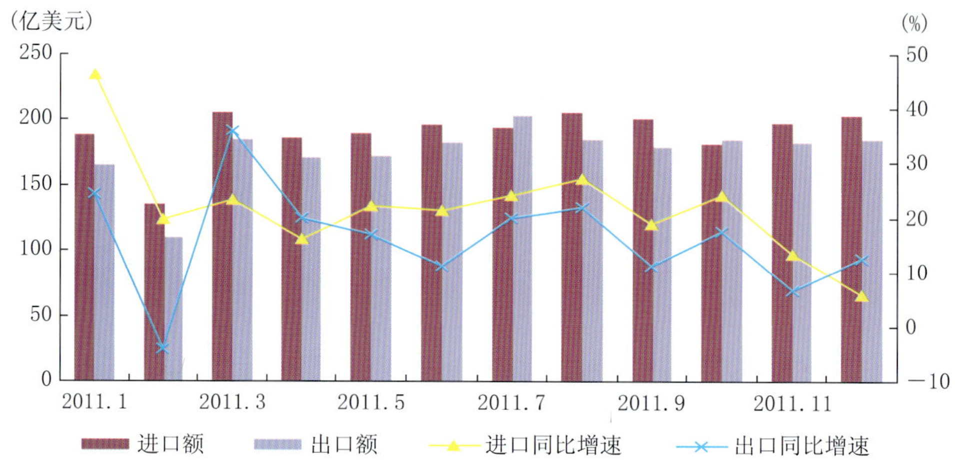

图 1 2011 年上海月度外贸进出口增长情况

资料来源：上海市商务委。

服务贸易增速快于货物贸易。服务贸易作为优化外贸结构、提升开放水平的新型贸易方式，近年来得到快速发展。2011年，上海服务贸易进出口达1292.7亿美元，同比增长23.5%，占全国的31%，占比较2010年又提高2个百分点。其中，出口473.2亿美元，增长16.4%，主要集中在运输、咨询、旅游、计算机和信息服务等领域；进口819.6亿美元，增长28.0%，主要集中在旅游、运输、保险、咨询等领域。同时，全市货物贸易在全国的占比呈现小幅下降趋势，从2009年的12.6%下降到2011年的12.0%。

外贸进口增长快于出口。受国际市场价格上涨、国内需求旺盛、进口便利化水平提高等因素影响，上海进口呈现量价齐升态势，全年进口增速快于出口5个百分点，特别是部分资源类、消费类商品进口增幅较大。如铁矿砂及其精矿进口94.9亿美元，比上年增长37.5%，成品油进口38.2亿美元，比上年增长48.1%，钻石进口28.6亿美元，比上年增长

表1 2011年上海按贸易方式进出口情况

项目		出口额（亿美元）	同比(%)	进口额（亿美元）	同比(%)
总值		2097.9	16	2276.5	21
贸易方式	一般贸易	771.6	21.9	1077.8	27
	加工贸易	1090.6	8.7	423.2	10.8
	其中：来料加工	45.2	-32.6	31.6	-18.5
	进料加工	1045.4	11.6	391.6	14.1
	其他贸易	235.8	37.6	775.5	19.3

资料来源：上海市商务委。

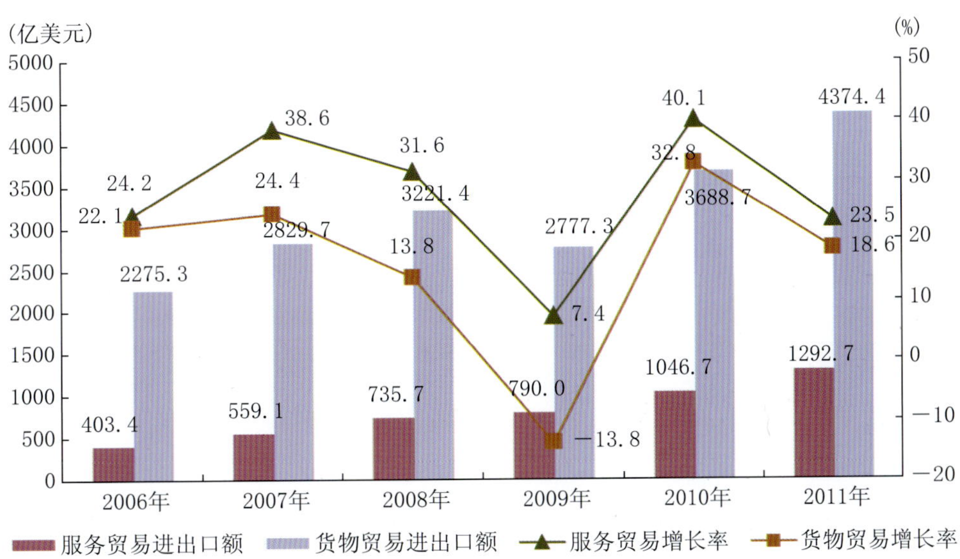

资料来源：上海市商务委。

图2 “十一五”以来上海服务贸易、货物贸易增长情况

70.0%，汽车（包括整套散件）进口76.1亿美元，比上年增长125.9%。

一般贸易出口增速快于加工贸易。全年一般贸易出口增速明显加快，累计出口771.6亿美元，比上年增长21.9%，高于全市5.9个百分点，占全市出口的比重为36.8%，较上年上升近2个百分点；加工贸易出口增速持续放缓，累计出口1090.6亿美元，比上年增长

表2　2011年上海进出口贸易伙伴情况

主要出口贸易伙伴情况			主要进口贸易伙伴情况		
国家或地区	出口金额（亿美元）	增速（%）	国家或地区	进口金额（亿美元）	增速（%）
总　值	2097.9	16	总　值	2276.5	21
美　国	483.9	18.1	欧　盟	466.1	35.2
欧　盟	435.7	4.4	日　本	346.5	12.3
日　本	239.7	22	东　盟	334.2	30.2
东　盟	203.7	14.8	美　国	212.6	4.9
中国香港	161.5	20.4	韩　国	185	26.4
拉　美	113.8	20.5	中国台湾	150	0
韩　国	74.2	25.9	拉　美	143.2	18.5
中国台湾	61.9	9.5	澳大利亚	77.4	37.7
澳大利亚	56.6	24.2	瑞　士	42.4	42
印　度	54.5	41.5	印　度	33.6	53.5

资料来源：上海市商务委。

表3　2011年上海按企业性质、商品类别进出口情况

		出口额（亿美元）	同比（%）	进口额（亿美元）	同比（%）
总　值		2097.9	16	2276.5	21
企业	国有企业	348.5	13.3	491.2	16
	民营企业	308	35.1	268	32.6
	外资企业	1424.4	13.1	1499.4	20.9
商品	机电产品	1477.7	12.7	1268.7	16.1
	高新技术产品	930.8	10.7	751.3	9.9
	纺织服装	208.5	17	45.6	34.9
	农产品	16.7	13.1	93.1	20

资料来源：上海市商务委。

8.7%，低于全市 7.4 个百分点，占全市出口比重为 52.0%，较去年降低 3.5 个百分点；其他贸易项下出口增速较快。

对新兴市场进出口增速快于传统市场。从出口来看，对美国、欧盟、日本、东盟市场出口占全市的 65.0%，特别是对日本出口增速较快，增速高出全市 6 个百分比。对印度、澳大利亚、中东等新兴市场出口增速明显高于全市平均水平。从进口来看，从欧盟、日本、东盟、美国市场进口约占全市六成，特别是从欧盟、东盟进口增长较快，分别进口 466.1 亿美元、334.2 亿美元，分别增长 35.2% 和 30.2%。从南非、印度、中东等新兴市场进口增速明显高于全市平均水平。

贸易便利化和扩大开放

贸易行政审批制度改革

海关与浦东新区联合共建开通浦东新区海关网上申报系统，成为全国首家由海关和地方政府共同开发建立的进出口货物收发货人注册和换证业务网上办理平台，截至 2011 年末，共完成新企业注册 2541 家，受理企业换证、延期业务 2678 家，通过“网上申报”办理注册、换证业务的企业达 548 家，占同期办理注册、换证企业总数的 39.2%，取得良好的社会效益。

对外投资和劳务合作

上海 2011 年全年核准对外直接投资总额 26.6 亿美元（中方投资额 21.2 亿美元），比上年增长 9.8%。民营企业投资活跃，占对外投资主体和投资总额的 66% 和 41%；跨国并购增强，已占全市对外投资总额的四成。新签对外承包工程合同额 123.5 亿美元，比上年增长 22.2%，其中大型、特大型项目金额占比达到 84.5%。承担国家援外工程和物资项目 34 个，项目总额 16.7 亿元，援外培训外国官员 766 人，派出各类劳务人员 1.4 万人。

贸易发展环境

成立全市贸易便利化联席会议，形成专门的推进机制；出台全国首创的《上海市贸易便利化工作规程》和《上海市贸易便

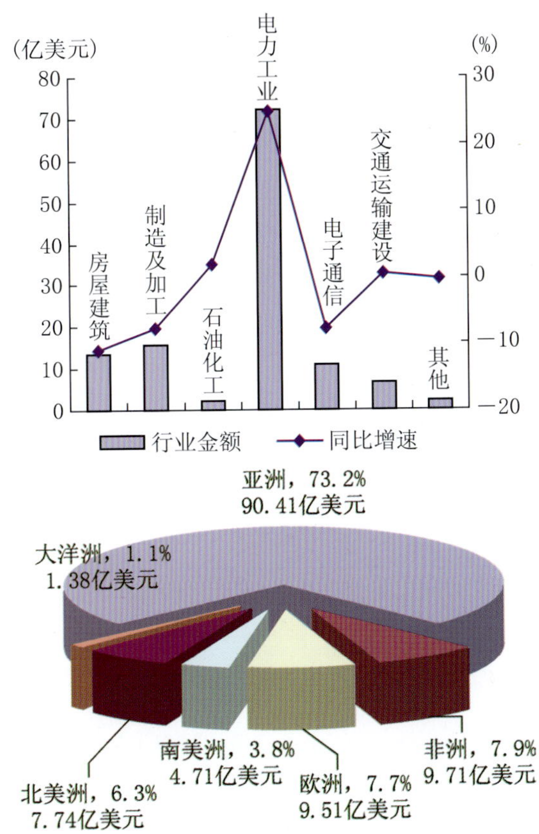

资料来源：上海市商务委。

图 3 2011 年上海对外承包工程行业及地区分布

利化工作效率指标框架》，确立良好的工作规范；落实“两高一少”要求。加大检贸、关贸合作力度，大力推进分类通关改革、进出口企业风险管理和报检、报关“一单两报”。开展进口旧机电全球维修业务检验检疫监管模式试点，推动浦东新区产业结构升级和维修中心发展。启用入境冻品查验新模式，以“即靠即检、即检即离”的工作模式在冷链仓库实施检验。推进外高桥保税区贸易便利化创新试点，推广预检验模式，缩短进口检验时间，实施进口机电产品审批专线，推动各类监管机构入驻，形成高效便捷的贸易环境。建立上海外高桥保税区空运货物服务中心，深化外高桥保税区“空运直通式”作业模式，实现“机场一点加封、途中专车运输、区内一站通关”的联动监管。建立张江海关事务服务中心，实施张江生物医药产业便捷通关试点。建设国际贸易技术标准服务中心，打造国际贸易检测认证服务基地。

自贸区政策效应

2011年1月1日起，《海峡两岸经济合作框架协议》（ECFA）项下货物贸易早期收获计划正式实施。2011年，上海口岸出口台湾ECFA项下货物总值1.47亿美元，累计优惠税款366.59万美元。上海口岸进口ECFA项下受惠商品已从今年初的120种逐步扩展至150余种。为使更多的企业享受到自贸区政策带来的优惠，上海检验检疫局共组织3次培训会议，帮助企业培训原产地申报员500余人。

功能载体和贸易主体

全力推进总部经济发展。市政府出台鼓励跨国公司设立地区总部的规定，上海检验检疫局采取包括报检资质、检验鉴定、行政审批、信用管理、便利通关五大方面措施鼓励跨国公司地区总部在上海落户。2011年上海共新设投资性公司27家，认定跨国地区总部48家、研发中心15家。截至2011年末，外商累计在沪设立投资性公司240家、跨国公司地区总部353家、研发中心334家。跨国公司地区总部和投资性公司数量均居全国第一，外资研发中心数量列全国第二。《财富》世界500强企业中，共有78家在上海设立地区总部。

专栏

进口旧机电全球维修业务检验检疫监管模式试点

浦东检验检疫局和金桥集团联合开展了《对金桥出口加工区进口旧机电检验监管创新研究》课题项目，探索形成了较完整的检验监管思路和有效便捷操作措施，2011年9月在金桥出口加工区内选取上海贝尔等3家企业进行改革试点，并对符合条件的试点企业入境维修的旧机电产品采取“试点准入、一次报审、电子核销、流程监管”的新模式。截至2012年1月，已累计为上述试点企业的400余批次的进口旧机电产品提供了监管服务，货值达500多万美元，并带动了试点企业相关维修业务达到上千万美元之多。

跨国公司地区总部的能级进一步提升，95%以上的地区总部都具有两种以上的总部功能，如投资决策、资金管理、研发服务和采购销售等。

落实一批国家级的功能性项目。虹桥商务区不断优化核心区南北片区的功能配比，土地出让及地块建设稳步推进，东片区规划建设继续推进。外高桥保税区被授予全国首个国家进口贸易促进创新示范区。文化服务贸易平台被文化部授予全国首个国家对外文化贸易基地。崇明成为全国首批12家国家船舶出口基地之一，大虹桥服装服饰出口创新基地升级为国家外贸转型升级示范基地。商务部与上海市政府合作共建的中国博览会会展综合体开工，商务部、科技部、国家知识产权局和上海市政府共同组建的上海市国际技术进出口促进中心挂牌，中国（上海）网上国际贸易中心平台开通，标志着上海国际贸易中心建设进入功能突破的新阶段，也成为推动我国贸易转型的重要举措。

深化外贸转型升级示范基地建设。推出大虹桥服装服饰出口、新浦江轻工产品出口、国际贸易常年展示、国际贸易标准服务、国际设计和贸易促进等一批促进外贸转型发展的新平台。成功举办第11届世界自由贸易园区大会，丰富了功能创新的国际视野和实践思路，受到有关国际组织、国家有关部委、国内外同行及专业媒体的广泛关注。

服务贸易和服务外包

积极培育服务贸易重点企业。建立信息服务平台，完善统计和评估体系，加快国际货代、专业服务、服务外包和软件、技术贸易、文化及中医药等服务贸易重点领域发展。目前，上海已成为全国服务贸易进出口规模最大的省市；发生服务贸易进出口金额的企事业单位超过12万家；非金融类服务业外国附属机构达2.2万家；持有“在沪外国人就业许可证”的在沪就业外国人累积达到7.3万人次；当前在外劳务人员2.6万人。

专栏

张江生物医药产业便捷通关试点

为进一步推动张江生物医药产业做大做强，提升企业竞争力和产业能级，2009年4月，上海海关启动张江生物医药产业便捷通关试点，对试点企业适用“归类备案制”，采用了一系列便捷举措。2010年4月，进一步扩大试点范围，在前期3家生物医药研发外包试点企业的基础上，新增加11家生物医药企业。同时，推出新的便捷举措：对表现优异的生物医药试点企业采用“张江生物医药产业海关监管试点证书”管理，并将试点范围扩大到张江生物医药所有产业类型；继续完善企业档案信息化管理，推动与口岸相关管理部门的优惠政策形成政策叠加。2011年，将试点范围进一步扩大到整个张江地区生物医药产业，企业通关速度平均缩短至2小时。便捷通关举措有效保证了试剂样品的安全性，特有的联系人制度开辟了畅通的应急渠道，得到地方政府、企业以及社会各界的一致认可。

服务外包和软件信息服务出口。受国家实行软件和信息服务出口贴息、离岸服务外包业务税收优惠等鼓励政策推动，软件出口企业和服务外包企业上报合同数据的积极性大为提高。从统计数据上看，2011年全年服务外包合同执行金额46.88亿美元，比上年增长70.3%；离岸执行金额31.88亿美元，比上年增长81.9%。

文化服务出口。2011年，上海核心文化产品和服务进出口持续增长。其中，电子商务平台成为文化出口新载体；表演及演出出口进一步活跃；动漫网游等新兴文化产品出口不断发展。东上海集团的《少林武魂》在美国连演10个月；上海话剧艺术中心的《暴风雨》、《城人记》、《鲁镇往事》等3台剧目分赴丹麦、加拿大等地演出；久游网络自主研发的休闲游戏《超级舞者》出口到北美、欧洲、东南亚等42个国家地区。

"购物天堂"和商贸环境

2011年，全年实现商品销售总额4.6万亿元，比上年增长23.3%；实现社会消费品零售总额6777.1亿元，比上年增长12.3%。消费需求领先投资需求，全市社会消费品零售总额规模和增速均高于固定资产投资。服务性消费增速加快，网络购物等新消费模式发展迅猛。消费拉动作用明显，商业对全市经济及税收增长、吸纳居民就业的贡献率均保持全市领先。分行业看，批发零售贸易业实现零售额4515.7亿元，同比增长13.8%，住宿餐饮业实现零售额422.8亿元，同比增长2%。分商品类别看，全年限额以上吃、穿、用、烧类[①]商品零售额中，烧的商品增速最快，达到22.5%，实现零售额428亿元，其余依次为用类商品、吃类商品及

专栏

新型集成电路产业链保税监管模式

集成电路产业是国家战略性新兴产业。经过十几年的开发建设，张江高科技园区已逐步形成中国大陆地区规模最大、技术水平最高、产业链相对最完整的集成电路产业群。但由于集成电路设计企业因不能作为加工贸易主体，只能通过其国外公司下订单并在国外营销结算，以及产品在设计、加工、测试、封装等环节和企业间流动都将产生税务成本、造成资金周转紧张等因素，制约了设计公司在国内外同行业间的竞争力，也阻碍了集成电路行业的整体发展。针对集成电路产业链发展的实际问题，在市发展改革委的牵头下，上海海关会同相关部门向海关总署等国家部委反映情况，制定《监管方案》报海关总署等，逐步形成了较为成熟的、以设计企业为龙头的集成电路产业链保税监管新模式。在此基础上，选取位于张江高科技园区的展讯通信（上海）有限公司作为首家试点企业，于2011年11月11日举行试点启动仪式并核发首本加工贸易手册，有力推动张江集成电路产业健康发展和浦东加工贸易转型升级。

① 烧的用品在统计口径上包括煤炭制品以及燃油为主的石油及制品类商品。

穿类商品。分业态看，限额以上有店铺零售额增长 12.8%，无店铺零售额增长 57.3%，其中网上商店零售额大幅增长 90.2%，电视购物增长 33.7%。

开展大型主题商业营销活动。加大商业结构调整力度，增强市级商业中心、区域商业中心服务功能，推进社区商业提升能级和特色商业街的做特做深。积极推进建设黄浦黄金珠宝商贸功能区和虹口酒类商贸服务功能区，成功举办上海国际服装文化节、钻石文化节等活

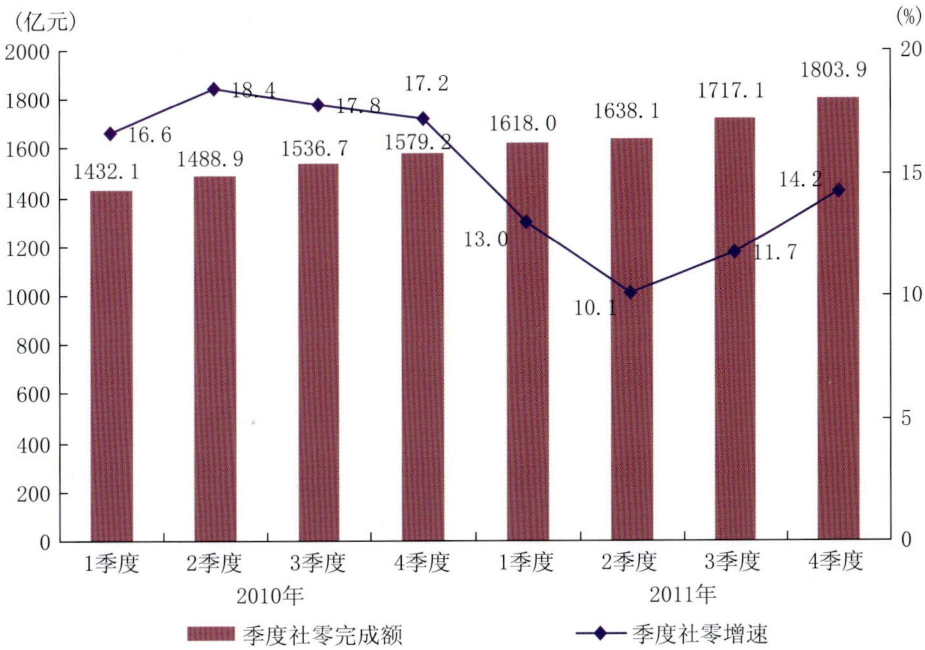

资料来源：上海市商务委。

图 4 2010 年以来上海社会消费品零售总额按季增长情况

表 4 2011 年上海社会消费品零售总额构成情况

指标		金额（亿元）	同比增长（%）
社会消费品零售总额		6777.1	12.3
限额以上消费品零售总额		4938.5	12.6
按行业分	批发零售贸易业	4515.7	13.8
	住宿餐饮业	422.8	2.0
按商品类别分	吃的商品	1264.7	11.3
	穿的商品	572.6	10.3
	用的商品	2673.2	12.3
	烧的商品	428.0	22.5

资料来源：上海市商务委。

南京路商业街老字号云集

动，上海时装周、中华老字号博览会升格为国家级商贸活动。

继续实施国家消费惠民政策。全年家电以旧换新销售新机430.3万台，销售额158.2亿元。搭建外省市名优产品进沪销售及商贸洽谈平台，支持举办江西、山西、重庆、新疆等多省市名优产品产销对接会。加强新城商业网点布局和农村流通网络建设，推进“万村千乡市场工程”，郊区平均社会消费品零售总额首次高于中心城区，嘉定、青浦、崇明、金山、松江等增速均在17%以上。

加大打击侵权违法行为力度。进一步做好打击侵权和假冒伪劣工作，推进建立健全有效机制，深入推进整顿和规范市场经济秩序和“两法衔接”相关工作。加强商业单用途预付卡规范管理，全面开展发卡企业的备案管理。进一步加强商业诚信建设，普及商业信用知识，推动商圈融资发展，开展行业信用测评。推进商业服务质量标准化建设，加快建立上海商业服务质量标准体系。深入开展大型零售企业向供应商违规收费专项清理整顿，促进零售商和供应商关系和谐发展。

完善执法互动机制。检验检疫、质量技监、海关、工商等部门加强联合执法，开展市场大检查行动，有效推进跨部门打假协作。检验检疫部门与质量技监部门合作，坚持“共建、共

表 5 上海实施家电以旧换新政策情况

	销售数量（万台）	增长（%）	销售金额（亿元）	增长（%）	回收数量（万台）
2010 年	398.9	—	151.0	—	411.1
2011 年	430.3	7.9	158.2	4.8	435.2
政策实施期总计 (2009.08—2011.12)	903.1	—	339.0	—	926.7

资料来源：上海市商务委。

表 6 2011 年上海各区县社会消费品零售额完成情况

区（县）	金额（亿元）	增速（%）	占比（%）	区（县）	金额（亿元）	增速（%）	占比（%）
浦东新区	1204.04	16.1	19	闵行区	500.21	13.7	7.9
黄浦区	643.62	5.7	10.2	宝山区	382.06	15.6	6
徐汇区	395.46	12.3	6.2	嘉定区	350.68	44.4	5.5
长宁区	233.7	11.5	3.7	金山区	250.9	17.4	4
静安区	226.13	10	3.6	松江区	342.12	17.1	5.4
普陀区	450.23	12.7	7.1	青浦区	299.24	19.4	4.7
闸北区	216.08	14	3.4	奉贤区	291.6	16.3	4.6
虹口区	228.66	6.3	3.6	崇明县	54.7	18.4	0.9
杨浦区	275.04	14.8	4.3				

备注：1. 原黄浦区实现社会消费品零售总额 437.09 亿元，同比增长 3.7%；原卢湾区实现 206.53 亿元，同比增长 10.2%。
2. 区（县）合计数小于全市总计。

资料来源：上海市商务委。

专栏

加强食品卫生安全执法检查力度

2011 年 4 月，国务院办公厅下发了关于严厉打击食品非法添加行为、切实加强食品添加剂监管的《通知》。在国家质检总局和上海市委、市政府的指导下，上海检验检疫局出色完成了进出口食品安全整顿、严厉打击食品非法添加等专项工作，妥善应对处置了二恶英污染、核辐射污染、塑化剂等 30 多起涉及进出口的食品安全突发事件。共在上海口岸发现并拦截不合格食品 1029 批、3.85 万吨、4993.48 万美元，并依法进行了监督处理，将上海市委、市政府“五个最严厉”工作要求落到了实处。

享、共用”的原则，按照“一线一网、集中受理、分工处理、反馈闭环”的建设思路，充分发挥“12365”质量热线举报处置指挥系统作用，从投诉、举报中发现可能涉及制售假冒伪劣商品和侵犯知识产权的违法行为，积极追查，有效处理，巩固“双打”成果。

2012年重点任务和举措

2012年上海国际贸易中心建设的主要思路是：全面贯彻落实市委、市政府和商务部的各项决策部署，高举上海国际贸易中心建设旗帜，进一步推进贸易平台建设，在贸易体制、机制方面寻求新的突破；进一步完善部市及全市合作共建机制；继续深入研究一些重大问题，形成下一步发展思路。

推进国际贸易中心功能平台建设

大力推进十大贸易和投资促进平台建设。依托浦东“三港三区”、虹桥商务区和世博园地区等重点区域和空间载体，大力推进服务全国的十大贸易和投资促进平台建设。加快建设国家会展项目，制定并完善会展业发展促进政策，引进和培育有国际竞争力的品牌展会。支持上海国际设计和贸易促进中心发展，完成上海国际设计和贸易促进中心机构注册。建设国别商品中心，搭建高档消费品进口展示交易平台。在海外建立贸易促进和投资服务海外营销网点。建设珠宝、汽车、酒类等领域集采购交易、创意研发、信息发布、展览展示、高端消费等功能于一体，具有国际影响力的现代商贸功能区。

提升中国（上海）网上国际贸易中心平台功能，建设财经国际信息港平台，成有影响力的商务信息及贸易促进综合服务门户。组织实施上海市战略性新兴产业电子商务与新型贸易现代化专项工程项目的申报和落实。通过发布各类大宗商品流通信息的市场价格指数和需求指数，提升对国内外市场的辐射力和价格话语权。建设高水准财经统计信息平台，加强城乡市场信息服务体系和商贸服务行业统计体系建设。

运用供应链管理理念和电子商务手段，加快推进商品市场体系建设。加强大宗商品交易平台建设，推动钢铁、有色、化工、石油、汽车等大宗商品交易，提升市场资源配置功能、服务增值作用和价格发现能力。建设城市共同配送物流体系，推动现代物流业发展。

探索电子支付及纸质材料电子扫描数据经第三方平台认证项目开发。深化推进全国检验检疫改革创新区。重点做好服务浦东总部经济发展、扩大国际采购创新试点范围、探索进口旧机电和新型产业维修业务、扩大生物医药试点、加大会展业支持以及推广现有预检验模式等相关工作的推进与落实。

深入推动贸易中心创新转型

加快国家进口贸易促进创新示范区建设。深化外高桥保税区十大专业化贸易平台的运作机制和推进措施，进一步完善进口产品服务贸易链，形成集保税展示、品鉴评赛、检测维修、专业培训、市场推广于一体的立体化运作体系，增强专业化贸易平台进口贸易服务功能。同时，大力发展进口商品电子商务平台，年内建成覆盖保税区钟表、医疗机械、工程机械等八大专业贸易平台的“外高桥进口商品网”，将贸易产业链从商品进口、物流配送延伸到终端营销。此外，新建高档消费品展示贸易服务平台，打造高档消费品集散中心。

开展海关诚信管理体系贸易便利化试点，启动外高桥保税区海关诚信自律企业试点。通过搭建海关监管系统与企业内部管控数据互联的信息化监管平台，扩大无纸化报关范围，设置卡口专用绿色快速通道，尝试实行海关随机到库查验等措施，探索建立以守法诚信企业自律为核心，以风险管理为原则的海关诚信管理体系，逐步将监管方式从货物监管为主向企业监管为主转变，年内取得试点的阶段性成果。积极研究建立浦东自由贸易园区的可行性，在外高桥国际贸易示范区试行离岸贸易试点，建设进口枢纽基地。支持与贸易有关的金融服务业创新发展。争取离境退税政策，选点建立“免税商品购物店”。

深入推进贸易便利化。将所有进出口货物报关单纳入改革范围，实现分类通关改革全覆盖。加强海关与检验检疫部门的协调配合，推进通关单无纸化和“一单两报”试点工作，争取在全国率先启动通关作业无纸化改革。继续拓展“属地申报、口岸验放”区域通关模式的覆盖范围，发挥上海口岸集聚辐射效应。创新海关通关监管方式和手段，扩大税费电子化支付覆盖范围。大力支持地方电子口岸建设，推动上海电子口岸与长三角以及长江流域地方电子口岸的互联互通和信息数据资源共享。

完善国际贸易中心建设体制及政策保障

进一步深化上海市政府与商务部紧密型“部市合作”机制，积极融入国际金融、航运中心建设部际协调机制，在离境退税试点等政策突破方面积极争取国家支持。充分发挥上海市国际贸易中心建设工作推进小组及全市贸易便利化、电子商务、服务贸易（服务外包）、专业服务业等联席会议机制作用，全面落实《上海国际贸易中心建设重点工作及分工（2011—2012年）》。建立推进上海国际贸易中心建设财政资金投入机制，重点支持贸易平台建设、贸易环境营造和改善、贸易机构引进、贸易促进活动等，简化专业服务业审批制度，进一步建立健全市场诚信管理体制。搭建全球贸易领域高端交流平台，做好重大国际经贸活动可行性和组办方案研究。推进《上海市推进国际贸易中心建设条例》立法工作。深入开展国际贸易中心建设体制机制前瞻性重大问题研究。

贸易发展案例

虹桥商务区

2011年，虹桥商务区围绕“十二五”基本建成核心区的总体目标，大力推进商务区开发建设，各项工作进展顺利，取得阶段性成果。

开发建设取得阶段性成果。进一步优化核心区南北片区的功能配比，完成城市设计报批工作。核心区一期、国家会展、南北片区和枢纽之间的交通连接规划方案、项目清单，以及投资估算即将完成。完成核心区一期10幅土地的出让工作，目前4个地块已开工建设。

公共配套项目建设进展有序。按照核心区一期城市设计方案和区域功能需要，完成世博变电站、路网完善、公共绿地、空中连廊、地下通道等公共项目的设计方案和西门户与中轴线景观初步方案，并积极做好建设准备工作；按照低碳实践区建设要求，开展区域低碳技术系统集成研究，积极探索建立效能中心、分布式供能和再生水利用示范工程。按照“智慧虹桥”理念，提出信息基础设施体系、公共服务平台和智能应用体系的建设方向，并据此梳理出一批重点建设项目。

国家会展项目有力推进。根据市政府统一部署，商务区主要负责市政配套规划工作，目前已经完成综合交通规划、水务、电力、燃气、环卫等13项市政配套规划的编制工作，提出会展区东侧综合停车场、车库联络通道等方案。多次与上海铁路局就铁路外环线改造方案进行沟通，并会同有关部门协调推进会展项目及其配套工程的动拆迁事宜。

东片区规划建设工作顺利启动。会同市规划国土资源局、长宁区政府以及上海机场集团等驻场单位，对东片区的功能定位和形象提升进行研究讨论，对东片区功能定位进行深化和优化。完成《虹桥商务区（东片区）功能定位研究报告》、《虹桥商务区（东片区）控详规划》和《虹桥商务区东片区（站前广场周边区域）综合改造方案》等编制工作。

招商引资和企业培育成效明显。成功举行虹桥商务区台湾推介会和香港推介会，策划赴长三角主要城市的招商推介活动。已经吸引香港瑞安、北京万通、上海地产、重庆龙湖、台湾丽宝、深圳万科、湖南三湘等多家知名开发企业集聚虹桥商务区，日本武田制药、台湾冠捷等知名跨国企业的地区总部已落户。接待多批次商务考察团组和知名企业家考察访问，为下一步土地出让和企业入驻积累一批有实力、有影响的潜在客户资源。

外高桥保税区

2011年，以建设国家进口贸易促进创新示范区为抓手，推进外高桥保税区经济发展和功能创新，全面完成年初确定的各项工作目标和任务。全年外高桥保税区新批项目318家，增长14.8%；合同外资7亿美元，其中增资占90%，内资注册资本12.3亿元，增长1.3倍。

国际贸易结算试点扩大。国际贸易结算中心外汇管理试点自2010年10月8日启动运作以来，第一批8家企业的试点工作进展顺利。2011年，根据区内企业的需求，扩大试点范围获得国家外汇管理局的正式批复，国际贸易结算中心企业数累计达到20家。10月19日，国际贸易结算中心外汇管理第二批企业试点正式启动并开立国际贸易结算账户。截至2011年末，试点项下贸易收支累计7357笔，专用账户结算额累计完成24.1亿美元。试点业务在便利企业国际贸易结算的同时，有效拓展企业的进口贸易功能。

空运服务中心正式运作。空运服务中心2011年4月正式运作，实现口岸功能的延伸，海关和检验检疫等部门的现场入驻，提供“一站式”服务，确保24小时运转的全年全天候服务，实现货物从机场货站直通仓库的无缝链接——客机4—6小时，货机6—8小时就能提货，为客户节约更多时间，并通过整合、优化整个物流供应链的流程，提高货物的运作效率，客户总体物流运作成本降低30%。

专业化贸易平台加快发展。

成为国家级贸易示范区和基地。2011年9月29日，外高桥保税区被商务部正式授予全国第一个国际进口贸易促进创新示范区。开展试点进口药品柔性入境管理、进口机电审批专线，建立酒类和化妆品检测中心，进一步提升专业化贸易平台的功能聚焦作用。11月18日文化服务贸易平台被文化部授予全国首个国家对外文化贸易基地，外高桥保税区已经成为专业行业重要的进口商品集散中心。

推进功能拓展预检验模式启动。在上海检验检疫局等相关部门的大力支持下，外高桥保税区参与预检验的方案试点，2011年8月完成外高桥保税区预检验管理的操作流程办法，并通过市检验部门的验收。目前已有46家企业进入预检验的流程操作，企业平均通关时间节省超过一半以上，满足跨国企业特别是特殊商品的代理企业对物流快速运作的需求。同时，推进海关预归类、出口分类通关、成品分拨等监管模式创新举措，推动跨国公司业务的高效运作，吸引企业加快投资落户和增资扩产。

开展海关诚信管理体系建设课题研究。外高桥保税区联合海关与外高桥集团，提出海关诚信管理体系建设课题。通过召开企业座谈会，深入了解企业相关情况和需求，完成海关诚信管理体系建设课题的前期研究和初步设想，形成相关工作推进方案，为下年工作推进奠定坚实的基础。

探索跨国公司亚太区营运中心课题研究。外高桥保税区通过加强理论研究，深入企业调研，初步完成跨国公司亚太区营运中心（分拨中心）课题的理论框架和前期调研等工作，探索在营运中心、分拨中心的基础上，进一步推动跨国公司整合亚太区跨境销售、物流配送、资金结算等功能，发展跨国公司亚太营运中心。

进出口企业诚信体系建设

国务院《质量发展纲要（2011—2020年）》中明确提出要建立质量安全风险管理体系和推进质量诚信体系建设。诚信体系建设是事关上海发展的重大问题，对上海加快形成服务业为主的产业结构至关重要。上海检验检疫部门大力推行“三个管理”，在日常监管中全面引入风险管理，持续深化分类管理，巩固发展诚信管理，将三种管理机制融入到检验检疫的产品监管、企业监管和行业监管中。

实施风险管理，有效识别检验检疫监管风险。基于既往数据的积累，实施风险管理，有效识别检验检疫监管风险和国内外各种预警信息，上海检验检疫局利用口岸信息化管理系统，动态优化调整对入境敏感商品（食品、农产品、婴幼儿消费品等）的重点检验检疫项目；持续加强对各种相关风险因子的监测控制，有计划、有步骤、有针对性地对可能存在的农残药残、霉菌毒素、防腐剂、添加剂、重金属、病虫害疫病等有毒有害项目进行监测，做到监控项目明确、监控措施到位；及时收集反馈信息，有效识别监管风险，持续优化风险监控流程。

细化信用等级，加强检验检疫诚信体系建设。2011年上海检验检疫局对检验检疫企业信用等级进行进一步的细化，在原先A、B、C、D四个信用等级的基础上，总结等级管理的经验，针对上海地区诚信优秀的企业，增加设置AA级信用等级，根据“守信便利、失信惩戒”的原则，给予更多的优惠措施，让企业享受到诚信守法带来的便利。同时，上海检验检疫局积极向国家质检总局推荐诚信企业，2011年向总局推荐“AA级信用企业”7家，“2011年中国质量诚信企业”55家。

结合诚信体系建设，实施检验检疫分级分类管理。认真实施《出口工业产品企业分类管理办法》，建立并实施基于产品风险、企业诚信、企业产品质量保证能力相结合的分类管理制度，实现由检验模式向全过程监管模式的转变。目前，在浦东地区已完成对1443家企业完成诚信管理等级的首次评定。上海检验检疫局还积极探索进口食品、化妆品分级分类监管新模式，选定外商独资企业多美滋婴幼儿食品公司为浦东首家“全国检验检疫改革创新区”进口食品监管新模式试点企业，实施集中报检、集中检验，给予快速通关等便利措施。

通过实施“三个管理”，检验检疫实现监管重点由“监管产品”向“监管企业”和“监管行业”转变，将有限的检验检疫资源放在过程监管和重点核查中，积极引导企业以“高品质、讲诚信”得到“快通关、享便利”的实惠，大大激发了企业做大、做强、做精的动力，产品质量显著提升，企业效益明显增加，有力地促进了外贸经济健康发展。

国际金融中心建设“十二五”规划
国际航运中心建设“十二五”规划
国际贸易中心建设“十二五”规划
服务业发展“十二五”规划
战略性新兴产业发展“十二五”规划

6 重点专项规划

国际金融中心建设“十二五”规划

“十二五”时期上海国际金融中心建设规划 国家发改财经 [2011]2991 号

为加快“十二五”时期上海国际金融中心建设，根据《中华人民共和国国民经济和社会发展第十二个五年规划纲要》、《国务院关于推进上海加快发展现代服务业和先进制造业建设国际金融中心和国际航运中心的意见》（国发 [2009]19 号，以下简称“国务院《意见》”）和《上海市国民经济和社会发展第十二个五年规划纲要》，编制本规划。

一、“十一五”时期上海国际金融中心建设回顾

“十一五”时期，上海国际金融中心建设以金融市场体系建设为核心，以金融改革开放和创新为重点，取得显著进展。

（一）金融市场体系不断健全，金融市场规模明显提升

上海金融市场体系进一步完善，中国金融期货交易所、上海清算所开业。金融市场运行机制改革成效显著，上海银行间同业拆借利率成功推出，上海作为人民币汇率基准、利率基准生成地的地位进一步巩固。金融市场产品和工具不断丰富，成功推出了中期票据、黄金期货、锌期货、股指期货等一批有重要影响的金融产品和工具，提升了上海金融市场交易、定价功能。金融市场规模快速增长，2010 年，上海金融市场（不含外汇市场）交易总额 386.2 万亿元，比 2005 年增长 10 倍；直接融资总额 2.38 万亿元（不含 3.1 万亿元银行间债券市场国债和政策性银行债券发行额），比 2005 年增长 2.4 倍。金融市场国际排名显著提升，2010 年，上海证券交易所股票交易额位居全球第三，年末股票市值位居全球第六；全国银行间同业拆借中心年末债券托管余额位居全球第五；上海期货交易所成交合约数量居全球商品期货和期权交易所第二位，成为全球三大有色金属的定价中心之一；上海黄金交易所黄金现货交易量位居全球第一。

（二）金融机构体系不断健全，金融机构发展活力明显增强

上海金融机构集聚效应进一步显现，在商业银行、证券公司、保险公司、基金管理公司、期货公司等金融机构加快集聚的同时，其他各类功能性金融机构和新型金融机构不断涌现，小额贷款公司、融资性担保公司、股权投资企业等新型机构快速发展。截至 2010 年末，上海金融机构总数达 1049 家，比 2005 年末增加 439 家。金融业务创新不断推进，跨境贸易人民币结算、期货保税交割等一批重要的创新业务有序推出，有力地提升了金融服务水平。金融机构实力日益增强，截至 2010 年末，各类金融机构资产总额 14 万亿元，比 2005 年末增长 1.9 倍。

（三）金融对外开放取得重要进展，国际化程度稳步提高

外资金融机构加速聚集。截至 2010 年末，总部设在上海的外资法人银行 21 家；合资证券公司5家；合资基金管理公司22家；外资法人财产险公司8家；合资寿险公司11家。金融业务对外开放领域不断拓宽。证券市场合格境外机构投资者（QFII）数量和投资额度进一步增加；境外机构直接投资银行间债券市场试点启动；货币、外汇、黄金等市场稳步有序向外资金融机构开放。境内金融机构稳步拓展海外业务，合格境内机构投资者（QDII）业务正式推出。截至2010年末，上海共有14家基金管理公司、4家证券公司获得QDII业务资格。

（四）金融发展环境持续优化，配套服务功能明显改善

金融发展的法治环境建设不断优化，《上海市推进国际金融中心建设条例》颁布实施，金融审判庭、金融检察科、金融仲裁院相继成立。信用体系和支付体系建设取得重要进展，落户上海的人民银行征信中心已建成全国集中统一的企业和个人信用信息基础数据库；支付清算基础设施不断完善，票据、银行卡、网络支付等非现金支付工具广泛应用。专业服务体系不断健全，新华08金融信息平台落户上海，与金融相关的会计审计、法律服务、资产评估、信用评级、投资咨询、财经资讯、服务外包等专业服务加快发展。金融集聚区规划建设成效明显，陆家嘴金融城、外滩金融集聚带等金融集聚区承载服务能力不断提升。金融稳定工作机制进一步健全，金融风险防范和处置能力进一步提高。此外，在金融人才服务、政府公共服务等方面也不断取得进展。但是，受市场机制不完善、创新能力不强、开放度不够等因素的制约，上海国际金融中心建设进程与我国经济社会发展的要求相比，还存在一些差距。主要表现在：机构投资者种类和数量不足，金融产品和工具不够丰富，金融市场配置资源的功能有待进一步增强；金融机构国际竞争力和影响力有待进一步提升；金融国际化程度有待进一步提高；金融法制、税收、信用、监管、人才服务等环境建设有待加强。这些问题，必须通过加快金融改革开放和创新发展加以解决。

二、“十二五”时期上海国际金融中心建设面临的形势

“十二五”时期是全面贯彻落实国务院《意见》精神，加快推进上海国际金融中心建设的关键时期，也是可以大有作为的重要战略机遇期。

（一）世界经济金融格局在复苏中加快调整，中国在国际经济金融体系中的地位不断提升，为上海国际金融中心建设提供了有利的国际环境

“十二五”时期，世界多极化、经济全球化趋势继续深入发展，世界经济格局进一步调整，以中国、印度等为代表的新兴经济体的地位进一步上升。新兴经济体和发展中国家在国际金融事务中的话语权将进一步提高，全球跨国金融业务和金融交易将不断向新兴经济体倾斜。这些变化将为上海加快推进国际金融中心建设提供良好机遇。

（二）我国经济持续较快发展，为上海国际金融中心建设提供了坚实的经济基础

“十二五”时期，我国经济将继续保持平稳较快发展，经济实力将不断增强。同时，加快经济结构调整和发展方式转变将成为我国经济发展的突出特征，我国经济实力不断增强。现代服务业、先进制造业以及战略性新兴产业发展将明显加快，内需特别是消费需求在推动经济增长中的作用将更加突出；长三角地区转型升级加快推进，以上海为核心的具有较强国际竞争力的世界级城市群加快形成。我国经济快速发展和经济发展转型将为上海国际金融中心建设提供坚实的基础，也提出了新的和更高的要求。

（三）我国金融改革不断深化，为上海国际金融中心建设提供了强大的发展空间

“十二五”时期，为了更好地适应加快经济结构调整、发展方式转变，以及提升整体国际竞争力的要求，我国金融业的改革开放将进一步加快，多层次金融市场体系建设将取得更大进展，利率市场化改革和汇率形成机制改革将稳步推进，直接融资比重将显著提高，金融市场在资源配置中的作用将明显增强。这些都为上海国际金融中心的发展提供了更广阔的空间。

（四）人民币跨境使用进程加快和人民币国际地位的提高，为上海国际金融中心建设提供了新的重要动力

随着我国经济实力不断增强，人民币可兑换程度不断提高，境外交易主体对人民币作为结算货币、投资货币、储备货币的需求将不断上升，人民币走向国际货币的进程逐步加快。这是进一步提升上海国际金融中心的国际化程度和国际资源配置功能的重要动力。

（五）全球金融市场竞争日趋激烈，金融风险防范面临新的要求

随着世界经济逐渐复苏，全球正在掀起新一轮国际金融中心竞争浪潮。尤其是在亚洲，围绕新的全球性金融中心建设而展开的竞争将更加激烈。同时，随着我国金融对外开放不断扩大，金融资源和金融交易不断集中，金融活动复杂程度不断提高，对金融中心防范和化解金融风险提出了新的要求。

面对新机遇、新要求，要增强机遇意识、使命意识和创新意识，科学把握发展规律，充分利用各种有利条件，加快解决前进中的问题，更加奋发有为地推进上海国际金融中心建设。

三、“十二五”时期上海国际金融中心建设的指导思想、发展目标和主要指标

（一）指导思想

以邓小平理论和“三个代表”重要思想为指导，深入贯彻落实科学发展观，按照国务院的统一部署，适应国内外形势新变化，进一步解放思想、锐意进取，抓住机遇、迎接挑战，突出重点、全面推进。着力加快金融改革创新，扩大金融对内对外开放，提高金融服务水平，改善金融发展环境，维护金融安全与稳定，显著提升上海国际金融中心配置全球资源的功能和服务我国经济社会发展的能力，为到2020年把上海建设成为与我国经济实力以及人民币国际地位相适应的国际金融中心打下坚实的基础。

——必须坚持统筹谋划的推进方针。充分认识建设上海国际金融中心对提高国家整体竞争力、增强可持续发展能力、维护金融安全与稳定的重要意义。站在国家整体利益的高度，统筹谋划上海国际金融中心建设，进一步完善推进机制，形成推进合力。

——必须坚持“一个核心、两个重点”的推进思路。以金融市场体系建设为核心，加快推

进人民币市场建设；以金融改革开放先行先试和营造良好金融发展环境为重点，加快体制机制和业务创新，不断提高上海国际金融中心的资源配置功能和辐射带动效应。

——必须坚持市场化、国际化、法治化的推进方向。不断推进金融市场化改革，进一步发挥金融市场在资源配置中的基础性作用；不断扩大金融对外开放，加快提升上海金融中心配置全球金融资源的能力；不断完善金融、税收、会计、信用、监管等制度，加快构建符合发展需要和国际惯例的法规制度体系以及具有国际竞争力的金融发展环境。

（二）发展目标

按照到 2020 年"基本建成与我国经济实力以及人民币国际地位相适应的国际金融中心"的战略目标要求，瞄准世界一流国际金融中心，全面拓展金融服务功能，加快提升金融创新能力，不断增强上海金融市场的国际内涵和全球影响力，力争到 2015 年基本确立上海的全球性人民币产品创新、交易、定价和清算中心地位。

具体目标：

——基本形成国内外投资者共同参与，具备较强交易、定价、信息功能的多层次金融市场体系；逐步形成人民币跨境投融资中心、人民币产品基准价格形成中心、大宗商品定价中心和金融资讯服务中心；

——基本形成各类机构共同发展、具有较强创新和服务功能的金融机构体系，逐步形成人民币产品创新中心、人民币资产管理中心和航运贸易金融服务中心；

——基本形成框架合理、功能完善、统一高效的现代化金融基础设施体系，逐步形成人民币跨境支付清算中心；

——基本形成专业门类齐全、结构合理、具有较强支持功能的金融人力资源体系，逐步形成国际金融人才聚集地；

——基本形成符合国际金融中心运行需要的金融税收、会计、信用、监管等法规体系，逐步形成具有较强国际竞争力的金融发展环境。

（三）主要指标

"十二五"时期，上海国际金融中心建设的主要预期指标如下：

——金融市场规模显著扩大。到 2015 年，上海金融市场（不含外汇市场）交易额达到 1000 万亿元左右；主要金融市场规模保持或进入世界同类市场前列。其中，债券托管余额进入全球前 3 位，黄金市场现货交易量保持全球第 1 位，金融衍生产品交易量进入全球前 5 位，保险市场原保费规模达 1400 亿元左右，银行卡跨行交易额达 25 万亿元左右，银行卡消费金额占社会消费品零售总额（剔除批发性大宗交易和房地产交易）的比例达 50% 左右，票据市场和信贷转让市场得到进一步发展。

——金融国际化程度明显提高。到 2015 年，参与上海金融市场的境外投资者规模显著扩大；上海证券交易所主要指数、上海大宗商品期货价格的国际影响力显著提升，上海银行间同业拆借利率成为境内外人民币资产定价的主要基准利率，人民币汇率中间价成为境内外人民币交易定价的主要汇率基准；进一步提高在沪外资金融机构资产总额的市场份额。

——金融服务功能明显增强。到2015年，上海金融市场直接融资额占社会融资规模比重达到22%左右；管理资产规模达到30万亿元左右。

——金融发展环境明显优化。到2015年，上海金融从业人员达到32万人左右，国际化高端金融人才和新兴金融领域的人才明显增加；金融发展环境的国际竞争力明显增强，金融法律、税收、监管等与国际惯例接轨程度明显提高。

“十二五”时期上海国际金融中心建设主要预期指标

类别	序号	指　　标	2010年	2015年
金融市场规模	1	金融市场交易额[①]	386.2万元	1000万亿元左右
	2	债券托管余额	全球第5位	进入全球前3位
	3	黄金市场现货交易量	全球第1位	保持全球第1位
	4	金融衍生品交易量		进入全球前5位
	5	保险市场原保费收入[②]	695亿元	1400亿元左右
	6	银行卡跨行交易额	10万亿元	25万亿元左右有
金融国际化程度	7	境外投资者规模	参与上海金融市场的境外投资者规模较小	参与上海金融市场的境外投资者规模显著扩大
	8	上海金融市场国际影响力	国际影响力总体较小	上海证券市场主要指数、大宗商品期货价格国际影响力显著提升
金融服务功能	9	金融市场直接融资额占社会融资规模比重	16.70%	22%左右
	10	管理资产规模	约15万亿元	30万亿元左右
金融发展环境	11	金融从业人员	24.5万人	32万人左右
	12	金融发展环境的国际竞争力	国内领先	金融发展环境的国际竞争力明显增强，金融法律、税收、监管等与国际惯例接轨程度明显提高

① 金融市场交易额，不包括外汇市场交易额。

② 根据保监会新的统计口径（不再包括原统计口径中万能险和投资连接险两类险种），2010年上海保险市场原保费收入为695亿元。

四、"十二五"时期上海国际金融中心建设的主要任务和措施

（一）以拓展金融市场广度和深度为重点，加快完善金融市场体系

金融市场体系建设是上海国际金融中心建设的核心任务。要进一步拓展金融市场的广度和深度，增强金融市场功能，形成比较发达的、多功能、多层次的金融市场体系。

1．提升现有金融市场功能。大力提升资本市场功能，促进权益类和固定收益类市场全面发展。继续加强蓝筹股市场建设，强化上海证券市场的全国主板市场地位，大力吸引成熟优秀企业上市，拓宽上市公司来源，探索建立不同层次资本市场间的转板机制，推进上海证券交易所发展成为亚太一流、具有较强国际影响的交易所；支持银行间和交易所债券市场协同发展，加快推出新的债券品种，不断扩大债券市场规模。进一步提升上海期货市场国际影响力，积极支持境内期货交易所在海关特殊监管区域内开展期货保税交割业务试点，支持上海期货交易所发展成为具有重要国际影响的大宗商品定价中心。进一步发挥金融期货市场功能，有序引导各类机构投资者参与，支持中国金融期货交易所逐步成为服务全国并在全球范围内具有影响力的风险管理中心。支持货币市场、外汇市场加快发展，增强服务功能，逐步发展更有广度和深度的人民币外汇市场，允许境内银行与境外银行通过银行间外汇市场开展人民币远期购售交易，推动银行间外汇市场开展人民币对新兴经济体货币交易。进一步发展上海黄金市场，保持现货黄金场内交易的国际领先地位。健全保险市场体系，加快培育再保险市场，不断提升保险市场的规模和国际竞争力。支持有条件的市场机构兼并和收购境外交易所和交易平台。

2．发展新的金融市场形态。积极推进张江高新技术产业开发区内具备条件的未上市企业进入全国场外交易市场进行股份公开转让。以上海股权托管交易中心建设为载体，积极探索非上市公司股权托管和非公开转让市场建设。加快发展保险市场，研究建立保险交易所的可行性，积极探索有利于保险市场创新发展的有效途径。加强市场基础设施和法规制度建设，在有效控制风险的前提下，规范发展贷款转让市场，逐步把上海建设成为全国性的贷款转让交易中心。积极发展票据市场，探索符合市场需求的票据产品以及适合票据市场发展的有效组织形式，把上海建成全国性的票据交易中心。健全信托登记服务体系，探索建立信托受益权转让市场，把上海发展成为全国性的信托产品托管、登记、交易、结算中心。

3．丰富金融市场产品和工具。推动股票、债券等基础性金融产品加快发展，支持上海证券交易所挂牌交易国内跨市场交易所交易基金（ETF）和基于国际指数、债券等的 ETF 产品，促进企业（公司）债、短期（超短期）融资券、中期票据、集合票据、外币债券等债券品种加快发展，支持推出项目收益债券、私募融资工具等新的债券品种。积极开展房地产信托投资基金（REITs）、住房抵押贷款支持证券、汽车消费贷款支持证券等创新产品试点。做深做精现有期货品种，完善商品期货产品系列，有序推出新的能源和金属类大宗商品期货。稳步发展金融衍生产品，研究探索并在条件成熟后推出以汇率、利率、股票、债券等为基础的金融衍生产品，积极培育以上海银行间同业拆借利率为定价基准的各类衍生产品，稳步扩大信用衍生产品的种类和规模，适时开展结构性衍生产品试点。研究探索并在条件成熟后推出黄金 ETF 和钯金交易品种。

4．健全金融市场运行机制。完善金融市场定价机制，增强境内利率和汇率的基准功能。健全银行间债券市场和交易所债券市场互联互通机制。支持外汇、债券等市场做市商制度和货币经纪制度建设。完善金融市场组织体制，研究符合条件的、以交易所为代表的组织金融市场交易的机构进行公司化改制试点。优化金融市场参与者结构，扩大各类机构投资者参与金融市场的广度和深度，探索支持证券、保险、信托、基金等机构投资者参与黄金市场投资，鼓励和支持企业审慎开展套期保值业务，建立健全金融衍生品市场投资者适当性制度。拓宽保险资金运用渠道，探索保险资金运用于公租房建设和交通、通讯、资源等基础设施项目，投资与保险产业密切相关的医疗、养老等机构，服务于现代服务业、先进制造业及战略性新兴产业。

（二）以吸引和培育具有国际竞争力和行业影响力的金融机构为重点，进一步完善金融机构体系

金融机构是上海国际金融中心建设的主体力量。要大力发展各类金融机构，着力吸引和培育具有国际竞争力和行业影响力的金融机构，不断增强金融机构的发展活力和市场竞争力。

1．促进金融机构总部和功能性金融机构集聚发展。进一步吸引和发展法人金融机构，积极培育和发展与金融市场相关的资金与资产管理机构等功能性金融机构，努力把上海建设成为我国重要的金融机构总部和功能性金融机构集聚地。大力吸引外资金融机构将区域性乃至全球性总部设在上海，支持在沪外资金融机构发展成为亚太地区管理总部或业务营运总部。积极吸引国际性、区域性多边金融组织入驻上海。鼓励和支持国内外金融机构在上海设立分支机构。

2．规范发展从事新兴金融业务的机构。健全上海金融服务组织体系，积极发展专业养老保险公司、专业健康保险公司、金融租赁公司、独立基金销售机构等新型金融机构，融资性担保公司、小额贷款公司等新型金融服务机构和提供支付服务的非金融机构（以下统称“新型机构”）。鼓励和引导新型机构创新服务模式，加强与商业银行、保险公司、证券公司、基金公司、期货公司、信托公司等金融机构以及电子商务企业的合作。鼓励、引导和规范各类社会资本参与设立新型机构，支持各类新型机构依法合规拓宽融资渠道。探索健全符合新型机构发展需要的管理体制，增强行业自律。

3．推动金融机构深化改革。支持在沪金融机构开展市场化改革、开放性重组，推进在沪金融机构与境内外著名金融机构在资本、业务、技术等方面开展战略合作。支持在沪法人金融机构优化股权结构，完善公司治理机制和资本补充机制，建立长期激励约束机制，提高经营管理水平。完善金融国资管理体制，优化金融国资布局，支持地方金融机构增强发展活力和市场竞争力。支持符合条件的在沪金融机构在境内外上市。

4．增强金融机构创新能力。支持在沪金融机构创新服务模式，扩大业务范围，拓展服务区域，提高服务能力。推进符合条件的金融企业开展综合经营试点。促进金融业务创新融合，支持具备相应能力的金融机构依法开展并购贷款、股权投资、境外贷款、期货投资咨询等创新业务，有序开发跨市场、跨行业、跨境的金融产品和业务。

（三）以建设人民币跨境支付清算中心为重点，加快建设现代化金融基础设施体系

加强金融基础设施建设是保障上海国际金融中心稳定运行和创新发展的客观需要。根据人民币跨境使用的发展趋势，在遵循市场规律和国家统一部署下，以建设人民币跨境支付清算中心为重点，加快建设统一、安全、高效的现代化金融基础设施体系。

1．建设面向全球的人民币支付清算网络。根据人民银行全国支付体系发展规划和要求，支持和推动金融市场加强基础设施建设，进一步完善支付清算系统，健全登记、托管、交易和清算制度。根据人民币跨境使用进程和市场需求，支持在沪金融市场将交易系统的报价、成交、清算、结算以及交易信息发布等功能延伸到境外，发展支持多币种产品交易和清算能力。支持商业银行在上海设立全行资金清算机构。支持具备条件的在沪商业银行拓展境外结算网络。完善银行卡支付清算系统，提高银行卡支付效率，支持在沪银行卡组织加快建设全球网络，打造国际主要银行卡品牌。

2．支持在沪清算机构发展。支持上海清算所创新场外市场清算机制，积极探索利率互换等产品的集中清算模式。

（四）以加快金融市场改革创新为重点，不断提升金融中心服务经济社会发展的能力

服务我国经济社会发展是上海国际金融中心建设的出发点和落脚点。进一步深化金融改革，支持和鼓励金融创新，形成以市场需求为导向、金融市场和金融企业为主体的金融创新机制；不断扩大金融服务领域，充分发挥上海金融市场种类齐全、金融机构体制健全、金融发展环境良好的优势，先行在上海开展金融市场、金融机构、金融产品等方面的创新。

1．大力发展财富与资产管理业务。适应居民财富日益增长的趋势和保值增值的需求，不断丰富财富与资产管理类金融产品。积极推动银行、证券、保险、信托等金融机构设立专业化运营的财富与资产管理机构，加快发展证券投资基金、股权投资企业、创业投资企业、对冲基金等专业机构。完善相关政策法规，吸引专业人才，将上海建设成为我国财富与资产管理中心。

2．大力发展航运金融。创新航运融资方式，推动发展港口融资、船舶（飞机）抵押贷款、船舶（飞机）融资租赁、船舶（飞机）出口买方信贷、资金结算等航运金融服务。加快发展船舶（飞机）保险、海上货运险、保障与赔偿保险，积极探索新型航运保险业务。进一步发展服务全国的航运金融市场，积极推动金融机构、航运企业等在上海设立专业性航运金融机构，研究推动大型船舶制造企业参与组建金融租赁公司。支持相关航运企业、航空公司和金融机构共同设立航运股权投资企业，扩大从事船舶（飞机）租赁业务的特殊目的机构（SPV）规模。研究开发系列航运价格指数及航运金融衍生品。

3．大力发展贸易融资。创新贸易融资产品和服务模式，积极发展人民币出口买方信贷业务，研究开发贸易企业汇率避险工具，推动利用互换人民币资金支持贸易融资。选择合格试点企业，深入开展国际贸易结算中心外汇管理改革试点。

4．大力发展消费金融。创新消费金融产品，大力发展汽车、家电、设计、装修、教育、文化、旅游、医疗保健等领域的消费金融业务。加快发展消费金融公司、汽车金融公司等金融服务公司，提高消费金融服务能力。改善银行卡支付服务环境，大力发展非金融机构支付产业。

5．大力支持跨国公司地区总部的融资业务，加强对总部经济的金融服务。鼓励跨国公司以在上海设立中国区总部为主向设立亚太区总部、业务部门全球总部过渡，为其进一步提升在华地区总部能级，开展资金管理、跨国研发合作等业务提供便利；稳步推进跨国公司地区总部开展离岸金融业务，在开设离岸账户等方面提供相应的便利，为跨国公司地区总部集中管理和调度资金提供方便，增强在华跨国公司地区总部的辐射力和影响力。

6．加强对中小企业和文化及创意企业的金融服务。进一步拓宽中小企业、文化及创意企业的抵（质）押物范围，研究开发适应中小企业、文化及创意企业特点的金融产品，积极发展保单融资、知识产权质押融资、票据质押融资、股权质押融资、供应链融资、小企业联保融资。大力发展面向中小企业、文化及创意企业的股权投资企业、创业投资企业、融资租赁公司和融资性担保公司。支持符合条件的中小企业、文化及创意企业利用资本市场开展股票、债券融资和并购重组。

7．加强对战略性新兴产业和先进制造业的金融服务。鼓励金融机构设立专业部门，加强对战略性新兴产业、先进制造业和科技企业的信贷和金融服务支持，拓宽战略性新兴产业、先进制造业和科技企业的直接融资渠道，推动战略性新兴产业、先进制造业和科技企业利用资本市场进行融资和并购重组。创新科技投融资模式，拓宽社会资本投入高新技术产业化的渠道。推动银行、证券、保险等金融机构与创业投资企业、股权投资企业开展战略合作，探索建立科技专营服务机构。积极发展科技保险。

8．探索发展低碳金融。鼓励发展绿色信贷业务，加强对节能环保、新能源等产业发展和合同能源管理服务的金融支持。开展清洁发展机制（CDM）项目的金融服务，探索发展CDM预期收益权抵押，为推进CDM项目交易提供支持。探索发展自愿减排交易市场。研究设计基于碳排放权的期货、期权等产品。

9．发展新兴融资服务推动产业升级和科技创新。适应产业整合升级与科技创新发展的需要，大力发展股权投资、创业投资，丰富资金来源，引导资金投向，规范机构建设，吸引管理人才。鼓励和引导国内外生产企业在上海市设立融资租赁企业，提供融资服务，推动机械、设备、交通工具等产品的国内外流通。

10．加强对民生和社会事业发展的金融支持。加大金融对城市旧区改造、城镇化建设、经济适用房、廉租住房、公共租赁住房建设的支持。进一步推进与社会管理相关的保险业务创新，加快发展安全生产责任、工程建设责任、产品质量责任、公众责任、执业责任、环境污染责任等保险业务，积极发展农业保险、小额贷款保证保险、健康保险等业务。研究开展个人税收递延型养老保险产品试点。

11．加强区域金融合作。深入贯彻落实国家关于长三角地区协调发展以及区域经济协调发展的战略部署，完善上海与长三角等地区的金融合作机制，拓展合作领域。支持在沪法人金融机构跨区域开展业务和跨区域并购重组。加强上海与长三角等地区在金融市场、金融支付体系、金融信用体系、金融基础设施建设等方面的合作，增强上海金融中心服务长三角、服务全国的功能和作用。

（五）以建设人民币跨境投融资中心为重点，加快提高金融国际化水平

提高国际化程度是当前和今后一段时期提高上海国际金融中心能级和影响力的关键。要抓住国际金融体系变革调整的机遇，以人民币跨境使用为契机，不断扩大金融对外开放，加快建设人民币市场，不断提升上海金融中心参与国际金融竞争、配置全球金融资源的能力。

1．积极有序推进金融市场对外开放。进一步拓宽和扩大境外投资者和发行体参与上海金融市场的渠道和规模，巩固上海金融市场在服务我国金融对外开放和人民币跨境使用中的主导作用，加快构建人民币跨境投融资中心。推进上海证券市场国际板建设，支持符合条件的境外企业发行人民币股票。逐步扩大境外机构在境内发行人民币债券的发债主体和规模。支持证券市场扩大 QFII 投资规模和投资范围，探索外资投资期货市场、金融衍生品等金融市场的制度安排。稳步拓展境外金融机构参与外汇市场的范围和规模。配合拓宽境外人民币资金回流渠道，稳妥推进境外机构以人民币资金投资境内债券和其他金融市场试点。积极探索境外个人投资者投资境内金融市场的有效方式。支持境内外金融市场深化战略合作。

2．积极推进金融服务业对外开放。支持中外资金融机构深化股权、业务等方面的战略合作。继续推动银行业、保险业对外开放，稳步推进证券业、期货业对外开放，支持符合条件的在沪合资证券公司扩大业务范围。在大力培育民族品牌机构的同时，进一步提高会计审计、法律服务、资产评估、金融资讯等专业服务业国际化水平。

3．加快拓展金融机构全球服务能力。加快发展跨境贸易和投资人民币结算业务。研究推进在上海开展个人对外直接投资试点。支持在沪金融机构继续试点与贸易有关的人民币跨境融资、担保等资本项下的跨境人民币业务，鼓励境内银行直接向境外项目提供人民币融资或通过境外分支机构或代理行对外提供人民币贷款。支持在沪金融机构扩大 QDII 业务规模，丰富合格境内投资者类型，拓宽境内机构和个人投资者参与境外金融市场的渠道。支持在沪法人金融机构的境外分支机构提高面向国际投资者的服务能力。支持在沪银行卡组织扩大服务范围，加强与全球发卡机构、收单机构开展业务合作，提升银行卡跨境服务能力。

4．加强境内外金融交流合作。根据国家统一部署，进一步发展沪港金融的互补、互助、互动关系，完善沪港金融合作机制，加强沪港在金融市场、机构、产品、业务、人才等方面的交流合作，支持沪港金融市场产品互挂。积极推动沪台金融交流合作，研究建立合作机制，拓展合作空间和领域，使上海成为台资金融机构在大陆的集聚中心。加强上海与纽约、伦敦、新加坡等全球主要国际金融中心的交流合作，探索创新交流合作机制。积极实施"走出去"战略，探索参与境外证券交易机构的并购，不断扩大海外影响力。在国家有关部门的支持下，研究吸引国际多边金融机构及其分支机构入驻，支持上海金融市场在国际金融组织中发挥更大作用。

（六）以制度建设为重点，着力营造具有国际竞争力的金融发展环境

金融发展环境是上海国际金融中心建设的重要基础。要进一步加强和改进政府公共服务，着力推进金融制度创新，不断完善有利于金融资源集聚发展的政策措施，加快形成具有国际竞争力的金融发展环境。

1．加强金融法治环境建设。发挥国家、地方金融立法的作用，推动制定既切合我国实际又符合国际惯例的金融法律制度，促进公平、公正和高效解决金融纠纷。加强金融消费者和投资者合法权益的保护。建立健全地方政府部门与司法部门、金融管理部门之间的金融法制沟通协调机制。

2．完善金融税收制度。研究借鉴成熟的国际金融中心经验，争取率先开展金融税收制度改革试点，充分发挥合理税制安排在促进金融创新发展、增强金融国际竞争力中的重要作用。研究有利于金融市场发展，有利于航运金融、贸易金融发展，有利于促进金融创新的金融税收政策。

3．完善金融会计标准。根据国家统一的会计准则制度，参照国际财务报告准则的发展趋势，结合建设国际金融中心的实际需要和金融监管、金融创新的发展，丰富和完善金融工具和金融机构适用的会计标准。

4．加强信用体系建设。进一步完善个人和企业信用征信系统，加快推进金融业统一征信平台建设以及相关法律法规建设，力争把上海发展成为全国性的信用服务中心。扩大征信系统覆盖范围，健全守信受益、失信惩戒的信用制度，依法促进信用信息记录、共享和使用，力争在全国率先建成较为完善的金融信用服务体系。

5．完善金融监管制度。根据国际金融监管改革发展趋势，结合我国实际，推动建立贴近市场、促进创新、信息共享、风险可控的金融监管平台和制度。创新金融监管理念，改进金融监管方式，研究加强在沪金融监管机构监管资源配置。进一步发挥交易所一线监管和同业公会、协会等行业自律组织的作用。研究创新金融产品发行方式，探索在金融市场引入金融产品上市试运行机制。

6．完善金融专业服务和中介服务体系。研究完善政策措施，加快构建与金融市场发展相适应的专业服务和中介服务（以下统称“专业服务”）体系。创新完善与金融相关的专业服务业监管体制和模式，增强行业自律，支持与金融相关的会计审计、法律服务、资产评估、投资咨询、资信服务、资金和保险经纪等专业服务机构规范发展，鼓励发展金融数据处理、金融软件开发、客户服务等服务外包。支持金融专业服务机构创新经营模式和服务业态，开展多元化经营。鼓励有条件的金融专业服务机构向规模化、国际化发展。积极培育全球金融资讯服务市场，支持金融资讯机构加快发展。大力发展信用评级业，积极培育民族品牌信用评级机构。

7．加强金融集聚区规划建设。健全金融集聚区规划建设推进机制，优化金融集聚区功能布局，以陆家嘴金融城、外滩金融集聚带为核心，构建定位明确、分工合理、功能完善的金融集聚区空间体系。加快陆家嘴—外滩金融集聚区建设，扩大陆家嘴金融城区域，推进外滩金融集聚带南北段建设。打造金融后台服务基地，积极推进上海市金融信息服务产业基地、外高桥保税区、洋山保税港区、漕河泾新兴技术开发区等区域的金融功能建设。统筹规划、有序推进南京西路、徐家汇、五角场等其他商务区和产业园区的金融功能开发。

8．加快国际金融人才高地建设。大力实施国际金融人才战略，培养和引进一批具有全球视野和较强创新意识的国际性金融人才。统筹利用金融教育资源，构建涵盖高级金融管理人才、高层次专业技术人才、一线员工队伍等方面的多层次金融人才教育培训体系。开发和引进高端金融人才培训项目，建设一批与国际前沿接轨、具有较高培训能级的高层次金融人才培训基地。加强金融人才服务平台建设，完善金融人才服务政策，营造有利于金融人才集聚的良好工作、生活和文化环境。完善金融人才激励约束机制，逐步建立短期激励与长期激励相结合、收入与业绩合理挂钩、科学体现人才价值和贡献的薪酬分配体系。适应国际金融中心建设的新形势和新任务，加强地方金融服务部门人才队伍建设。

9．完善金融安全稳定工作机制。完善金融风险应急处置机制，增强金融风险监测、评估、预警和处置能力，加强对跨行业、跨市场、跨境风险和系统性风险的防范。健全金融监管协调机制，改进监管方式，加强跨行业、跨市场监管协作，实现监管信息共享。探索完善地方人民政府对新型金融服务机构的监管模式。加强地方人民政府与司法部门、金融管理部门之间的沟通协调，健全和完善打击非法集资、非法证券、非法支付结算等非法金融活动的工作机制。加大金融案件监测预警和查处力度，结合地方实际，研究制定打击非法金融活动的地方立法和政策措施。

上海市与国家有关部门要加强沟通协调，积极配合国家有关部门研究制定相关实施方案，积极争取在金融创新和改革开放等方面的先行先试，并做好相关措施的落实工作。组织好市有关部门和区、县人民政府根据本《规划》提出的目标和任务，努力形成滚动推进的落实机制，切实研究解决上海国际金融中心建设过程中出现的新情况和新问题，不断完善相关配套政策和措施。

国际航运中心建设“十二五”规划

上海市加快国际航运中心建设“十二五”规划
沪府发[2012]48号

为加快“十二五”时期上海国际航运中心建设，根据《中华人民共和国国民经济和社会发展第十二个五年规划纲要》、《国务院关于推进上海加快发展现代服务业和先进制造业建设国际金融中心和国际航运中心的意见》（国发[2009]19号，以下称“国务院19号文”）和《上海市国民经济和社会发展第十二个五年规划纲要》，编制本规划。

一、“十一五”发展回顾

（一）上海国际航运中心建设回顾

“十一五”期间，上海航运基础设施建设发展迅速，港口吞吐能力大幅提升，集疏运体系不断完善，公路建设进展顺利，航空枢纽建设取得重大突破，航运服务业发展得到进一步重视和加强。国务院 19 号文进一步明确了上海国际航运中心发展的战略目标和任务，上海国际航运中心建设由注重基础设施建设转入提升基础设施能力与发展服务软环境并举的阶段。

1. 国际航运主业快速发展

上海港年货物吞吐量从“十五”期末的 4.45 亿吨增长到 2010 年的 6.5 亿吨，其中集装箱吞吐量从 1808 万标准箱增长到 2907 万标准箱。自 2005 年以来连续 5 年货物吞吐量排名世界第一，2010 年上海港集装箱吞吐量排名世界第一。

国际著名航运企业云集上海，全球排名前 20 的班轮公司均有分支机构入驻上海。在上海注册的国际航行船舶（包括国际航线船舶和特案免税登记船舶）从“十五”期末的 223 艘、总吨位 493 万吨，增长到 2010 年的 356 艘、总吨位 869 万吨。据不完全统计，2010 年国际货物运输代理企业 5926 家，船舶代理企业 139 家，船舶管理企业 97 家，无船承运人（上海地区中国企业法人）948 家，船供企业 204 家，船员服务机构 57 家，船员培训机构 7 家，注册海员 69377 人。

2. 集疏运体系建设取得重大进展

“十一五”期间，集疏运体系不断优化，公路、港口、内河航道、铁路、航空等硬件设施建设进展顺利，规模化、集约化、快捷高效的多种运输方式一体化发展格局基本形成。港口集装箱水水中转比重由 2004 年的 25.4%上升到 2010 年的 38.0%，公路运输比重相应地由 2005 年的 40.3%下降到 2010 年的 37.5%。

一是港航设施建设成绩显著。东海大桥建成后，洋山深水港区一期、二期、三期，外高桥四期、五期、六期工程相继投入使用。上海港码头年设计货物吞吐能力从 2005 年的 3.04 亿吨增加到 2010 年的 4.6 亿吨；集装箱专用码头泊位数和集装箱年设计吞吐能力由 2005 年的 29 个和 920 万标准箱增加到 2010 年的 41 个和 2062 万标准箱。长江口深水航道整治三期工程顺利完成，主航道水深达到 12.5 米；长三角内河高等级航道整治工程全面启动，苏申外港线、大芦线（一期）、赵家沟航道经整治后均达到三级航道标准，初步形成连通江浙的高等级内河航道网络；上海港国际客运中心建成并投入使用，吴淞口国际邮轮码头一期泊位建设基本完成。

二是公路建设进展顺利。上海公路总里程由“十五”期末的 8110 公里增加到 2010 年的 11974 公里；高速公路里程由 560 公里增加到 775 公里。随着长江隧桥、申嘉湖高速、杭浦高速等相继建成，沪宁高速、沪杭高速完成拓宽工程，上海形成了“两环、九射、一纵、一横、两联”的高速公路网格局。“十一五”期间，上海与江浙联系的省道新增加 6 条，高速公路增加到 8 条、48 车道，其他公路通道达到 23 条、74 车道，港口集疏运通道路网结构进一步优化。

三是铁路建设全面提速。截至 2010 年底，上海境内铁路营业里程 414 公里，建成“2 主 3 辅”共 5 个铁路客运站。“十一五”期间，建成沪宁城际铁路、沪杭客运专线，有效释放了沪宁铁路、沪杭铁路的货运能力；建成服务于洋山港的芦潮港铁路中心站，完成南浦货站至闵行货场搬迁调整。京沪高速铁路于“十二五”初期竣工。上海地区铁路运输能力明显提高，布局进一步优化，为形成沿海铁路货运大通道、发展海铁联运奠定了基础。

四是航空枢纽建设步伐加快。截至 2010 年底，上海浦东、虹桥国际机场已形成 5 条跑道、

4座航站楼的规模，可保障高峰日2400架次起降。两机场旅客吞吐量和货邮吞吐量由"十五"期末的4134万人次和221万吨增长到2010年的7188万人次和371万吨。已有81家国内外航空公司开通上海定期航班，国内外通航城市达到219个；浦东国际机场连续三年货邮吞吐量位居全球机场第三，基本确立国际航空货运枢纽地位；2010年浦东国际机场旅客吞吐量位列国际机场协会（ACI）全球排名第20名，首次进入前30名排行榜。

3．现代航运服务体系建设全方位开展

"十一五"后期，上海全面贯彻落实国务院关于加快建设上海国际航运中心的战略部署，全方位展开现代航运服务体系建设，航运要素进一步集聚，航运服务功能加快提升，航运市场环境得到进一步完善和规范，航运服务体系框架逐步形成。

一是航运服务产业初步集聚。"十一五"期末，在沪从事国际海上运输及辅助行业的外商驻沪代表机构达到250家左右，有1000余家不同资本类型的国际海上运输和辅助服务企业在上海开展经营活动。全球九大船级社均在上海开设了代表处，开展船舶检验服务。上海国际航运研究中心、上海海事仲裁院、上海国际航运仲裁院、中国国际集装箱班轮运价备案中心、上海国际航运信息中心等机构相继成立。开展了航运经纪业准入制度试点，国内第一批专业航运经纪公司率先在上海成立。上海航运交易所积极落实交通运输部印发《船舶交易管理规定》，2010年"中国船舶交易信息平台"公示成交船舶91艘次，接受1057艘次船舶的成交信息报送。非双边海运协议关系国际航运企业在境内设立独资公司取得政策性突破，全球第二大班轮公司地中海航运公司在沪设立独资公司。

二是口岸服务水平进一步提升。"十一五"期间，上海口岸深化推进"大通关"工程，完善"5+2"通关工作制，优化"一门式"服务，加快建设电子口岸平台。启动"统一平台、区域联动、选择申报、多点放行"改革试点，探索实施了"便捷通关"、"无纸通关"、"快速通关"、"分类通关"等通关模式，推进"属地申报、口岸验放"、"属地检验、口岸放行"、"直通放行"等区域通关改革，提高了口岸通关效率。改进空港中转联程流程，提高国际中转旅客通关效率。

三是航运服务集聚区布局不断优化。科学调整洋山保税港区、外高桥保税区、浦东机场综合保税区管理机构，成立了"上海综合保税区管理委员会"，"三港三区"联动工作实质性启动，统筹效果显著。虹口区落实专项资金扶持航运企业和航运服务业的发展，北外滩已经成为国内航运产业资讯发达、航运服务相关产业门类齐全的航运企业聚集区之一。浦东新区充分利用港口资源禀赋、先行先试政策优势以及金融、贸易等现代服务业发展基础，发展形成了陆家嘴高端航运服务区、外高桥航运物流发展区、洋山临港综合服务发展区、临空航运服务发展区四大重点区域。

四是口岸安全和环境保障体系不断完善。"十一五"期间，上海港水上安全形势总体保持稳定，水上交通事故件数等安全指标值比"十五"期间有所下降。推进实施了水上安全和防止船舶污染的源头管理，实现了水上安全预防预控管理；实施了长江上海段和长江口定线制，完善了吴淞、洋山船舶交通管理系统（VTS），实施了水上网格化巡航管理模式，完善了口岸水上助航体系，优化了口岸水域通航环境；建成水上自动识别系统（AIS）信号网络，提高了船舶进出港助航能力；

发布了《上海海上搜救和船舶污染事故应急处置专项预案》，船舶污染应急处置能力达到一次性清除800吨溢油的水平，推进外高桥五号沟水上综合应急反应基地建设，建立了船舶污染事故应急组织协调指挥体系。

4. 国际航运发展综合试验区作用得到发挥

积极落实国务院19号文要求，探索建立国际航运发展综合试验区。“十一五”期间，上海已经为注册在洋山保税港区的国际航运企业从事国际航运业务，以及物流、仓储等企业累计免征营业税超过22亿元人民币；中资国际航运船舶特案免税登记政策有效延长；进口汽车保税展示平台在洋山保税港区正式启用。

5. 航运金融业务迅速拓展

“十一五”后期，国内金融机构加大了对航运金融业务的投入力度，多家银行成立了航运金融专营部门，中国人民财产保险股份有限公司、中国太平洋财产保险股份有限公司均在上海筹建航运保险运营中心；船舶险和货运险等航运相关保险业务发展迅猛，2010年，上海产险市场中船舶险首次超越企财险，船舶险与货运险总和在上海产险市场的占比已经超过22%；融资租赁业务取得突破，成功吸引单机项目公司落户浦东机场综保区、单船项目公司落户洋山保税区开展业务。上海航运交易所编制的新版上海出口集装箱运价指数正式颁布，据此指数开发的金融衍生品在国际市场实现了多批次交易。

6. 邮轮产业发展趋势良好

“十一五”期间，邮轮产业发展环境日渐改善，市场经营主体纷纷进驻，世界三大邮轮公司均在上海设立分支机构，并开设多条以上海为母港的区域邮轮旅游航线。邮轮通关便利措施进一步落实，邮轮母港船舶进出安全保障得到加强，提高了邮轮旅客通关服务能力和效率，境外邮轮挂靠上海日益频繁。2010年，上海港邮轮靠泊108艘次，其中母港邮轮60艘次，访问港邮轮48艘次；进出境旅客266865人次，其中母港邮轮170240人次，访问港邮轮96625人次。上海国际客运中心、吴淞国际邮轮码头两大邮轮港口、邮轮公司与相关机构开展的合作业务，已发展至咨询、旅行社、教育培训、旅游电子商务、票务代理、劳务服务、技术研发等领域。2010年10月，上海始发经厦门至台湾高雄的邮轮航线开辟，实现境外邮轮国内多点挂靠。

7. 港航装备制造业保持领先地位

“十一五”期间，以集装箱码头装备制造为主的上海港口装备产业继续保持世界领先地位，占据全球集装箱码头大型设备约70%市场份额。船舶制造业能够制造各种类型的现代船舶和海上工程项目，在国际航运界影响日益增强，2010年上海建造交付船舶110艘，合计吨位1210万吨。

8. 区域合作不断加强

“十一五”期间，国务院制定了《长江三角洲地区区域规划》，建立了推进上海“两个中心”建设部际协调机制，长三角港口管理部门联席会议制度作用进一步发挥。市政府与交通运输部签署了《交通运输部、上海市人民政府加快推进国际航运中心建设合作备忘录》，取得了国家主管部门对上海国际航运中心建设的全面支持。建立了长三角、上海与中部六省市以及川渝沪等区域"大通关"合作工作机制，促进跨区域口岸物流联动发展。落实航运业交流与合作的双边协议，增强了地区间港航业深度合作。上海国际港务集团不断扩大对外合作，继续实施"走出去"战略，与沿江多个港口建立合作关系，成立长江港口物流有限公司。

（二）存在的主要问题

"十一五"期间的发展，上海国际航运中心建设总体上仍以基础设施建设为主，航运服务体系建设相对滞后，航运集疏运结构还需进一步优化，航运安全保障、航运发展政策、法律、科技、人才建设等有待进一步加强，围绕上海国际航运中心建设这一国家战略目标的各项任务有待深化落实。

1．集疏运体系结构有待进一步优化

集装箱集疏运体系总体结构还存在进一步优化的空间，铁路设施运能不足、与港口缺乏紧密衔接，海铁联运等多式联运发展缓慢。洋山港支线码头泊位尚待建设，内河水运优势有待进一步发挥。

上海空域资源紧张与航空需求增长之间的矛盾日益突出，两场地面配套交通保障能力有待进一步提升，基地航空公司的国际竞争实力、航空枢纽的管理服务水平有待进一步提升。

2．航运服务体系建设相对滞后

航运服务业尚处于培育发展阶段。航运相关法律、鉴证、评估、代理、咨询、经纪、船舶管理等服务机构规模较小、专业化和国际化程度不高。

口岸通关环境有待进一步提升。上海口岸"分类通关"、"属地申报、口岸验放"以及"直通放行"等通关改革覆盖面有待进一步拓展，与长三角、长江流域等地的口岸资源和跨区域物流通关信息网络需要进一步整合。

航运发展环境有待进一步优化。船舶融资、船员个人所得税、航运企业所得税等相关税收政策，国际航运企业、航运辅助服务业外资准入条件，国际航线船舶船员国籍标准、航运仲裁法律适用、开放船舶供应市场等，有待进一步探索研究与国际航运通行惯例的接轨。

航运复合型人才结构、总量和整体素质需要优化和提高。特别是熟悉航运金融、航运咨询、海商海事、国际公约、航运交易、邮轮管理、空中交通等领域的复合型人才严重缺乏，现有航运教育和培训机构难以满足航运发展对复合型高端航运人才的需求。

应急处置能力有待提升。上海港水上突发事件应急预案有待进一步健全，应急力量建设和协调机制尚需加强，特别是水上油污染事故和水上化学品事故应急处置力量建设尚处于起步阶段。

3．航运金融服务水平有待提升

大量中资船舶在境外注册，航运融资业务多在境外发生，影响了境内航运金融业务规模的拓展。国内航运保险市场环境有待进一步完善，法律服务、航运交易鉴证、评估咨询等中介服务机构尚不能满足航运金融专业化外包服务的需要，其专业化水平有待进一步提高。

4．邮轮产业发展滞后社会需求

邮轮产业相关专业法规、政策体系、行业协调与管理机制尚待完善，邮轮船队经营及航线开发等关键政策尚待研究突破，邮轮技术研发与装备制造水平有待实现突破。

二、“十二五”发展形势和要求

“十二五”时期是上海加快转变经济发展方式和产业结构调整的重要时期，“四个中心”建设进入攻坚克难的关键发展阶段，上海国际航运中心建设既面临新的发展机遇，也面临严峻挑战。

（一）发展的机遇

1．国内经济的快速发展，将为上海国际航运中心建设提供有力支持

“十二五”期间，预期内需市场将不断扩大、国际资本将持续流入、劳动力综合优势仍将保持，我国国民经济将继续稳步增长。制造业由沿海地区逐步向中西部地区转移，国际航运要素加快向沿海和内陆新兴经济发展地区辐射的趋势将延续，上海国际航运中心建设的国际影响力将伴随着国民经济的持续增长得到有效提升。

2．长三角地区、长江流域经济发展的区域一体化格局，将成为上海国际航运中心建设的强大推动力

随着沿海产业向中西部地区转移，上海作为长江流域外贸进出口集散地，将发挥越来越重要的作用。2010 年 5 月，国务院正式批准实施《长江三角洲地区区域规划》，明确提升上海核心地位，充分发挥服务全国、联系亚太、面向世界的作用。同时，长江黄金水道战略的实施，也将有力推动上海国际航运中心建设，有助于提升上海国际航运中心的区域服务能力，使上海在服务区域发展的过程中促进自身发展。

3．上海加快转变经济发展方式和产业结构调整，将加速促进国际航运中心建设

2006 年，胡锦涛总书记在上海提出加快转变经济发展方式的要求，2009 年，国务院 19 号文颁布后，市政府进一步明确重点发展金融、航运、贸易等服务产业，着力建设“四个中心”。“十二五”期间，上海将聚焦服务经济，全面提升城市综合服务功能和国际竞争力。国家和上海继续加大对现代服务业的政策倾斜力度，将使现代航运服务体系建设得到有效推动；国际金融中心建设的加速推进，有助于加快形成以航运金融、航运保险等为主体的高端航运服务高地；国际贸易中心建设迅速起步，有助于夯实上海港航产业的发展基础，推进洋山保税港区等航运功能区的建设和创新发展。

4．亚洲新兴市场崛起，将为国际航运中心建设提速

随着世界经济逐步摆脱金融危机影响，国际贸易将再趋活跃，国际产业转移将在更广范围、更大规模和更深层次上进行。除了继续承接发达国家制造业转移和服务业外包，我国将更加重视发展金融、保险、信息、技术、会计、法律服务、旅游等现代服务业，促进产业结构不断调整升级。这将为上海国际航运中心建设加快实现人才、货物、企业、船舶、资金、交易等航运要素的集聚创造良机。

（二）面临的挑战

1．上海国际航运中心建设面临多方位的国际竞争

伦敦、新加坡、香港等港口城市在海事服务、船舶登记服务、综合物流服务、船员税收政

策等方面，比国内拥有更为优惠的产业政策，并依靠传统优势，推动了其航运服务业在全球扩张，这将对上海形成较大的竞争压力。

2．上海国际航运中心建设的深入推进遇到制约因素

随着国务院19号文的深入落实，上海国际航运中心建设加快向纵深推进，体制、机制问题日益突出。如何通过区域性的"先行先试"为国家层面相关政策的调整提供实践经验，进而实现提高我国航运业的综合竞争力，成功参与国际竞争；如何在先行先试的政策措施在全国推广过程中继续保持先发优势，有效地实现上海国际航运中心产业集聚和资源配置能力不断增强的战略目标；如何有效依托国务院推进上海两个中心建设联席会议制度，加强开拓航运中心建设中条块联动、区域合作的最佳途径，都有待深化研究。

（三）发展的要求

"十二五"期间所面临的形势，要求上海国际航运中心建设在全面贯彻国务院19号文精神的同时，进一步落实国家转型发展的战略目标，理清思路，明确重点，协同推进，创新发展。

一是充分发挥国际航运发展综合试验区政策"先行先试"优势和上海综合保税区"三港三区"联动发展优势，争取在航运金融、保险、船舶租赁、航运交易等方面实现跨越发展和重大突破，不断完善航运业态，规范航运市场，加强航运法制、文化建设，提升上海国际航运中心软实力。

二是主动站在落实国家战略的高度，加强区域合作，与长三角地区各港口城市协同共建上海国际航运中心，共享航运中心建设成果。积极争取在国家有关方面的统筹下，合理布局长三角地区的航运和物流资源。

三是加快航运中心建设国际化进程。一方面，要进一步扩大开放，引进国际航运及航运服务企业和人才；另一方面，本土航运及航运服务企业要加快走向世界，形成国际经营网络，提升国际竞争力。

三、"十二五"发展指导思想、基本原则和发展目标

（一）指导思想

深入贯彻落实科学发展观，以国务院19号文为纲领，按照加快建设"四个中心"和加快实现"四个率先"的总体要求，以资源配置型国际航运中心为目标，发展高端航运服务业、提高航运软实力为核心，集聚货物、船舶、企业、人才、信息、技术等航运要素为主线，不断提高全球航运资源配置能力，建成具有较强服务功能和辐射能力的国际航运中心。

（二）基本原则

上海国际航运中心建设既要注重规模，又要注重质量，并以质量效益为重；既要重视硬件，也要重视软环境，并以软环境营造为主；既要关注自身发展，也要关注长三角、长江流域乃至全国的区域发展，并以服务区域经济、推动共同发展为重。

在空间布局方面，要利用国际航运发展综合试验区的政策优势，推动"三港三区"、北外滩、陆家嘴、临港、虹桥等航运服务集聚区发展，吸引航运服务产业在上述区域集聚。

在发展重点方面，要立足航运服务体系和集疏运体系建设，利用国际航运发展综合试验区政策“先行先试”优势，突破航运服务体系建设中的难点和政策瓶颈，不断创新和完善，形成有利于提高全球航运资源配置能力的法律环境和政策环境。

（三）发展目标

1．总体目标

重点提升和优化航运优势产业，建立较为完整的航运服务体系，形成有利于国际航运中心建设的政策环境，鼓励各类市场主体充分发挥作用，提高基于现代信息技术的现代物流服务效能，加强与江浙主要港口的互动协作，建成辐射长三角地区和长江流域的结构合理的集疏运体系。到2015年底，基本实现货物、船舶、企业、资金、人才、信息、技术等航运要素与资源全面集聚，初步具备全球航运资源配置能力，形成上海国际航运中心核心功能，为2020年具备全球航运资源配置能力打下框架基础。

2．具体目标

（1）国际航运业务发展目标

“十二五”期末，把上海建设成为安全、便捷、高效、绿色的国际一流港口，基本确立国际航运枢纽港地位。

“十二五”期间，上海港货物年吞吐量保持在6.5亿吨左右，2015年集装箱吞吐量达到3300万标准箱，继续位居世界前列。在上海登记注册的国际航运船舶达到400艘，合计达1000万总吨。

“十二五”期末，完成港航装备制造产业链的构建和优化，船舶、港口装备及海上工程设备制造在国际市场保持领先优势。

（2）现代航运服务体系发展目标

“十二五”期末，形成门类齐全、市场规范、功能完备的现代航运服务体系，口岸通关相关制度逐步与国际惯例和通行规则接轨，营造“便捷、高效、安全、法治”的口岸环境。2015年，在上海达成的二手船舶年交易金额力争突破人民币100亿元；海事仲裁、海事诉讼等配套服务环境得到明显改善；航运经纪公司在沪注册数量达到50家以上，船舶管理公司达到160家以上；培育5—10家服务网络覆盖全国乃至全球的航运服务代理企业；船员劳务年输出量突破1万人次。

（3）航运金融发展目标

“十二五”期末，基本形成体系健全、功能完备、服务优质，具有与国际航运中心相匹配的支撑能力和较强全球资源配置能力的现代航运金融服务体系。国际航运结算的便利化水平有较大提高，航运融资的创新能力和多样化程度达到或接近国际先进水平，航运融资、航运保险和航运衍生品交易规模在国际市场占比和影响力显著提高。

（4）国际航运发展综合试验区发展目标

“十二五”期间，出台一批符合产业发展需求的航运支持政策，集聚各类航运企业，使国际航运发展综合试验区成为具有国际竞争力的航运政策“先行先试”示范基地。

（5）集疏运体系发展目标

“十二五”期末，建成公路路网结构完善、铁路货运能力大幅提高、内河航道运输能力大幅提升、航空枢纽功能完备、与国际枢纽港地位相匹配的现代集疏运体系。

2015 年底，上海港集装箱水水中转比例达到 45%，提高铁路集疏运比例；保障浦东国际机场 130 架次、虹桥国际机场 60 架次高峰小时飞行量需求，航空枢纽旅客年吞吐量达到 0.9—1 亿人次，货邮年吞吐量保持世界前列，达到 500—550 万吨，主要基地航空公司成为具有国际竞争力的大型网络型航空公司，形成以上海为核心枢纽的中枢运营网络，经上海运送的中转旅客比例达到 20% 以上。

（6）邮轮产业发展目标

“十二五”期末，将上海建设成为亚太地区举足轻重的国际邮轮母港，营造基础设施完善、市场分工合理、经营环境便利、船供市场开放、行业服务与管理规范的发展环境。到 2015 年底，力争实现 5 —8 艘邮轮以上海为母港基地，邮轮母港旅客年发送能力达到 30 万—50 万人次，出入境邮轮及邮轮旅客分别实现 500 艘次与 100 万—120 万人次的规模。

（7）航运人才和文化建设目标

通过各类社会力量，重点培养和引进航运法律、航运金融、航运经纪、邮轮服务、空中交通等航运人才，集聚与国际航运中心相匹配的航运专业高素质人才，打造在亚洲处于领先地位的人才高地，基本确立覆盖整个航运产业链的人才队伍结构。

着力打造上海特色的航海文化，与地方文化、产业经济、旅游资源等有机整合，促进文化、经济的和谐发展。

四、“十二五”期间主要任务

继续发展国际航运业务，重点培育和发展现代航运服务业，主要包括航运金融、船舶注册、航运经纪、船舶交易、口岸服务、船员服务、航运信息、航运咨询、人才培养、法律服务等领域；利用中央赋予的国际航运发展综合试验区“先行先试”政策优势，力争进一步取得关键政策突破，重点促进国际航运产业链各环节服务功能提升和航运要素集聚。

（一）继续发展国际航运业务

1. 提升船舶运输企业服务能级

鼓励干线船舶向大型化、专业化、低碳化方向发展，增强航运企业参与国际竞争的能力；鼓励航运企业重点发展大型散货船、油轮、集装箱船、液化气船和汽车滚装船，完善产业布局。研究制定江海直达船型标准，建立江海直达船政府补贴制度，鼓励江海直达船型船舶的制造和使用，提高长江运输江海直达船舶比例。

2. 增强港航装备制造业核心竞争力

继续发展港口装备制造、船舶建造产业，重点加强港航装备制造产业链中关键技术的研发。继续推进长兴岛修造船基地建设，支持绿色环保型船舶修造业发展，充分发挥长兴航运与海洋装备岛的功能效应。

（二）培育和发展航运服务业

1．发展航运经纪、船舶管理服务业

促进航运经纪业务规范发展，不断完善航运经纪公司的市场准入和管理制度。以优惠的政策吸引大型现代船舶管理公司落户上海，引领全国船舶管理业务发展；成立船舶管理行业协会，制定行业标准，提高船舶安全水平。

2．发展船舶交易市场

争取将中国籍二手船及废船交易业务纳入船舶交易市场，建设包含新造船、二手船、废船买卖及船舶租赁等业务的国际性交易平台；研究建立船舶交易市场政府扶持制度，降低船舶进场交易成本，促进船舶进场交易。

3．加强口岸联动，提高通关效率

完善“5+2”通关服务体系，提高信息公开水平，建立主动服务企业通关的高效互动工作机制。探索集装箱“一体化通关”的监管模式，提高国际集装箱水水中转效率。加快推进江海联运，简化空箱监管查验手续。简化特殊监管区域进出境监管手续，实现保税物流便捷移动。运用科技手段，促进查验环节联动协作，提高税费电子支付水平。

4．规范代理服务市场

规范代理行业准入门槛，引进世界知名代理企业，促进航运代理市场发展。鼓励代理企业合作联营、组建联合体，着力改变代理企业小、散、乱的状况。

5．发展船舶供应市场

推进船舶供应市场开放，建立合理竞争的船供市场体系。发展面向远洋货轮和国际邮轮的各类船供企业，通过有序竞争，促进市场繁荣；对从事国际航行船舶供应业务的企业，建立、完善保税制度。建立船供保税燃油基地，推动出台相关准入条件、质量控制机制等标准和细则，增强保税油的价格和服务竞争力，谋求在全球保税燃油供应市场上的合理份额。

6．加强海事安全与技术服务

加强平安海区构建，推动并完善海上监管救助基地建设、国家溢油应急基地建设。提高航道维护水平，优化通航秩序，完善通航管理。推动船载危险品、化学品以及各类有毒有害物质事故应急处置能力的建设。建立专业处理水上污染、危险品应急处理企业。提升船舶技术服务企业发展水平。开展船舶进出港全天候运行安全保障体系研究。争取财政部和交通运输部的支持，在沪设立“中国船舶油污基金管理中心”技术保障机构。促进船舶检验机构科学发展，吸引更多外资船检机构入驻。

7．加强航运信息化建设

依托电子口岸平台和港航电子数据交换（EDI）中心整合优势，推进跨部门、跨行业的综合信息共享平台建设，建立国际航运中心门户网站，建立口岸监管、口岸物流、集疏运、航运服务信息系统等应用平台。加速集装箱电子标签技术推广应用，建立第三方信息服务机构。加快推动上海国际航运信息中心的建设与发展，完善“中国船舶交易信息平台”，推动其成为全国统一的船舶交易信息平台；开发和建立“中国航运数据库”，全面及时反映我国航运业发展情况。建设中国海图数据中心，提供及时、全面的纸质海图和电子海图。

8．促进海事法律、仲裁服务机构的发展

争取交通运输部和司法部门的支持，制定并推广以上海为仲裁地的船舶买卖、船舶租赁、船舶建造、船舶修理等航运交易推荐格式合同。扶持海事仲裁机构发展，完善海事仲裁制度，提升上海海事仲裁质量和声誉。

9．加强航运咨询与研究

继续推动上海国际航运研究中心等科研机构的发展，支持世界海事大学等各类国际航运组织在沪设立分支机构，鼓励国外知名咨询机构在沪开展业务。

10．吸引各类航运服务机构和组织集聚上海

鼓励搭建跨领域的航运服务交流平台，为航运企业与金融、保险、信息等行业企业的交流合作创造条件。吸引各类国际海事机构在沪设立分支机构，形成产业集聚效应。

11．加强航空服务要素市场建设

支持航空公司和机场在上海国际旅游度假区、虹桥商务区的规划建设中充分发挥区位优势和资源优势。大力拓展临空经济等航空现代服务业，加快临空产业发展，建设国际空运货物分拨集拼中心，充分发挥口岸监管和保税监管优势。

12．推动航运文化建设

依托上海中国航海博物馆、国际航运上海论坛、中国海事会展、中国航海日等载体，扩大上海国际航运中心建设的社会影响，促进航运文化发展。

（三）发展航运金融服务业

1．完善航运金融服务功能体系

引进和培育一批在航运方面具有较强专业能力的商业银行、保险公司、租赁公司、信托公司和基金管理公司，形成较为完整的航运金融机构布局；鼓励金融机构完善海外分支机构和代理网络，逐步形成与上海国际航运中心要求相匹配的服务能力。培养经纪、公估、法律、会计、船舶检验等为航运金融提供专业外包服务的服务机构。继续推动单船、单机融资租赁业务创新，根据市场需求，建立相应的船舶、飞机等融资租赁登记中心和租赁交易中心。深化上海综合保税区内企业外汇管理试点改革，不断满足企业离岸金融业务需求，探索结算、融资方式创新，提高航运企业跨境资金运用和流动的便利化水平。

2．发展多种航运融资方式

引导金融机构加大对造船、航运等企业的信贷支持力度，开展船舶抵押贷款、融资租赁等传统的航运融资业务。鼓励金融机构开发符合市场需求的航运融资产品，拓宽外资融资、直接融资、私募股权投资等多个渠道，开展信贷、租赁、信托、资产证券化等组合创新，为航运服务业和航运制造业提供结构性的融资安排和专业化的融资服务。借鉴国外航运基金或海运信托

创新模式，引导航运相关企业、金融机构等共同组建航运产业基金、船舶产业基金、石油海上储备产业基金，支持航运企业开辟新的融资途径。支持在沪金融租赁公司进入银行间市场拆借资金和发行债券。

3．加快发展航运保险业务

大力发展船舶保险、海上货运险、保赔保险等传统保险业务，积极培育航运再保险市场。扶持国内保险公司开拓海外服务网络。完善航运保险相关地方性法规，贯彻实施各项优惠政策，鼓励海上货运险本地投保。加强航运保险信息化建设，形成具有影响力的航运保险定价机制。设立保赔协会或吸引国内外船东保赔协会在沪设立机构。成立承保人协会，制定由海上保险人使用的保险条款。利用税收导向政策，将航运保险业务纳入拟设立的保险交易所的交易范畴，促进航运保险市场发展。

4．探索发展航运指数衍生品市场

配合国家有关部门，支持上海航运交易所开展运价备案工作，采取有效措施，加强对运价备案的监管和检查，提高报备数据的及时性、全面性和真实性。支持上海航运交易所进一步完善运价指数体系，探索发展航运指数衍生品市场。支持相关机构研究、开发新造船舶、二手船舶交易指数，促进市场健康发展。

（四）建设国际航运发展综合试验区

1．深化国际航运发展综合试验区突破性政策

围绕到2020年基本建成具有全球资源配置能力的国际航运中心的要求，以功能突破为引领，以制度创新为依托，以区域联动为导向，研究借鉴航运发达国家和地区的航运支持政策，提升上海航运服务市场功能，破除制约高端航运服务业发展的瓶颈障碍，提高我国航运服务企业的国际竞争力，争取国家支持，形成新一轮突破性政策。

2．创新国际航运船舶登记制度

依托国际航运发展综合试验区“先行先试”政策，探索创新洋山港国际航运船舶登记制度，优化船舶登记流程，降低登记成本，缩短登记周期，集聚中资国际航运船舶。

3．加强海关特殊监管区域与产业腹地间联系

有效整合上海综合保税区的各项政策，建立便捷高效的保税货物移动办法。建立覆盖口岸与腹地的保税网络系统，争取尽快实施启运港退税政策，增强区域保税物流联动功能，增进与后向腹地的联系。增强区域保税和非保税物流整合增值功能，推进国内货物在综合保税区内进行保税延展操作。优化国际航运发展综合试验区内的港口费收体系，进一步扩大港口向腹地辐射的范围，便利国际物流入区中转。

4．研究财税支持政策

在国家有关部门的支持下，探索研究国际航运发展综合试验区内航运企业船舶吨税制，以国际航运企业为龙头，带动上下游服务产业集聚。探索研究有利于综合保税区融资租赁项目（企业）发展的财税政策，推动融资租赁业务功能提升。

5．加大对内对外开放力度

探索研究放宽外资航运金融和航运保险机构经营准入。对航运产业相关基金投资造船、买船、租船等业务，给予政策支持。争取注册在国际航运发展综合试验区内的邮轮企业参照国际通行规则经营相关业务。

（五）促进邮轮产业发展

1．完善邮轮产业发展协调机制

完善市级层面邮轮产业发展推进协调机制，统筹邮轮产业发展事务，指导区域合作和营销推广，促进上海邮轮经济快速健康有序发展。

2．鼓励本土邮轮产业发展

借鉴国际邮轮经营模式，大力发展长江中下游和国内沿海邮轮旅游市场，组建1—2家本土邮轮公司。组建3—5家具备相当业务能力的邮轮专业旅行社，开发邮轮旅游产品，积累从业经验，探索盈利模式。不断提高邮轮旅客通关服务能力和效率，优化随船办理通关手续的工作制度，创造便捷环境吸引更多邮轮停靠上海。

3．推进邮轮港口建设

统筹上海国际客运中心、吴淞口等邮轮码头发展，建设具有国际竞争力的邮轮母港。完善邮轮补给、废物污水处理、口岸联检、海事救助、船舶维护、引航等综合服务功能，健全邮轮码头服务体系。

（六）优化完善集疏运体系

1．推进港口基础设施建设

实施洋山深水港区四期及后续工程建设，进一步巩固集装箱吞吐能力。建设临港新城东港区公用码头一期工程和进港航道工程，提高装备企业海路运输能力和上海港汽车滚装运输能力，推动甩挂运输业务发展。加快外高桥、洋山港集装箱支线泊位建设，提高其服务内河支线船舶的水平。研究张华浜港区功能调整，推进外高桥、芦潮港等内河集装箱港区建设。

争取国家相关部委支持，实施长江口深水航道通航宽度全线拓宽工程，实现超大型船舶进出港双向交会无限制。建立支航道维护长效机制，充分发挥长江主航道作用，满足船舶大型化的需要。完善岸线管理体系，优化配置和整合现有岸线资源，促进岸线资源的高效率、高效益使用。推进上海港资源节约型和环境友好型港口建设，支持港口实施岸基供电等节能减排措施。

2．完善内河航运发展

加快推进黄浦江上游、杭申线、大芦线二期等航道整治工程；建设长湖申线、平申线，开展大浦线、油墩港、苏申内港线、赵家沟东段等内河高等级航道建设储备研究，着力构建连通长三角地区的高等级内河集疏运网络，培育发展内河运输业。完善内河航运信息系统，建设长三角地区内河高等级航道网信息共享平台。

3．完善货运道路网络

加快郊环北部越江通道前期研究，完善外高桥港区对外货运通道布局；完善外高桥地区路网结构，提高陆路集疏运效率。加强与长三角对接，适当增加出省通道，江苏方向，新建、改建崇启高速、崧泽大道、金商公路、外青松公路等干线公路；浙江方向，新建、改建大叶公路、朱平公路等干线公路。

4．推进海铁联运发展

建成京沪高速铁路，推进沪通铁路建设，开展沪乍铁路前期工作。完善上海铁路货运服务体系，结合沪通铁路工程，启动外高桥货场建设，调整既有杨行、张庙站功能；结合城市用地功能的调整，取消杨浦等货运站。

5．加强航空枢纽建设

组织实施《"十二五"上海民航发展纲要》，加快推进上海航空枢纽建设。适时进行机场改扩建，完善机场保障功能。建设浦东国际机场第四、第五跑道，满足航空运量和大飞机项目发展需要。加快浦东国际机场设施改造，满足中枢运营需求。改造虹桥国际机场东区设施，进一步提高飞行区安全保障能力。落实国家《调整上海地区空域结构方案》，系统性改善枢纽空域容量；完善上海终端管制中心建设，切实改善空中交通保障能力。重点建设和完善浦东国际机场西货运区和空港保税区相关设施，完成浦东国际机场综合保税区在机场西货运区规划范围的整体封关，实现区港一体化运作。简化航空口岸国际中转旅客口岸监管查验程序，争取航空口岸扩大免签证国家范围和延长免签证停留时间，增强浦东国际枢纽的中转吸引力和国际竞争力。推进航空口岸空运货物电子信息化建设，优化货物通关便利政策和口岸查验单位工作机制，促进货运枢纽建设发展。支持主要基地航空公司加快向大型网络型航空公司转型，加强航线网络航班波建设，加快发展国际航空运输，加强国际国内航线航班衔接。

（七）加强区域合作

1．拓展航运服务业的辐射范围

推进现代航运服务业发展，面向长三角、全国提供高端航运服务，扩大辐射面和服务范围。

2．完善区域港口发展协调机制

依托国际航运发展综合试验区，与浙江省共同推动洋山港扩区发展，形成互利共赢格局。探索成立长三角地区港航发展促进机构，建立区域港口航运的行政与企业联合协调机制。鼓励企业实施"走出去"战略，加强长三角港航企业联营联合，促进企业在设施建设、航线经营、企业管理等方面的相互融合。

3．配合国家有关部门协调建立华东机场群、长三角国际航空货运枢纽群的合作发展机制

鼓励和支持主要基地航空公司和上海机场集团在华东机场群、长三角国际航空货运枢纽群建设中发挥积极作用，推动长三角航空运输市场、产品、服务一体化进程，参与打造具有较强国际竞争力的华东机场群、长三角地区国际航空货运枢纽群。

4．推进跨区域口岸大通关合作

健全区域大通关合作工作推进机制，着力完善"点对点、城与城"，以项目为抓手、以口岸城市为载体的大通关合作模式。加强上海与内地口岸查验单位之间协作联动，不断拓展区域

通关改革的覆盖面。加快推进长三角“陆改水”、陆空联运、海铁联运、保税货物快速移动等口岸物流。积极发展上海与中西部地区海铁联运、江海直达和航空中转联程等。

5．加强港航发展政策合作研究

鼓励区域间研究机构围绕上海国际航运中心建设重大问题及政策开展合作研究，为政府部门制定港口、航运发展战略等提供决策支持。

五、保障措施

（一）加强协调保障机制建设

1．加强上海建设国际航运中心的协调推进力度

进一步完善上海国际航运中心建设推进工作机制，搞好与国家有关部门的衔接，部署上海国际航运中心建设任务，统筹协调推进过程中遇到的重大问题，检查、指导、监督各项工作的开展。

2．加强与国家有关部委的沟通联系

充分利用推进上海“两个中心”建设部际协调机制，及时向国家有关部委报送上海国际航运中心建设的进展情况，争取国家支持。

3．加强与国内外地区间的合作交流

加强与兄弟省市的合作交流，推动长三角地区、长江流域共同参与上海国际航运中心建设，共享建设成果。加强与国内外先进港口城市的合作交流，学习和借鉴其发展措施和经验。

（二）优化航运中心发展环境

1．建立和完善相关政策法规

全力营造有利于航运业发展的法制环境，推进口岸综合管理地方立法；推动国家相关部门进一步完善港口经营、船舶服务等方面的法规政策。

2．营造自律有序的航运市场秩序

建立科学的市场监管手段，鼓励行业自律，支持运价备案中心等功能性机构有效运行，促进市场有序竞争。

3．研究建立市、区县两级航运发展支持专项资金

由市、区县政府研究建立市、区县两级航运发展支持专项资金，加快推进江海直达船型、航运信息化、船舶交易市场等的发展，鼓励高端航运人才引进和培养，鼓励跨国企业和国内大企业在沪设立营运中心，支持相关国际组织在沪设立分支机构。

4．提升行政服务效率和水平

优化行政审批程序，简化行政审批环节，为航运要素市场、航运机构、中介服务机构、行业协会等提供公开透明、便捷高效的行政服务，鼓励相关行业协会发挥更大作用。

5．提升突发事件的处理能力

构建应急处理保障体系，健全危机预警和处置机制，制定突发事件应急预案；增强应对风险和突发事件能力的培训；增强航运相关的救助抢险人力、物力资源储备。

（三）建设国际航运人才高地

1．培养和集聚航运人才

完善航运人才引进制度，优化人才发展环境，通过人才奖励措施，引进一批海外高端航运人才；对地区总部企业、高端航运服务企业、国际组织分支机构等落户上海给予政策优惠。完善从业资格认证制度，培养一批与国际接轨的航运金融、航运保险、航运经纪、海事仲裁、空中交通等高端专业人才。

研究建立上海国际高级航运学院。构筑国际化的开放平台，在职培养航运贸易、航运金融等复合型高端人才和航海、空管、邮轮经营管理等紧缺人才。

2．加强船员市场建设

依托中国船员发展与保障中心设立在上海的优势，打造船员劳务交易平台，面向全国船员，提供船员劳务市场需求信息；提供船员法律咨询服务，保障船员合法权益；提供船员履约培训、业务培训、知识更新等培训信息。

建立船员管理行业协会，依法搞好船员管理，提高船员管理水平；建立国家级船员评估中心，提高船员综合素质；设立船员劳动争议专业仲裁委员会，为船员提供高效的法律服务，协助船员维权。

国际贸易中心建设“十二五”规划

上海建设国际贸易中心“十二五”规划
沪府发 [2011]61 号

国际贸易中心建设是上海“四个中心”建设的重要组成部分。依据“十二五”时期上海经济社会发展总体任务，制定本规划。

一、上海国际贸易中心建设已取得的成绩

随着改革开放的发展和上海“四个中心”建设的推进，到“十一五”期末，上海国际贸易中心建设已具有良好基础，形成基本框架。

（一）市场流通规模扩大，现代化商业模式发展

2010 年，上海实现商品销售总额 3.74 万亿元、社会消费品零售总额 6070.5 亿元、商业增加值 2860.8 亿元，分别比 2005 年增长 1.9 倍、1 倍和 2.4 倍。上海连锁经营业种业态超过 140 种，集聚了国内外商贸企业总部和企业运营管理中心、品牌运营中心、资金结算中心、物流中心、分拨中心、销售中心和采购中心等，成为众多国际高端商品和服务品牌的中国地区总部、亚太地区总部。

“十一五”期间，食品流通安全信息追溯系统、冷链技术、物流技术等得到进一步应用，餐饮、维修、洗染、沐浴、家政等生活服务社会化水平提高，上海电子商务交易额由2087亿元增加到4262亿元，上海会展总展出面积由433万平方米增加到804万平方米，年均举办近300个国际展。

（二）市场体系建设加强，物流发展水平提高

2010年，上海1097家商品交易市场成交额6657亿元，179家亿元以上商品交易市场成交额6480亿元。其中，生产资料成交额占比达到78%。上海市场的钢铁、有色金属、白银等价格已成为全国市场风向标，铜的价格已成为国际铜市的重要风向标。上海石油交易所推出我国能源要素市场第一笔液化天然气（LNG）和液化石油气（LPG）现货竞买交易，上海陆上货运交易中心与大宗商品交易市场实现对接。上海被商务部认定为全国流通领域现代物流示范城市，医药、危险化学品、冷链、汽车等专业物流服务能力和A级物流企业总数在全国领先。

（三）贸易总量不断提高，贸易结构进一步优化

2010年，上海货物贸易进出口总额3688.7亿美元，上海关区进出口总额6846.5亿美元，分别比2005年增长近1倍；上海港口货物吞吐量达到6.5亿吨、集装箱吞吐量2906.9万标准箱，均居世界第一位；服务贸易进出口总额由2005年的324.8亿美元增加到2010年的1046.7亿美元，年均增长达到26.4%，占全国比重28.9%。2010年，高新技术产品出口占上海出口46.5%，机电产品出口占上海出口72.6%，分别比2005年提高3.9个、6.1个百分点；上海一般贸易与加工贸易的出口额之比为35.0 ：55.5；对美国、欧盟、日本和香港等传统市场的出口占上海出口总额的64%，对东盟、非洲、拉美等新兴市场出口比重逐步提高，东盟成为上海第四大贸易伙伴。

（四）吸收外资增长平稳，利用外资水平提高

“十一五”期间，上海实际利用外资467.7亿美元，比“十五”增长63.2%，累计实际利用外资达到1064亿美元。服务业利用外资比重大幅提高，服务业合同外资占比从2005年的52.9%增加到2010年的81.1%。1000万美元以上的大项目合同外资达到584.8亿美元，占上海合同外资总额的77.8%。到“十一五”期末，累计认定跨国公司地区总部305家，批准设立投资性公司213家、外资研发中心319家，世界500强企业已有74家在沪设立地区总部。

（五）“走出去”步伐加快，跨国经营能力增强

“十一五”期间，上海对外直接投资总额58.4亿美元，比“十五”增长2.76倍。上海企业新签对外承包工程合同额443亿美元，比“十五”增长4.6倍。完成对外劳务合作营业额29.1亿美元，累计外派劳务人员76653人次。上海企业“走出去”对外直接投资的国家与地区达到101个，有对外承包工程和劳务合作业务的国家和地区达到177个。2009年至2010年期间，跨国并购占上海对外直接投资总额50%以上。

（六）贸易流通中心地位进一步提升，商贸流通业社会贡献度加大

“十一五”期间，上海社会消费品零售总额位于全国城市前列，商品销售总额位于全国城市首位，上海关区进出口总额占全国比重23%以上。2010年，非国有商业企业社会消费品零售占上海社会消费品零售总额93.3%，非国有贸易企业进出口占上海进出口总额78.7%，商贸行业协会和投资贸易促进体系作用加大，内外贸一体化管理体制形成，商贸业发展的综合环境和贸易便利化水平国内领先。上海商业从业人员稳定在220万人，外贸相关行业吸收就业400万人，外资企业吸收就业290万人。2010年，外贸相关企业税收占上海税收总额1/3左右，商业税收占上海税收总额19.1%，商业对上海税收增长的贡献率达到23.6%。

上海国际贸易中心建设虽然已取得重要进展，但以国家战略和上海城市发展目标来衡量、与现代国际贸易中心城市相比较还存在明显差距：商贸业综合实力还不强。上海服务业增加值是香港的1/4、东京的1/10，社会消费品零售规模和商品销售总额不足纽约的1/6。市场定价和资源配置能力相对较弱。除了铜的价格外，其他大宗商品基本没有体现定价话语权。中小型专业服务业不发达，国际性贸易机构较少，贸易投资促进体系不完善；以通关便利化为重点的贸易便利化以及完善贸易投资环境还有很大改进空间，商务布局有待进一步优化。

二、“十二五”国内外贸易环境分析

加快上海国际贸易中心建设是转变经济发展方式的需要。世界历史上，国际贸易中心的变迁与国家经济地位的提升紧密相承。20世纪90年代以来，国家多次强调上海建设国际贸易中心的发展定位。在我国的现代化发展进程中，上海有条件率先建成国际贸易中心城市。未来几年，随着全球新一轮产业转移，上海加快国际贸易中心建设，可以积极承接以服务业和服务外包为主的产业转移，适应我国产业结构调整和经济发展方式转变的需要。

上海建设国际贸易中心必须紧紧抓住机遇，积极应对挑战。从国际看，世界经济缓慢复苏，经济金融危机不会改变世界经济长期增长趋势，但国际贸易投资形势的不确定性加大，国际竞争加剧，全球经济格局正在出现新变化。从国内看，中国在世界经济中的地位进一步增强，同时，转变经济发展方式和调整经济结构的紧迫性加大。充分利用两个市场、两种资源，扩大内需、促进消费，是未来我国经济结构调整的重要途径，发展商贸大有可为。从上海看，上海的国际社会形象和对全球商务人士的吸引力正逐步提高，上海“四个中心”建设的相互支撑和联动，长江三角洲区域发展也要求上海继续发挥好龙头作用，上海建设国际贸易中心面临前所未有的新形势、新任务。

上海建设国际贸易中心要适应经济全球化发展和传统贸易方式调整趋势。上海国际贸易中心建设不是简单地将上海建成国际国内贸易的中心，而是要学习借鉴国际经济体制机制和政府规制创新的做法和经验，推进上海在更高层次、更宽领域、更全方位的实行开放和管理制度创新，在我国从贸易大国走向贸易强国的进程中发挥积极作用。

三、“十二五”上海国际贸易中心建设指导思想、发展目标和主要任务

（一）指导思想

高举中国特色社会主义伟大旗帜，以邓小平理论和“三个代表”重要思想为指导，深入贯彻落实科学发展观，着力推进“四个率先”，围绕到2020年基本建成“四个中心”的战略目标，创新驱动、转型发展，提高市场开放程度，简化市场准入程序，吸引中外贸易主体集聚；提高贸易便利化水平，促进贸易要素通畅流动，提高贸易效率；加快建设以要素市场和消费服务市场为重点的现代市场体系，发挥市场在国际国内资源配置中的基础性作用以及流通对生产和消费的先导作用；加快营造国际一流水平商贸发展环境，全力推进上海国际贸易中心建设，促进经济结构转型和经济发展方式转变，为上海建成国际经济、金融、航运中心提供重要支持。

（二）发展目标及主要预期指标

1. 发展目标

到 2020 年，基本建成具有国际国内两个市场资源配置功能，现代服务业发达，万商云集，服务长三角地区、服务长江流域、服务全国，与我国经济贸易地位相匹配的国际贸易中心。到 2015 年，基本形成比较完备的国际贸易中心核心功能框架：

——基本形成“四个中心”互为支撑，内贸与外贸互相融合，货物贸易、服务贸易、技术贸易同步发展的总体格局。

——基本形成市场开放度与贸易便利化程度高，资金流、商品流、信息流、技术流、人才流等生产要素流动顺畅的运行机制。

——基本形成有形市场与无形市场并存，国际市场与国内市场相通，要素市场与消费品市场并举，贸易要素集聚、贸易主体活跃、知识产权保护有力、诚信体系健全、贸易标准化程度高的市场结构。

——基本形成口岸货物集散中心、大宗商品交易与定价中心、贸易营运与控制中心、国际会展与跨国采购中心、国内市场流通中心、国际购物中心等功能构架。

——基本形成贸易设施完备、信息化程度高、服务体系发达、法制环境完善、政府廉洁高效、社会治安良好、人居环境舒适的商贸环境。

2. 主要预期指标（至 2015 年）

——市场流通规模

上海商品销售总额突破 8.7 万亿元，年均增长达到 18% 以上；社会消费品零售总额 1 万亿元以上，年均增长达到 13% 左右；电子商务交易额 1.2 万亿元，占上海商品销售总额比重达到 13.8%。

——贸易总量规模

上海地方进出口总额 5400 亿美元，年均增长达到 8% 左右；上海关区进出口总额 1.1 万亿美元，年均增长达到 10% 左右；服务贸易进出口额在 2010 年基础上翻一番，其中离岸服务外包总量规模 45 亿美元，年均增长达到 30%。

——服务竞争力

专业服务业增加值年均增长达到 15% 以上。取得国际认证的注册会计师、律师、咨询机构及人员大幅增长。初步形成十大服务全国的贸易和投资促进平台体系。新增跨国公司地区总部 100 个以上。在虹桥商务区建成国家级大型会展场馆。

——贸易便利化

基本实现信息数据共享，推进“一次录入、同时申报”。所有与对外贸易有关的部门政务信息实现公开、透明。推进货物贸易和服务贸易全过程贸易便利化。

（三）主要任务

1. 提高市场开放程度与贸易便利化水平

深化行政审批制度改革，减少审批事项，简化审批手续，降低市场准入门槛；深化贸易管理制度改革，简政放权，方便企业；深化口岸通关模式改革，加强口岸监管部门协作，提高口岸通关效率。进一步扩大对内对外开放，建设扩大服务业对外开放的试验区域；进一步推进跨境贸易人民币结算试点，建设促进人民币国际化的先行区域；整合提升海关特殊监管区域的功能，建设市场开放和贸易便利的示范区域。

2. 加强贸易流通对产业结构调整带动作用

促进贸易流通与产业结构调整互动。结合上海产业结构调整和培育战略性新兴产业，与先进制造业和现代服务业发展互动，与金融业、航运业和物流业发展互动，促进二、三产业互动。发挥贸易流通对扩大内需带动作用。推进流通现代化，积极引导和促进商品消费和服务消费，发展健康消费、绿色消费等新型消费方式，不断提高人民群众生活水平和质量。优化和提升贸易流通结构和功能。促进服务贸易发展，提高服务贸易水平；促进服务外包发展，建设服务外包示范城市；促进电子商务发展，推进电子商务规模化和规范化；统筹利用两个市场、两种资源，促进外资、外经、外贸协同发展，促进出口贸易和进口贸易、口岸贸易和转口贸易、国际贸易和国内贸易协同发展。

3. 构建具有国际国内市场资源配置功能的市场体系

构建货物贸易市场体系，重点完善生产要素期货市场和辐射全国的批发市场体系。建设若干个大宗商品交易中心，交易规模在世界交易总额中占比较大，价格话语权和价格指数对全国和世界市场影响力较大；构建商品消费和服务消费市场体系，形成具有多层次商业中心、多样化商业业态、多元化商品和服务消费、良好的购物和服务环境，引导消费潮流；构建服务贸易市场体系，重点培育和扶持运输、旅游、金融、计算机与信息、工程承包与建筑、专业服务、文化、教育、医疗等比较优势行业，成为亚太地区一流的国际服务贸易中心城市；构建电子商务市场体系，加快培育企业对企业（B2B）和企业对个人（B2C）市场，优化电子商务发展支撑环境，发展现代新型业态；构建与贸易相关的专业服务业市场体系，形成专业覆盖面广、市场公信度高、知名专业人才和专业服务机构集聚的市场格局。全力打造和继续完善具有国际影响力的各类市场交易平台。

4. 集聚高能级、有活力的贸易主体

集聚国内外大企业和地区总部，吸引世界500强企业和跨国公司在上海设立地区总部、事业部全球总部和各种功能性机构，吸引国内大企业总部、民营企业总部，培育大型跨国经营企业；集聚采用现代国际贸易运行新模式的企业，吸引国内外企业的营运中心、物流中心、分拨中心、销售中心、采购中心等集聚；集聚商品和服务技术含量高、附加值高的企业，吸引国内外企业产业链中高技术含量、高附加值的环节，汇聚研发中心、创意设计中心、增值服务中心、品牌培育中心和旗舰店；集聚国际国内贸易组织、贸易促进机构和行业组织，吸引国际贸易组织分支机构入驻并开展重要的商务活动，集聚国际国内贸易促进机构、行业组织、检验检测、认证和评级机构。坚持贸易主体市场化多元化，支持中小贸易主体发展。

5. 打造上海国际贸易中心功能载体

围绕一手抓整体提升，一手抓优化布局，依托浦东“三港”（洋山深水港、外高桥港、浦东空港）、“三区”（洋山保税港区、外高桥保税区、浦东机场综合保税区），形成我国重要的口岸集散功能载体；依托大型展馆设施和上海世博会场馆的后续利用，形成具有商品信息、商品展示、商品交易、跨国采购等功能的载体；结合虹桥商务区建设，打造长三角高端商务区和上海国际贸易中心标志性新平台。依托产业基地布局和物流园区布局，形成具有大宗商品期货交易、大宗商品电子交易等功能的载体；依托黄浦江、海港、空港等区域，形成具有航运交易、航运服务等功能的载体；依托服务外包示范区和专业园区，形成具有服务外包功能的载体；依托地标性商业布局，形成具有国际购物功能的载体；依托现代服务业集聚区和各区县优势，形成各具特色的商贸功能区载体。

6. 营造国际一流水平商贸环境

进一步提升设施环境水准，加快洋山国际深水港、浦东国际机场、虹桥综合交通枢纽建设，加强信息基础设施建设，搞好会展设施建设；进一步完善制度环境，注重市场开放、公平竞争、企业诚信、知识产权保护，完善立法、执法以及仲裁服务；进一步优化人才环境，建立贸易紧缺人才教育培训和人才市场体系，形成国内外贸易专业人才的吸引机制；建设一流人居环境，全面实践上海世博会“城市，让生活更美好”的主题，建设国际国内认同的最宜居城市；完善内外贸一体化商务管理体制，形成政府、社会组织、企业三位一体的管理机制，强化政府公共服务职能。

四、推进服务全国的贸易和投资促进平台建设

“十二五”期间，以推进服务全国的贸易和投资促进平台建设为重要抓手，显著提升上海国际贸易中心建设的服务功能和国际化水平。

（一）建设国家级会展设施平台，提高会展业发展水平

规划和建设中国博览中心国家级国际会展场馆，提高中国在世界会展业的地位和影响力，吸引国际会展资源，促进上海发展成为国际会展中心城市。进一步做专做强中国国际工业博览会、中国（上海）国际跨国采购大会、中国华东进出口商品交易会等国家级品牌展会，做专做强世贸商城等展馆的常年展示，大力培育进出口商品博览会和国际专业展。加强对上海会展场馆和配套设施的统一规划，制定关于上海鼓励会展业发展的若干意见，研究修改《上海市展览业管理办法》，启动会展业行业标准建设。

（二）建设国际贸易和海外营销促进平台，构建全球贸易网络枢纽节点

建设国家级产品设计与贸易促进中心，吸引全球设计资源，带动自主品牌商品发展和出口产品附加值提升。在浦东“三港”、“三区”、虹桥商务区、五角世贸商城、长风生态商务区、世贸商城等地区建设全国性进口商品基地，国别商品中心和各省市商品中心，长三角地区消费品和重要工业原材料进口交易平台。建设国家级汽车零部件、中医药出口基地，进一步建设出口加工区，完善国家级跨国采购平台，搭建全国商品国际市场推广平台。拓展海外营销网络，形成世界主要商务城市贸易和投资服务网络布局。

（三）建设中国技术进出口促进平台，加快服务贸易发展

建设中国技术进出口促进中心项目，集技术进出口交易咨询、交流展示、产权交易、成果转化、综合服务于一体，同步推出网上交易平台和常态化国外先进技术设备展。提升上海软件外包国际峰会品质，完善外高桥上海国际文化服务贸易平台功能，在浦东先行先试服务贸易开放示范区，完善和深化服务贸易统计体系。建设国家服务外包示范城市，按照“发展高端、承接离岸、完善功能、集聚总部、区域合作”的总体思路，营造服务外包发展的良好环境。

（四）打造电子商务平台，建设国家电子商务示范城市

依托主题商贸功能区，打造一批相应的电子商务功能区，构建全球性资源配置平台。构建电子商务产业和创新集群，鼓励创新型电子商务企业集聚，推动电子商务技术创新、产品创新、应用模式创新，构筑上海国际贸易中心的网上载体。鼓励市、区县大型商贸流通企业成立网络销售机构，在采购、仓储、销售、配送及商品展示等各环节建立专业的网络平台。推动南京路、淮海路、四川路等商业街和一批上海老字号品牌的网上销售，构建网络特色商业街。扶持中小流通企业应用电子商务。

（五）构建大宗商品交易平台，增强市场体系价格发现功能

加强生产要素期货市场和辐射全国的批发市场体系建设，形成国内外大宗商品的定价中心和交易中心；提升有比较优势的大宗商品交易市场服务周边区域的辐射力，力争用五到十年时间形成辐射海内外的钢铁、汽车、化工、有色、天然气、黄金珠宝、工艺品、时装、医疗设备等专项商品交易平台；培育保税交易市场，在外高桥保税区建设国外高新技术产品和进口消费品的保税展示与保税交易平台；编制和完善市场景气指数、价格指数和风险指数，形成市场产销和商品流向的风向标。

（六）打造服务业集聚区平台，大力发展和贸易相关的服务业

完善服务业集聚区功能，加强总部经济与服务业集聚，发展好商务楼宇，形成服务种类齐全、服务水平较高且与贸易相关的专业服务业体系框架。深化专业服务业行政审批制度改革，积极试点没有特别规定的行业或项目，实行告知承诺制或登记备案制，变事前审批为事后监管，先选择若干需要加强的行业在浦东新区进行试点。引进国际高端专业服务龙头企业，大力培育竞争力强的本土专业服务企业。积极争取先行先试，进一步扩大外资参与中介、文化、教育、医疗、贸易等服务领域发展。研究拓展海关特殊监管区功能，探索在海关特殊监管区进行服务业对外开放创新试点。

（七）建设近悦远来的购物和消费平台，推动上海“购物天堂”建设

充分展现区县商贸优势，丰富上海商业文化，建设繁荣与繁华的大都市商业。发展好市区地标性商业中心和特色商业街区，加快建设新城和郊区商业商务中心，完善社区商业。促进商品消费与服务消费共同发展，提升外来消费比重。探索选点建立“免税商品购物店”。实施商品品牌、标准化建设和商业诚信战略，切实加强知识产权保护。争取上海市著名商标和中国驰名商标、每百万人拥有注册商标显著增长，培育一批能与国际知名品牌媲美的上海产品和服务品牌，保护和提升老字号。鼓励企业遵循和参与制定国际国内产品标准和管理标准，建设国家级检验和标准认定中心，加强食品安全和监督体系建设，广泛开展“诚信兴商”教育与实践。在商贸领域，广泛运用信息技术、保鲜技术、冷链技术、节能技术、物流技术、互联网与物联网等先进技术。

（八）构建内外贸一体化平台，提高贸易主体市场竞争力

培育具有产业链整合能力，面向内外贸两大市场、批发零售一体化运营、实体和虚拟网络协同发展的特大型贸易集团公司。以零售企业或贸易企业为主体，探索打破内外贸企业经营在盈利模式、结算方式、风险机制等方面的差别和阻隔，发展具有国际竞争力的商贸流通企业模式。培育本土跨国贸易企业，推动商贸流通企业“走出去”。修订流通业相关地方性法规，促进内外贸企业融合发展。

（九）建设财经信息国际信息港平台，促进财经信息服务业发展

建设集多种媒体、贸易金融数据库和多语种财经信息终端于一体，全天候对接海外市场的中国综合财经资讯权威服务平台，形成国际经贸信息港功能。以财经类主要媒体为载体，促进其加快推出覆盖国内主要大宗商品市场和大型专业市场的代表性较强的数据库和指数库，打造具有全球影响力的综合财经资讯平台。整合资源，培育和扶持具有国际水准的商业财经信息提供商。建设高水准财经统计信息平台，与证券、期货、外汇、黄金、钻石市场等专业信息系统构成基本信息库。举办虹桥全球贸易活动，组建上海国际贸易中心高端智库。

（十）建设国际贸易机构集聚平台，形成贸易中心枢纽功能

加强集聚国内外贸易性机构，形成“总部经济”新元素，提升贸易辐射效应和商务活动枢纽功能。鼓励一流的贸易组织和促进机构集聚，打造国际贸易组织和贸易促进机构集聚区。研究制定支持政策，在资产购置、税收缴纳和人员出入境等方面进一步借鉴国际惯例。

五、“十二五”推进上海国际贸易中心建设主要政策和保障措施

一是进一步研究贸易便利化政策。扩大浦东“三港”、“三区”功能作为服务业对外开放创新试点。在外高桥国际贸易示范区试行离岸贸易便利化政策，扩大新型国际贸易结算方式试点范围。推进海关与出入境检验检疫部门的联网，实行“一次录入、同时申报”。支持跨国公司贸易总部业务整合发展。促进加工贸易转型升级。

二是进一步研究扩大对外开放政策。研究并推动制定符合国际惯例的服务业、服务贸易和服务外包等税收政策。进一步扩大外资参与文化、教育、医疗、中介等专业服务业领域的发展。对服务贸易进出口业务给予支持政策。支持融资租赁企业业务发展，研究并推动扩大物流企业营业税差额征收和减免政策适用范围。

三是进一步研究营造贸易发展环境政策。支持贸易结算、贸易信贷、保理业务、信用担保、风险管理与财务管理等贸易金融服务业在上海创新发展。推动建立人民币跨境贸易结算中心。推广保单融资、订单融资、专利权质押融资等业务。推动建立国家级贸易和投资促进公共服务平台。进一步便利外籍商务人士出入境。

四是加强法律服务、智力引进和增加财力投入。加强上海国际贸易中心相关法规和法律服务体系建设，研究制定推进上海建设国际贸易中心建设的相关地方性法规。实施上海建设国际贸易中心人才战略，建设开放型智库机制，将上海打造成我国贸易流通领域人才及智力高地。加大对上海国际贸易中心建设财力支持力度。

五是建立多层次合作共建机制。深化落实《国务院关于推进上海加快发展现代服务业和先进制造业建设国际金融中心和国际航运中心的意见》（国发[2009]19号）精神，充分发挥“两个中心”建设部际协调机制功能，深化商务部与市政府紧密型部市合作机制、长三角经贸合作联动机制、上海各部门间的协调推进机制，市商务部门与各区县政府加强合作，上下联动，形成合力，不断推进上海国际贸易中心建设。

服务业发展“十二五”规划

上海市服务业发展“十二五”规划
沪府发[2012]59号

服务业的发展水平是衡量现代社会经济发达程度的重要标志。形成以服务经济为主的产业结构，既是中央对上海发展提出的要求，也是上海加快转变经济发展方式与服务全国的重要途径。根据国家关于加快发展服务业的总体要求和《上海市国民经济和社会发展第十二个五年规划纲要》，特制定本规划。

一、上海服务业发展的情况和面临的形势

（一）基本情况

“十一五”期间，上海继续坚持“三、二、一”产业发展方针，推进产业结构战略性调整，服务业规模不断扩大，能级不断提升，服务业结构和空间布局不断完善，以服务经济为主的产业结构逐步形成。

1. 服务业年均增长快于全市经济增长，成为经济社会发展主要支撑

2010年，服务业实现增加值9833.51亿元，是“十五”末的2倍。“十一五”期间，服务业增加值年均增速达到12.3%，高出全市生产总值增速1.1个百分点；服务业增加值占全市生产总值的比重从52.1%提高到57.3%，年均提高约1个百分点；服务贸易进出口总额年均增速达到26.4%，占全国服务贸易进出口总额比重从21%提高到28.9%；服务业吸引外商直接投资实际到位金额占全市外商直接投资实际到位金额的比重从62.1%提高到79.4%；服务业固定资产投资占全社会固定资产投资的比重从68.7%提高到72.7%；服务业从业人员占全市从业人员比重保持在53%以上。

2. 金融、物流、商贸、旅游、信息服务等重点领域占服务业比重保持在65%以上，支撑作用日益加强

2010年，金融市场直接融资额占社会融资规模比重为167%，股票成交量跃居全球第三，黄

金现货交易量跃居全球第一。上海港集装箱吞吐量跃居全球第一，港口货物吞吐量连续六年保持世界第一。"十一五"期间，全市商品销售总额年均增长21.8%。国际入境旅游人数连续五年超过600万人次。到2010年底，在海内外证券交易所上市的信息服务企业达到29家，通过CMM/CMMI（软件能力成熟度模型）3级以上国际认证的企业达到117家。

3. 文化创意、会展、电子商务、专业服务、教育培训等新兴服务业发展迅猛，成为新的增长点

文化创意产业呈持续增长态势，一批国家文化产业基地、80个创意产业集聚区和15个文化产业园区吸引了8200多家文化创意企业；2010年2月，上海成功加入全球"创意城市网络"，被联合国教科文组织授予"设计之都"称号。会展业发展迅速，初步培育出工博会、华交会等23个品牌展，形成近40个规模超过5万平方米的展览会。电子商务成交额从2005年的1327亿元上升到2010年的4253亿元。各类专业服务业机构超过6万个，教育培训机构超过2000家。

4. 服务业空间布局不断优化，产业集聚发展格局逐步形成

各区县充分发挥自身区位优势和产业基础，大力发展特色服务业，已形成一定的空间集聚。中心城区服务业实现增加值占中心城区生产总值比重约80%。"十一五"期间，规划建设了陆家嘴金融贸易区、淮海中路国际时尚商务区、北外滩航运服务集聚区、长风生态商务区、金桥生产性服务业功能区、智力产业园生产性服务业功能区等一批各具特色的服务业集聚区。

5. 服务业改革开放不断深化，产业发展环境不断完善

"十一五"期间，上海积极推进政府、企业、市场、社会整体改革，深化文化、教育、卫生等领域体制改革，社会公共服务领域产业化进程加速。积极探索服务业体制突破和机制完善，2010年闸北区获批成为国家服务业综合改革试点区域。总部经济蓬勃发展，至2010年底，累计认定跨国公司地区总部305家，新设外资投资性公司213家，新设外资研发中心319家。

（二）面临形势

国内外发展格局发生深刻变化。国际服务业加速向发展中国家转移，服务业跨国投资和服务贸易迅速发展，云计算、物联网等各种新技术、新业态、新模式不断涌现，为上海服务业发展带来新空间；国内城市化、工业化和市场化进程不断加快，国家积极实施扩大内需战略，人民生活水平提高拉动服务需求持续增长，长三角区域经济一体化加速，为上海加快发展服务业提供重大机遇；国家高度重视服务业发展，对上海建设"四个中心"给予大力支持，在上海率先开展深化增值税制度改革试点，以及上海被列入国家服务业综合改革试点、现代服务业综合试点和现代服务业创新发展示范等各项改革试点，有利于完善税制、促进专业化分工、创新服务技术，营造更加有利的发展环境。

但随着全球经济增速放缓、发达国家经济发展模式转变、贸易保护主义抬头，国际竞争更加激烈，经济发展的不确定性增强，上海服务业发展面临诸多挑战。郊区服务业总体发展水平相对滞后，服务业创新还未充分发挥引领作用，核心竞争力、知名品牌、龙头企业和高端人才缺乏，全球市场的资源配置能力相对较低。制约服务业发展的深层次矛盾凸显，行业和部门垄断依然存在，部分领域市场投资主体多元化格局还未真正形成；税收制度设计还不利于推动专业化分工；社会诚信体系还不健全，服务业信息化水平和标准化建设有待提升。促进服务经济发展的制度

环境有待进一步完善，深化服务业体制机制改革的任务十分艰巨。

二、“十二五”时期上海服务业发展的指导思想、基本原则和主要目标

“十二五”是上海形成以服务经济为主产业结构的关键时期。进入新阶段，面对新形势，上海服务业要坚持以改革开放创新促发展，努力在新起点上取得新突破。

（一）指导思想

全面贯彻落实科学发展观，按照加快推进“四个率先”、加快建设“四个中心”和社会主义现代化国际大都市的总体要求，充分发挥世博后续效应，把加快发展现代服务业作为实现“创新驱动、转型发展”总方针的战略举措，以制度创新为突破口，以新需求引领和新技术应用为抓手，以培育新产业、拓展新模式和发展新业态为着力点，坚持生产性服务业与生活性服务业并重，提升服务贸易规模和能级，加快郊区服务业发展，推进服务业品牌化、网络化和融合化发展，扩大产业规模，提升服务能级，增强服务功能，着力营造有利于服务经济发展的制度和社会环境，加快形成以服务经济为主的产业结构，进一步提升上海产业国际竞争力，充分发挥服务业引领转型发展、支撑经济增长的重要作用。

（二）基本原则

1．坚持深化改革、扩大开放。以服务业税制、管制、体制、法制改革为突破口，抓住关键领域和薄弱环节，加快改革创新。对垄断长期存在、服务水平较低、市场需求较大的领域，吸引多元投资。转变贸易发展方式，大力发展服务贸易、技术贸易和服务外包。积极吸引各类跨国公司总部和国际组织，深化与港澳台地区的服务业合作，提升服务业外资引进规模和质量，广泛参与国际竞争与合作。

2．坚持提升重点、培育新兴。依托“四个中心”建设，稳定提升体现国家战略和国际大都市服务功能的服务业重点领域，支撑上海经济持续健康发展。把握全球科技发展新趋势，引领和满足人民群众日益增长的物质文化生活等各类新需求，深化推进产业融合发展，加快发展生产性服务业和高技术服务业，培育壮大新兴服务业和社会服务业，形成新的产业增长点。

3．坚持完善布局、拓展空间。中心城区立足增强综合服务功能，重在提升服务业发展能级，实现城市功能转型；把加快郊区服务业发展作为重要战略导向，依托新城、重大产业基地和功能性基础设施建设，着力发展生产性服务业和特色服务业。鼓励服务业企业跨区域、跨国界整合资源，构建区域和国际服务网络。

4．坚持市场取向、政府引导。充分发挥市场配置资源基础性作用，完善市场规则，维护市场秩序，激发各类市场主体的积极性和创造性，塑造服务品牌。进一步推进政府管理创新，加强规划引导，实施政策聚焦，规范市场管理，增强创新意识、效率意识和服务意识，为服务业发展营造良好的环境。

（三）主要目标

按照“市场化、产业化、信息化、社会化、国际化”的发展方向，加快构建以支柱服务业为主体、新兴服务业为引领、社会服务业为基础、发展模式不断创新的服务业发展体系，努力打造“上海服务”品牌。

1．基本形成以服务经济为主的产业结构。“四个中心”核心功能初步形成，服务业综合服务功能进一步增强。服务业总量规模稳步提升，服务业增加值年均增速快于全市经济增速2个百分点左右，到2015年，服务业增加值占全市生产总值比重提高到65%左右；服务贸易进出口总额比2010年翻一番，离岸服务外包收入45亿美元左右；服务业从业人员年均增速快于全市从业人员年均增速，到2015年，服务业从业人员占全社会从业人员比重达到60%左右。

2．服务业创新能力持续提升。服务业体制机制创新加快推进，逐步形成与国际接轨的服务经济发展环境，服务业新技术、新业态、新模式不断涌现，在服务业制度、技术和商业模式创新方面走在全国前列，科技服务、设计产业、专业服务、电子商务、数字出版、节能环保等新兴服务业增加值年均增速快于服务业增速，成为全国新兴服务业集聚地。

3．服务业布局不断优化。服务业辐射能力全面增强，服务半径不断延伸；中心城区服务业发展能级进一步提升，结构进一步完善，规模进一步扩大；郊区服务业增加值年均增速快于全市服务业增速，郊区服务业增加值占郊区生产总值的比重持续稳步提高，2015年比2010年提高5个百分点左右。

4．服务业企业主体更具竞争力。服务业企业国际竞争力不断提升，打造一批强势服务品牌；改革开放力度进一步加大，培育一批多种所有制共同发展、具有较强国际竞争优势的行业龙头企业集团，形成充满活力、各具特色、优势互补、大中小企业协调发展的服务业发展格局。

“十二五”时期服务业发展的主要指标

序号	指 标 名 称	单位	2015年
1	服务业增加值占全市生产总值比重	%	65左右
2	服务业增加值年均增速	%	快于全市经济2个百分点
3	郊区服务业增加值占郊区生产总值比重	%	比2010年提高5个百分点
4	服务业从业人员占全社会从业人员比重	%	60左右
5	服务贸易进出口总额	亿美元	在2010年基础上翻一番
6	离岸服务外包收入	亿美元	45左右
7	金融市场直接融资额占社会融资规模比重	%	22左右
8	商品销售总额	万亿元	8.7
9	文化创意产业增加值占全市生产总值比重	%	12左右
10	旅游业总收入年均增长	%	10.8以上
11	百兆家庭宽带接入能力覆盖率	%	95以上
12	电子商务年交易额	万亿元	1.2以上

三、“十二五”时期上海服务业发展的主要任务

（一）大力发展支柱服务业

全面落实建设“四个中心”战略，全力推进金融服务、航运物流、现代商贸、文化创意、信息服务、旅游会展和房地产等服务业重点领域发展，夯实服务业发展基础，提升服务业整体竞争力。

1．金融服务业

力争到2015年，上海金融市场交易规模达到1000万亿元左右，金融市场直接融资额占社会融资规模比重达到22%左右，金融从业人员达到32万人左右，基本确立上海的全球性人民币产品创新、交易、定价和清算中心地位。

提升金融市场功能。强化上海证券市场全国主板市场地位，支持上海期货交易所成为具有重要国际影响的大宗商品定价中心，支持中国金融期货交易所逐步成为具有全球影响力的风险管理中心，支持货币市场和外汇市场增强服务功能，保持现货黄金场内交易国际领先地位，加快建设全国性贷款转让和票据交易中心，健全上海股权托管交易中心制度框架并启动市场交易。

丰富金融产品和工具。推动股票、债券等基础性金融产品加快发展，支持上海证券交易所挂牌交易国内跨市场指数基金等基金产品，促进集合票据、外币债券等加快发展。开展房地产信托投资基金等资产证券化产品试点。有序推出新的能源和金属类大宗商品期货，稳步发展金融衍生产品，适时开展结构性衍生产品试点。

集聚各类金融机构。加强陆家嘴—外滩金融集聚区建设，优化金融集聚区功能布局。培育和发展与金融市场相关的功能性金融机构。发展创业投资企业、股权投资企业、融资租赁公司、融资性担保公司、小额贷款公司等新型金融机构。吸引和培育具有国际竞争力的金融机构。

培育新兴金融服务业。推动金融机构设立专业化财富与资产管理机构，加快发展证券投资基金、对冲基金等专业机构。支持开展船舶（飞机）融资租赁、海上货运险、保赔保险、资金结算等航运金融服务。大力发展消费金融，加快发展非金融机构支付产业，培育一批可参与国际竞争的金融资讯服务商。

专栏1　建设上海国际金融中心和上海国际航运中心

根据国务院《关于推进上海加快发展现代服务业和先进制造业建设国际金融中心和国际航运中心的意见》精神，重点从加强金融市场体系、金融机构和业务体系建设，提升金融服务水平，改善金融发展环境，以及优化现代航运集疏运体系、发展现代航运服务体系、探索建立国际航运发展综合试验区、完善现代航运发展配套支持政策、促进和规范邮轮产业发展等方面，加快推进上海国际金融中心和国际航运中心建设。到2020年，基本建成与我国经济实力及人民币国际地位相适应的国际金融中心，基本建成航运资源高度集聚、航运服务功能健全、航运市场环境优良、现代物流服务高效，具有全球航运资源配置能力的国际航运中心。

提高金融国际化水平。加快构建人民币跨境投融资中心，积极推进上海证券市场国际板建设，支持符合条件的在沪合资证券公司扩大业务范围，积极推动合格境外有限合伙人和机构投资者投资境内金融市场。提升金融机构全球服务能力，深化沪港人民币国际化和资本市场产品领域合作，加快发展跨境贸易人民币结算业务。

2．航运物流业

力争到2015年，航运服务业收入年均增长15%左右，物流业增加值占全市生产总值比重达到13%左右，集装箱水水中转比重达到约45%，构建服务门类齐全、市场秩序规范、要素与资源集聚的现代航运物流服务体系。

提升航运基础服务业。依托国际航运发展综合试验区建设，增强区域保税联动功能。吸引国际知名船舶管理公司，完善全国船舶交易平台，规范国际货运代理市场秩序。集聚船舶检验机构，加强海事安全与技术服务，推动船舶、飞机修理服务业务发展。集聚国际知名航空公司，优化国内外航线，强化航空枢纽地位。

培育航运衍生服务业。加快航运信息化建设，推广电子标签技术应用，完善中国船舶交易信息平台，开发中国航运数据库。促进海事法律、仲裁服务机构的发展，制定并推广以上海为仲裁地的航运交易推荐格式合同，完善海事仲裁制度。积极发展航运金融服务，鼓励发展航运咨询，培育发展航运经纪、公估等航运中介服务业。

加快发展邮轮产业。推进建设国际邮轮母港，优化邮轮通关环境，强化邮轮补给、口岸查验、海事救助、船舶维护、引航等服务功能。加快发展境内外邮轮旅游，鼓励世界知名邮轮公司来沪设立经营性机构，开展经批准的国际航线邮轮业务，鼓励境外大型邮轮公司挂靠上海，支持组建本土邮轮船队。

深化发展物流业。大力发展国际采购分拨、水水中转集拼、铁水联运、保税物流联动等口岸物流。加快发展汽车、化工、钢铁、装备制造、船舶、电子信息等制造业物流。积极发展商业连锁、医药、农产品、危险品、应急物流等城市配送物流，促进快递业规范化、规模化和智能化转型升级，着力培育电子商务物流。

专栏2　上海综合保税区

上海综合保税区是我国外向型经济和现代服务业发展的重要平台。“十二五”期间，以国际航运发展综合试验区和国家进口贸易促进创新示范区建设为抓手，探索扩大航运服务对外开放试验，大力吸引高端航运服务业集聚；集中发展以新型国际贸易业务为核心的跨国公司亚太营运中心集聚和全球国际贸易链集成功能；重点培育具有离岸服务和保税服务特征的国际服务贸易功能，打造航运金融、期货保税交割和大宗商品交易中心、跨国公司全球清算结算服务中心，初步建成国际贸易便利、外汇管理宽松、物流运作便捷、具有国际一流竞争力的自由贸易园区。

3．现代商贸业

力争到2015年，全市商品销售总额达到8.7万亿元，年均增长达到18%以上，实现社会消费品零售总额1万亿元，基本形成内贸与外贸互相融合、市场开放度与贸易便利化程度高、初步具备国际国内两个市场资源配置功能的国际贸易中心核心功能框架。

加快培育商贸新业态。积极探索贸易全程便利化措施，引进国外新型商贸业态和经营模式，扩大新型国际贸易结算规模，推动建立离岸贸易中心。推进网络销售等无店铺销售发展，大力发展电子商务等新型流通模式，积极引进体验式消费等新兴消费方式，推广和应用基于新一代信息技术的“智能商店”和“数字商业”。

创新发展批发业。拓展品牌代理、总经销和特许经营业务。鼓励发展大规模、跨地区的连锁批零结合型企业。提升大型农副产品批发市场体系。吸引国内外企业来沪设立采购中心、分销中心、结算中心和区域中转物流中心。发展集商品展示、价格形成和物流仓储功能于一体的新型专业贸易中心，推动商品批发网上交易。

提升发展零售业。进一步扩大连锁经营领域和范围。引进国际知名连锁百货店，建设主题特色鲜明、综合配套齐全的大型购物中心，鼓励发展特色百货店。引导大型综合超市向新兴大型社区拓展，鼓励标准超市向精品标准超市、生鲜超市转型。鼓励专业专卖店向品牌旗舰店、体验店等发展。积极支持城市综合体等新业态发展。

推动贸易促进平台建设。建设中国技术进出口促进中心，加快技术贸易发展。建设国家级产品设计与贸易促进中心，带动自主品牌商品发展和出口产品附加值提升。建设有影响力的商贸信息及贸易促进综合服务门户网站，构筑国际贸易中心网上载体。建设国际贸易机构集聚平台，提升贸易辐射效应和商务活动枢纽功能。

构建现代商品流通体系。建设若干具有市场资源配置能力、服务增值能力和价格发现能力的国际性或区域性大宗商品交易中心，培育保税交易市场。继续建设钢铁、汽车及零部件等专业性商品交易平台，调整提升有色金属、精细化工等生产资料集散中心。优化发展危险化学品、环保节能设备等专业市场。提升农产品流通效率。

专栏3　建设上海国际贸易中心

围绕提高市场开放程度，简化市场准入程序，吸引中外贸易主体集聚；提高贸易便利化水平，促进贸易要素通畅流动，提高贸易效率；加快建设以要素市场和消费服务市场为重点的现代市场体系，发挥市场在国际国内资源配置中的基础性作用以及流通对生产和消费的先导作用；加快营造国际一流水平商贸发展环境。到2020年，基本建成具有国际国内两个市场资源配置功能，现代服务业发达、万商云集，服务长三角地区、服务长江流域、服务全国，与我国经济贸易地位相匹配的国际贸易中心。

4．文化创意产业

力争到2015年，文化创意产业增加值占全市生产总值比重达到12%左右，建成一批各具特色的文化创意产业园区，提高产业规模化、集约化和专业化水平，成为联合国创意城市网络的重要节点。

大力发展媒体产业。推进有线电视网数字化转换和下一代广播电视网建设试点，推动数字技术和网络技术的开发应用，推进国家网络视听产业基地建设，充分利用多媒体技术，提升影视作品制作水平，发展移动多媒体广播电视等新媒体，做专做强娱乐、生活等特色媒体，发展手机电视等手持移动新兴媒体。

提升文化艺术业。深化报刊和出版社单位原创培育，引导文学网站健康发展。鼓励各类文艺院团和企业开发、引进优质演艺剧目和娱乐项目。构建国际化电影生产大基地，加快发展数字电影。推动艺术品展示和拍卖市场繁荣发展。构建开放竞争有序的市场体系。

做强创意设计产业。加强传统经典或老字号产品与现代时尚元素的结合，推动具有自主知识产权的本土创意产品走向世界。围绕机械装备、时尚消费品、建筑装饰等重点领域，打造集原创策划、交易展示和品牌运营于一体的创意设计产业链。

推进重大项目建设。加快建设国家音乐产业园、上海国际时尚中心等基地类项目，提升上海创意产业展示和服务平台、上海国际文化贸易服务平台等平台类项目功能，举办上海国际文化创意产业博览会、上海设计节等代表性活动，实施上海电影产业振兴工程等功能性项目。

专栏4　文化创意产业

文化创意产业集成了文化、创意、科技、资本、制造等要素，以人的创造力为核心，以文化为元素，以创意为驱动，以科技为支撑。“十二五”期间，上海将重点发展媒体业、艺术业、工业设计业、时尚产业、建筑设计业、网络信息业、软件业、咨询服务业、广告会展业、休闲娱乐业等领域。

5．信息服务业

力争到2015年，百兆家庭宽带接入能力覆盖率达到95%以上，信息服务业经营收入达到6000亿元，年收入超亿元企业超过300家，国内外上市企业超过60家，成为全国信息服务高地，建设集数字化、网络化和智能化为一体的智慧城市。

提升发展软件业。发展具有自主知识产权的操作系统、数据库、中间件和办公软件，推动国产基础软件在医疗卫生、教育、社区服务、电子政务等行业的规模应用。大力发展面向钢铁、船舶、金融等领域的行业应用软件。加快发展自主可控的信息安全软件。

创新发展消费型信息服务业。以“三网融合”为契机，推动互动娱乐产业发展。研发具有自主知识产权的社交网络平台，培养电子竞技产业链。促进视频分享、视频门户等网络视听业共同发展，加快基于 3G、移动多媒体广播等新传输方式的网络视听内容开发。

融合发展生产型信息服务业。大力发展工业软件、嵌入式系统等。推进工业软件在研发设计、测试验证、生产制造等环节应用，聚焦民用航空、海洋工程和轨道交通装备等领域。研发汽车电子及各类智能终端设备等嵌入式系统，建设核心嵌入式软件研发平台。

深入发展专业信息服务业。发展具有行业影响力的专业信息资讯交互平台，形成一批互联互通、信息资源共享的金融信息专业数据库。推动第三方贸易信息服务平台发展。提高信息技术在电子通关、政府监管、物流信息等方面的应用水平。

培育新兴信息服务业。加快发展云计算、物联网信息服务、移动互联网和车载信息服务等新兴服务业。推动云计算技术研发，实施“云海计划”。加快物联网传感网络软件、嵌入式软件等研发，培育物联网专业技术服务企业。支持建立移动互联网业务创新平台。

6．旅游会展业

力争到 2015 年，入境游客人数超过 1000 万人次／年，国内旅游人数达到 2.4 亿人次／年，旅游业总收入年均增长 10.8%，旅游业增加值占全市生产总值的比重提高到 8.5% 以上，展会总展出面积超过 1500 万平方米，国际会展达到每年 300 个，建设成为世界著名旅游城市和国际会展中心城市。

提升传统旅游业。提高旅行社服务专业化水平，加快标准化建设。优化旅馆业结构，加强与国际知名酒店集团合作，发展会议型、度假型、精品型旅馆，打造品牌旅行社和饭店集团。振兴旅游餐饮品牌，引进国际品牌旗舰店，加强旅游纪念品开发。

培育新兴旅游业。利用大型制造业企业集聚的优势，大力发展工业旅游。借助国际知名的演出、节庆和赛事活动，积极发展文化体育旅游。利用丰富的教育和医疗资源，加快发展求修学和医疗旅游。加快发展邮轮和养生度假旅游，大力发展生态休闲和农业旅游。

做大做强会展业。通过培育本市大型会展、引进国际知名会展，形成一批品牌、专业会展。积极发展常年展，形成常年展与短期展共同繁荣的格局。结合国际贸易中心建设，打造全国领先、功能齐全、服务一流的网上会展。培育具有国际竞争力的大型会展企业。

强化旅游会展公共服务。构建覆盖全市、互动长三角、服务全国的旅游信息平台，构建健全、规范的都市自助旅游公共服务设施体系，制定旅游公共服务规范和标准，推进旅游集散中心、咨询服务中心的服务能力建设。推进会展业公共服务平台建设。

专栏 5　中国博览会会展综合体

中国博览会会展综合体是国家级重大会展项目，规划建设 40 万平方米室内净展览面积和 10 万平方米室外展场，将成为世界最大的展览设施和国际一流的会展综合体，并以中国华东进出口商品交易会、中国（上海）工业博览会为基础，每年举办两届“中国博览会”，积极引进境外专业大展，办好汽车、电子、家具等专业展，促进上海国际会展中心城市建设。

7．房地产业

力争到2015年，房地产业增加值保持合理水平，新增供应各类保障性住房100万套（间）左右，新建商品住房6500万平方米。居民住房质量和居住水平明显提高，房地产市场体系和住房保障体系不断完善，房地产业健康发展。

促进房地产市场健康发展。加强和改善房地产市场调控，支持居民合理住房需求，引导住房梯度消费。健全"诚信、透明、规范、法治"的市场体系；完善租赁管理，规范租赁行为，完善房地产经纪机构管理体制。深化物业管理体制改革，理顺物业服务价格机制，提高物业管理和服务质量。

加快完善住房保障体系。全面推进廉租住房、共有产权保障房（经济适用住房）、公共租赁住房和征收安置房（动迁安置房）"四位一体"、租售并举的住房保障体系建设。推进保障性住房大型居住社区建设，着力缓解中低收入住房困难家庭以及青年职工、引进人才和来沪务工人员等群体的居住困难问题。

引导商业地产有序发展。结合服务业发展和郊区新城建设，发展以商贸办公、科技服务、旅游休闲、娱乐餐饮等为特色和主题的商业地产，优化商业地产区域布局，更好发挥商业地产载体功能。合理引导商业地产投资需求，形成多层次商业地产供给格局。

（二）积极培育新兴服务业

顺应经济全球化、社会网络化和分工专业化的新趋势，推动新技术应用和商业模式创新，引导和满足多样化市场新需求，积极培育科技服务、设计产业、专业服务、数字出版、电子商务、节能环保等新兴服务业，进一步增强服务业发展后劲。

专栏6　新兴服务业

新兴服务业是指在经济全球化、社会网络化和分工专业化进一步深化的背景下，以应用新技术、创新服务模式为手段，以引导和满足多样化的市场新需求为目的，跨越传统产业边界、市场潜力巨大的服务业新领域。总体上，新兴服务业呈现出主体多元化、产业融合化、服务专业化和业态新型化等特征。新兴服务业主要包括两类：一是支柱服务业中运用现代信息技术和先进管理方式改造和提升传统服务业、提供新的服务方式的新兴服务业，如电子商务、数字出版、设计产业等；二是基于新技术和新服务模式而不断诞生新业态、引导和满足新需求的新兴服务业，如科技服务、专业服务、节能环保服务等。

1．科技服务业

力争到2015年，科技服务业增加值年均增长20%，建成若干具有国际先进水平的科研院所、实验基地以及具有国际竞争力的科技中介服务机构，建立适应现代服务业发展的科技创新体系。

加快发展研发服务。围绕战略性新兴产业重点领域和核心关键技术开展研发。鼓励各类企业集团在沪设立研发中心，推动跨国公司与本地企业开展研发合作。扶持中小企业发展细分领域专业化研发服务，形成龙头企业和中小企业共同活跃的研发体系。

加快发展检验检测服务。发展分析测试、检验认证、计量溯源等技术服务，重点发展新能源汽车、智能电网、风电设备等领域的检验检测服务，提升涉及社会公共安全类产品领域的质检能力，建设一体化检验检测公共服务平台。

加快发展知识产权服务。大力发展知识产权咨询、检索、培训、评估、交易、代理、托管、质押融资、司法鉴定和法律援助等服务。构建主体多元化的服务体系，完善知识产权信息公共服务平台，建设国家知识产权局区域专利信息服务中心和知识产权交易机构。

加快发展科技成果转化服务。推进科技成果转化平台建设，探索建立科技成果转化的有效模式和机制，积极培育壮大科技成果转化的中介服务体系，实现规模化、专业化、规范化发展，不断完善支持科技成果转化的服务链条。

加快建设技术创新服务平台体系。建设上海技术交易中心，促进技术交易经常化和规范化。推进建设共性技术研发公共服务平台，建立技术成果对接网络，提供科技资源配送服务。完善科技资源共享体系，优化重点实验室、工程技术（研究）中心等研发基地布局。

专栏7　高技术服务业

高技术服务业主要指高技术的延伸服务和相关科技支撑服务，技术含量和附加值高，创新性强，发展潜力大，辐射带动作用突出。作为国家高技术服务产业基地之一，上海将积极推进新技术应用，大力发展信息技术服务、电子商务服务、数字内容服务和生物技术服务，提升服务业能级；充分发挥本市科技人才优势，大力发展研发设计服务和检验检测服务，支撑战略性新兴产业发展；不断深化体制机制改革，大力发展知识产权服务和科技成果转化服务，激发城市创新活力；到2015年，把上海打造成为国内服务技术先进、商业模式新颖、经济效益突出、综合实力领先、若干领域跻身世界前列的国家高技术服务产业基地。

2．设计产业

力争到2015年，基本形成产业要素资源集聚、市场主体活跃、产业布局合理、带动效应显著的设计创新体系，使上海成为更具国际影响的“设计之都”。

大力发展工业设计。围绕新能源汽车、大型客机及支线飞机、高端船舶和海洋工程装备等机械及装备领域，加强产品和关键零部件外观、结构、功能等设计。鼓励大型企业集团建立工业设计中心，加快虚拟仿真、数字模型、协同设计等先进工业设计技术的应用。

加快发展时尚设计。围绕提升城市形象和生活品质，大力发展服装服饰、日化用品、珠宝首饰、居家用品、时尚数码消费品等的时尚设计。吸引和培育国内外知名设计师，支持企业加大原创设计力度，创建自主品牌，提升产品附加值，增强龙头企业核心竞争力。

提升发展建筑设计。围绕城市规划设计、建筑设计、室内装饰设计、工程勘察设计等领域，大力发展规划咨询、概念设计等产业链价值高端环节业务，开拓国际国内高端建筑设计市场，打造具有国际知名度的建筑设计行业领军企业和领军人才。

着力发展多媒体设计。加强多媒体视频、音频、图像、声音的处理、存储、传输和应用技术的开发。加强基于移动通信平台的动漫产品的设计，鼓励单机版和基于3G网络的移动终端游戏设计。支持三维动画技术的设计运用，提升平面设计和影视后期制作水平。

专栏8　设计之都

2010年2月，上海正式获得联合国教科文组织批准加入“创意城市网络”，成为全球第7个获得“设计之都”殊荣的城市。“十二五”期间，上海将打造一批创意产业集聚区和创意产业服务平台，培育一批创意产业知名企业、品牌和人才，扩大国际交流与合作，集聚全球创意资源，促进经济发展转型，建设形成产业要素资源集聚、市场主体活跃、产业布局合理、带动效应显著的创意设计产业发展体系，使企业设计创新能力显著增强，使上海成为更具影响力的国际“设计之都”。

3．电子商务

力争到2015年，上海电子商务发展继续保持国内领先水平，年交易额超过1.2万亿元，90%规模以上企业和超过50%的中小企业应用电子商务，电子商务发展创新空间不断拓展。

促进电子商务应用拓展。积极推动电子商务在金融、航运、商贸、文化创意等重点领域和供应链管理中的应用。建立和完善电子商务市场体系，促进大宗商品市场和专业市场的电子商务应用。鼓励中小企业应用第三方电子商务平台。

创新电子商务发展模式。积极创建国家电子商务示范城市，鼓励电子商务技术、模式和管理创新。重点推进云计算、物联网、移动通信、射频技术、地理信息系统和商品服务追溯系统等技术在电子商务领域的广泛应用。

推进电子商务平台建设。建设一批有影响力的电子商务交易平台、专业服务平台和公共服务平台。建设具有信息展示、电子交易、电子结算、贸易融资和通关物流等功能的电子商务贸易平台。建设中国上海国际贸易中心平台，实现贸易全环节信息服务功能。

完善电子商务支撑体系。完善电子商务支付和物流服务，健全区域物流分拨网络，合理布局公共配送中心，完善城市末端配送网点。健全电子商务信用和安全服务，推行电子商务交易实名登记制度，完善数字认证、数字签名、密钥管理等安全服务功能。

4．数字出版业

到2015年，确保全市数字出版产业总产值达到550亿元，力争达到700亿元；全市所有传统出版企业进入数字出版领域，打造中国数字出版高地。

推动传统出版业转型。推进本市出版企业资源重组和跨地区发展探索数字出版产业服务新模式。推动数字印刷标准化，鼓励按需印刷关键技术自主研发，搭建按需印刷公共服务平台，创设个性化出版的平台。鼓励国内版权贸易稳定发展，重点支持国际版权交易。

加快发展数字发行。鼓励传统发行企业利用自身发行渠道优势和全国的网络优势，联合内容集成商和终端制造商，共同打造数字平台与实体平台相结合的发展模式。鼓励大型电子商务平台企业进入出版物发行领域。

积极发展移动阅读。扶持有规模的数字终端企业，支持企业开发新型数字终端产品和技术，建设内容交易公共平台，挖掘多种商业模式，促进内容与终端的对接。研究制定电子书领域相关标准，占据电子书产业制高点，推广电子书的应用。

健康发展数字游戏。支持企业自主研发体现中华民族文化特色、具有自主知识产权的数字游戏。大力支持原创民族网络游戏出口，提升自主创新能力，培育网络游戏产业新的商业模式和服务业态，加强版权保护，完善产业发展环境。

5．专业服务业

力争到2015年，专业服务业门类拓展到70个以上，从业人员增加到65万人以上，会计税务、法律和仲裁、人力资源、咨询等重点领域营业收入保持20%左右的年均增速，加快形成与“四个中心”建设进程相适应的专业服务业发展格局。

提高会计税务服务能级。鼓励会计师事务所和税务师事务所通过兼并、重组等方式拓展国内市场。支持从业人员参与国际资质考试，提高为境内企业海外投资的服务水平。规范行业收费行为，加强服务标准化建设，提高服务质量。探索创新行业管理模式，加强业务整合。

拓展法律和仲裁服务。吸引和培育国内外知名律师事务所和仲裁机构，加强国际业务合作和学术交流。大力发展与金融和航运密切相关的法律和仲裁服务。引进和培养熟悉国际商法、国际惯例和交易规则以及国际仲裁事务的专业人员。

加快发展人力资源服务。推进中国上海人力资源服务产业园区建设。支持本地人力资源机构专业化、规模化发展。支持人力资源机构创新服务方式，加快发展高级人才寻访、人才测评、薪酬管理和人力资源管理咨询等中高端人才服务。

支持发展广告业。推动广告业向创意化、科技化、品牌化和集成化发展。提升品牌策划、包装设计、形象设计等广告创意策划服务，培育和规范数字营销、商务代理、活动策划等广告延伸服务，创新发展基于移动通讯、数字视频和互联网的新兴广告发布媒介。

提升发展咨询服务业。积极拓展业务范围，加快发展工程咨询、科技咨询、IT咨询、管理咨询、理财服务、财务顾问、投资咨询等各类咨询服务业。加强咨询业从业资格认证管理，加快咨询服务标准体系建设，推动科研院所和机构加强理论和方法研究。

6．节能环保服务业

力争到2015年，形成集评估、咨询、检测、设计、运营等于一体的国内领先的节能环保服务业，培育发展150家以上专业性的节能服务公司，销售收入年均增长20%以上。

大力推行合同能源管理。建立合同能源管理网络服务平台。引导技术研发、设备生产和投融资机构，利用合同能源管理机制，开展节能服务。支持节能服务机构创新发展合同能源管理机制，实施合同能源管理项目。鼓励金融机构为合同能源管理项目提供融资服务。

培育发展节能服务。积极培育节能评估、能源审计、项目设计、节能量审核等专业节能服务机构，提供咨询、设计、施工、运营维护、装备等综合能源服务，打造公益性节能服务平台。鼓励重点用能单位开展专业化节能服务。加快建立市场化的碳减排机制。

加快发展环境保护服务。规范发展环保技术、管理和信息服务，大力发展生态效率评价、清洁生产审核、绿色产品认证评估、环境影响评价、环境监测、环境投资及风险评估、环境保险理赔等咨询服务。深化排污许可证制度，探索实施排污权有偿使用和转让。

做强环境工程承包服务。以污水处理、大型燃煤电厂脱硫脱硝除尘、城市垃圾、危险废弃物处理及资源化为重点，以重点集聚区为依托，培育一批环保工程技术方案设计、施工、运营服务的大型工程总承包或项目总承包企业集团。

专栏9　生产性服务业

"十二五"期间，上海将重点发展总集成总承包、研发设计服务、供应链管理服务、金融专业服务、专业维修服务、节能环保服务、检验检测服务、电子商务与信息化服务、专业中介服务、培训教育服务等与制造业发展紧密相关的生产性服务业十大重点领域。同时，加快发展农产品检测与认证、农业科技服务、农业信息服务、农业金融服务、个性化营销、农业会展、农业休闲旅游等农业服务业。

（三）着力发展社会服务业

坚持"以人为本"，在提高基本公共服务保障能力和均等化水平的基础上，用市场力量促进与民生密切相关的非基本公共服务发展壮大，大力发展教育与培训、医疗保健、体育和家庭服务等服务业，满足群众多样化的社会服务需求。

1．教育与培训服务业

在显著提高教育基本公共服务水平的基础上，充分发挥上海教育资源丰富、现代化和国际化水平较高的优势，构建多层次、多元化教育培训体系。力争到2015年，集聚3000家以上教育培训机构，合力打造20个行业性和区域性职业教育集团、100个面向社会开放的实训中心。

大力发展职业培训。建立覆盖对象广泛、培训形式多样、管理运作规范、保障措施健全的职业培训机制。发挥社会各类培训资源作用，加快培养高素质技能劳动者。依托区县政府、院校、企业，完善公共实训基地建设与管理机制。完善政府购买培训成果机制。

完善发展继续教育。有效整合各类学习资源，推动学校教育资源和社会教育资源双向开放，构建学历和非学历并举、职前职后贯通的继续教育体系。完善市民终身学习公共服务机构建设，搭建开放性终身教育网络学习和服务平台。

加快发展外国留学生教育。建立示范性的外国留学生服务中心，建设“上海市外国留学生中国文化体验基地”和“上海市外国留学生社会实践基地”。制定相应准入与服务标准，为吸引更多的外国留学生来上海学习，提供较为完善的社会服务。

2．医疗保健服务业

在保障基本公共服务的基础上，充分发挥上海医疗资源丰富、临床诊疗水平较高的优势，服务人民群众多样化需求，大力发展市场潜力大、体现差异化服务的医疗保健服务业，着力推进医疗保健服务业向国际化一流水平方向发展。

鼓励社会资本进入医疗服务领域。鼓励在基本医疗服务体系中医疗资源相对薄弱的区域和专科引入社会资本，支持社会资本参与公立医疗机构改制。逐步实行社会医疗机构在服务要素准入、医保定点、科研立项、职称评定、临床重点学科和专科建设等方面与公立医院享受同等待遇。

探索发展高端医疗服务。支持社会资本举办护理康复、个性化健康检测评估、健康保健咨询、医疗旅游、数字医疗等高端医疗服务机构。逐步缩小公立医院特需床位规模，鼓励公立医院与社会资本合作举办独立经营的高端医疗机构。

提升医疗服务国际化水平。推进上海国际医学园和新虹桥国际医学中心建设，引进国际优质医疗资源，建设一批具有国际化水平的高端医疗服务机构。大力发展商业医疗保险，积极推进本市医疗机构与国际医疗保险机构接轨，满足多层次的医疗服务需求。

专栏10　国际医学园区

“十二五”期间，上海重点发展两个国际医学园区。一是位于浦东周康地区的上海国际医学园区，主要发展医疗器械、生物医药、高端肿瘤治疗技术及其他高层次医疗服务、医药职业教育等产业。二是位于闵行华漕地区的上海新虹桥国际医学中心，主要发展先进的专科医疗服务和打造医疗服务贸易平台，引进数家国际医院，做到医技设备、公共服务、后勤保障、实验平台等设施集中设置和资源共享，培育上海医疗服务产业链。

3．体育产业

以满足广大市民强身健体需求为出发点，大力发展体育产业。体育产业增加值增速高于国民经济增速，基本形成包括健身休闲、竞赛表演、体育服务贸易、体育用品等在内的产业体系。

优先发展体育健身休闲业。鼓励体育场馆、健身会所、体育组织等面向社会提供服务。支持品牌企业发展连锁经营。对社会经营性体育设施实行规范有序开放。大力发展体育旅游业，积极培育品牌赛事观赛旅游和体育休闲主题旅游。

加快发展体育竞赛表演业。打造一批具有国际影响力的赛事，鼓励社会力量举办商业性赛事，鼓励企业赞助体育赛事。推进有条件的运动项目职业化进程，支持社会资本投资职业俱乐部。引入高品质国外专业公司与机构，建立竞赛表演业经营管理人才培训制度。

积极培育体育中介市场。支持社会资本兴办体育中介机构，发挥其在运动员流动、赛事推广、赞助商服务等方面的作用，拓展体育咨询、体育策划、产权交易、品牌管理、公关服务等新型代理业务。吸引国际一流的体育经营公司在上海设立机构。

4．家庭服务业

满足市民多层次生活需求，大力发展家政服务、社区服务、养老服务、病患陪护、家庭用品配送等家庭服务业。力争到2015年，享受社区居家养老服务的人数达到30万以上，培育一批模式创新、服务优质、内容丰富、服务长三角及全国的品牌连锁家庭服务企业。

规范发展家政服务业。推动家政服务企业从中介制向员工制转型，加强从业人员技能培训，实施从业人员持证上岗制度。进一步加快家政服务领域地方标准的制订和修订，扶持培育品牌企业，发展标准化门店，建设家政服务网络平台。充分发挥行业协会行业自律、管理协调作用。

发展社区服务业。建立社区服务业多元化投入机制，开发社会服务、社会保障、物业管理、餐饮、维修、便民商业等服务项目，推进司法矫正、青少年服务、社会福利等专项社工服务。推进街道社区生活服务中心建设，健全社区公共服务信息网络，加大购买服务力度，建立社区服务业评估和统计指标体系。

加快发展养老服务业。创新养老服务模式，拓展养老服务领域，推动新科技、新技术和新材料在养老服务中的应用。稳步推进机构养老服务，加大政府投入力度，吸引社会资本兴办养老服务机构，鼓励多种方式建设养老设施。积极发展社区居家养老服务，为老人提供生活照料、精神慰藉、健身修养、安全救援等多样化服务。

（四）优化服务业空间布局

进一步加强服务业规划布局，聚焦重点行业，促进产业集聚发展，积极打造体现上海城市功能和形象的标志性区域，加快形成全市服务业协调发展格局。

1．提升中心城区服务业发展能级

依托中心城区服务业集聚发展基础，以现代商务楼宇为主要载体，推进以陆家嘴—外滩为核心，涵盖北外滩、南外滩在内的中央商务区发展，发挥南京路、淮海路、环人民广场等高端商务商业功能，重点打造东西轴线、黄浦江和中环现代服务业集聚带，构建点面结合、纵横交汇的"田"字形中心城区服务业布局。

（1）东西轴线现代服务业集聚带。根据区域功能定位，结合苏州河两岸开发，大力引进世界500强企业的地区总部或办事机构以及国内外大公司的销售中心、研发中心、采购中心、投资中心、结算中心等，加快建设南京西路专业服务商务区、环人民广场现代商务区、环东华时尚创意产业集聚区等，努力打造专业服务、信息服务、商务商贸、总部经济、文化创意等现代服务业集聚的现代高端商务走廊。

服务业总体布局图

（2）黄浦江现代服务业集聚带。充分发挥滨江亲水优势，以黄浦江两岸联动开发和发展后世博经济为抓手，按照“百年大计、世纪精品”的要求，依托现有产业集聚基础，重点发展金融、会展、航运、旅游、文化创意等现代服务业，加快建设外滩及陆家嘴金融贸易区、北外滩航运和金融服务集聚区、徐汇滨江高端商务和文化休闲区、杨浦滨江发展带等，努力打造展示城市历史文化底蕴、体现上海国际大都市形象的滨江高端服务业集聚带。

（3）中环现代服务业集聚带。依托中心城区成熟的服务业基础和郊区雄厚的制造业基础，充分发挥内外环间区域区位优势，加快推进产业结构调整和转型升级，重点转型发展研发设计、信息服务、科技服务、现代物流等高技术服务业和生产性服务业，加快建设金桥生产性服务业功能区、市北高新技术服务业园区、桃浦生产性服务业功能区、国际节能环保园生产性服务业功能区和莲花生产性服务业功能区等，打造服务长三角和全国的新高地。

2．构建郊区服务业发展新格局

推动郊区服务业规模化、特色化发展，逐步提升郊区服务业总体发展水平。依托新城和若干有条件的小城镇，加快推进产城融合，建设一批各具特色的现代服务业集聚区；依托产业基地、功能性基础设施等，推动部分有条件的开发区和规划产业区块以外的现状工业用地，转型发展建设一批各具特色、以生产性服务业为主的功能区；依托现代农业园区和农场，发展农业休闲旅游、农业科技服务等农业服务业。

（1）新城。分类推进新城建设，依托先进制造业基础，在新城及周边的产业基地和开发区建设一批以现代物流、研发设计、信息服务、教育培训、科技服务等为主的生产性服务业功能区，促进产业发展与新城建设相融合。着力提高新城的综合服务功能，大力发展商贸、教育、医疗、专业服务、家庭服务、文化创意等服务业，促进人口和产业向新城集聚。支持有条件的新城依托优质资源禀赋，打造若干以休闲度假、旅游会展、商贸商务为特色的城市风貌区和服务业集聚区，培育城市个性。

专栏 11　新城建设

嘉定新城大力发展以汽车、金融为特色的总部经济，加快发展文化创意和信息服务业。松江新城依托佘山国家旅游度假区打造旅游休闲产业，加快发展教育研发、专业服务、现代物流和商贸服务业。浦东南汇新城重点培育航运贸易、文化创意、旅游会展、科研教育和医疗保健服务业。奉贤南桥新城加快发展总部经济、旅游会展、商贸服务、研发产业和文化创意。青浦新城加快发展商贸服务、旅游会展、文化创意和信息服务业。金山新城重点发展为化工产业服务的物流、商务等生产性服务业，大力发展商贸服务业，积极培育信息服务业。崇明城桥新城加快发展商贸服务业和生活性服务业，提升城市综合服务功能。

（2）小城镇。陈家镇、枫泾镇着力打造现代服务业集聚区，依托各自优势大力发展旅游会展、科研教育和商贸服务等现代服务业。浦江镇、罗店镇、安亭镇、青村镇等大力发展地区特色的现代服务业。南翔镇、江桥镇、徐泾镇、赵巷镇、九亭镇等依托虹桥商务区，大力发展商贸服务业和文化创意产业。川沙新镇、佘山镇、朱家角镇等依托旅游资源，大力发展旅游休闲业和文化创意产业。周浦镇、大场镇等提升区域综合服务功能，发挥更大集聚辐射作用。

3．建设服务业发展标志性新区域

加快各类大型功能性项目建设，提升现代服务业集聚区、文化创意产业园区和生产性服务业功能区等各类服务业集聚区能级，着力新建上海服务业发展的标志性区域，推进服务业组团式发展，使之成为集功能和形象于一体的现代服务业亮点和城市地标。

（1）虹桥商务区。依托虹桥综合交通枢纽，大力发展高端商务和国际贸易服务功能，集聚一批高端贸易机构、各类行业协会及社会组织，建设中国博览会会展综合体项目，打造基于新一代信息技术的智慧虹桥，努力建设成为"四个中心"服务的重要载体，以及服务和辐射周边地区的核心商务区，着力打造成上海西部商务和城市功能中心的标志性区域。

（2）世博园地区。以文化博览区、城市最佳实践区、国际社区、会展及其商务区、后滩拓展区及滨江生态休闲景观带为核心，围绕顶级国际交流核心功能，重点发展文化博览创意、总部商务、高端会展和旅游休闲，成为大型企业全球或地区性总部集聚地、国际文化交流中心、文化创意基地和国际性旅游会展目的地，打造富有活力的世界级新地标。

(3)上海国际旅游度假区。以上海迪士尼乐园项目为核心，依托迪士尼品牌优势和区位优势，重点培育和发展旅游娱乐、现代商贸、文化创意、会展服务、体育服务等服务业，建设具有示范意义的现代化“旅游城”和当代中国娱乐潮流体验中心，形成旅游产业发达、文化创意活跃、消费低碳环保、环境优美宜居的大都市新地标。

专栏12　现代服务业集聚区

“十二五”期间，上海将推动现代服务业集聚区打造特色、创新模式、协同发展，发挥现代服务业集聚区提升城市服务功能、聚集高端要素、辐射带动周边区域的示范引领效应。着力推进建设25个现代服务业集聚区：西藏路环人民广场现代商务区、淮海中路国际时尚商务区、南京西路专业服务商务区、虹桥涉外商务区、漕河泾高新科技产业园区、徐家汇中心现代服务业集聚区、长风生态商务区、苏河湾商业商务服务业集聚区、北外滩航运和金融服务集聚区、大连路总部研发集聚区、江湾－五角场科教商务区、陆家嘴金融贸易区、花木国际会展集聚区、张江高科技创意文化和信息服务业集聚区、宝山钢铁物流商务区、七宝生态商务区、嘉定新城上市企业总部集聚商务区、松江（欢乐谷）休闲旅游区、赵巷商业商务区、南桥中小企业总部商务区、世博园区会展商务集聚区、西虹桥商贸商务集聚区、枫泾国际商务区、松江新城国际生态商务区和陈家镇现代服务业集聚区。

四、“十二五”时期上海服务业发展的保障措施

“十二五”期间，按照“抓关键、聚政策、强主体”的总体要求，坚持以改革、开放、创新促发展，强化政府服务、完善市场环境、培育企业主体，狠抓国家政策的深化落实，狠抓政策设计的创新突破，加快政府职能转变，深化体制机制改革，着力营造有利于服务经济发展的良好环境。

（一）深化体制机制改革

1．争取服务业体制机制改革的先行先试。积极探索在扩大对外开放、降低市场准入、完善税收征管制度、加快土地转型利用、推进贸易便利化、优化行政审批、创新市场监管模式、推进行业标准化、加强知识产权保护等方面进行改革。依托“两个中心”、浦东综合配套改革等部际联席会议和部市合作机制，进一步加强与国家有关部委的沟通，积极争取相关试点能够在上海先行先试。

2．全力深化推进增值税制度改革试点。探索服务业税制改革先行先试，研究支持新兴服务业和生产性服务业发展的税收政策。按照国家的总体部署，在交通运输业和部分现代服务业积极开展营业税改征增值税试点工作，逐步拓展试点行业和企业范围，促进社会分工和二三产融合，营造服务业发展的有利环境，增强服务企业的发展能力和市场竞争力。

专栏 13　国家增值税改革试点

经国务院批准，在上海率先开展营业税改征增值税试点。试点行业包括交通运输业和部分现代服务业（研发和技术服务、信息技术服务、有形动产租赁服务、鉴证咨询服务、文化创意服务、物流辅助服务等）。2012 年 1 月 1 日开始试点。本次试点将有助于消除目前对货物和劳务分别征收增值税和营业税所产生的重复征税问题，促进社会专业化分工和产业融合发展，推动服务贸易发展，增强企业发展能力，为加快服务业发展营造良好制度环境。

3．深入推进国家各类服务业改革试点。抓住国家在上海开展服务业综合改革试点、现代服务业综合试点等各类试点的契机，在本市服务业各领域、各环节，多方位开展综合改革试点，在服务业关键领域和薄弱环节进行管理体制改革、技术进步、机制创新，初步形成有利于服务经济发展的制度环境。放大国家服务业各类改革试点示范效应，深入推进市级服务业综合改革试点，探索突破制约服务业发展体制机制瓶颈。

专栏 14　国家和本市各类服务业综合改革试点

国家服务业综合改革试点。上海市闸北区获批成为首批国家服务业综合改革试点区域。闸北区将依托重点产业园区，制定和完善服务业扶持政策，创新政府服务体系，突破体制机制瓶颈，集聚人力资源服务、金融服务、信息服务和科技服务等产业，率先实现老工业基地的转型发展，建成具有较高创新能力和核心竞争力的生产性服务业集聚发展示范区和全国服务业改革先行先试区。

国家现代服务业综合试点。国家商务部与财政部在全国开展现代服务业综合试点工作，同意上海市在浦东新区、虹桥商务区及黄浦江沿岸进行试点，首批筛选了城市共同配送、现代商贸服务功能区和国际贸易中心公共平台三大重点领域共 12 个项目开展试点，以形成一批主导产业突出、服务功能强、辐射范围广的服务业示范区域，培育具有国际竞争力的企业。

市服务业综合改革试点。为放大国家服务业综合改革试点的示范效应，市政府决定开展市级服务业综合改革试点工作。首批试点区域包括浦东新区金桥出口加工区、黄浦区、徐汇区、长宁区、普陀区长风生态商务区、虹口区北外滩航运和金融服务集聚区、杨浦区、宝山区邮轮产业发展试点区、青浦区赵巷商业商务区、奉贤区等 10 个区域。本次试点将着力突破一些制约服务业发展的体制机制瓶颈，切实推进服务业加快发展。

4．构建服务业多元化发展格局。打破行业和部门垄断，拓展社会资本服务业发展空间，激发服务业活力。建立公开透明的市场准入标准，合理设置牌照、资质、标准等准入门槛。适当放宽持股比例、投资人资格、业务范围和经营场所等方面要求，推动各类市场主体参与服务业发展。支持民间资本投向金融、医疗、教育、文化、体育和市政公用事业等领域。深化垄断行业、公用事业和社会事业改革，推动非基本公共服务市场化改革。

5．发挥各类社会组织作用。推进社会组织管理体制改革，对与服务业相关的行业协会、商会等社会组织探索开展直接登记试点，完善社会组织监管机制，推动其更好地参与服务业发展。加快部分政府职能向社会组织的转移，探索政府购买社会组织服务，发挥社会组织在行业自律、政府决策参谋、标准制订、调查研究、企业服务、宣传推介、合作交流、服务民生等方面的作用。

（二）扩大对内对外开放

1．加快推进服务贸易和服务外包发展。继续保持运输、旅游服务贸易等传统服务贸易规模，进一步加快计算机和信息服务、金融、专有权使用费、文化、教育、体育、医疗保健、专业服务等新兴服务贸易发展。积极承接高附加值、低资源消耗的离岸服务外包业务，打造接包、发包、分包和转包业务集聚的服务外包中心城市。推动国际高新产业技术交易进口与出口相结合，办好国际技术进出口交易会，打造我国高新技术和产业技术进口及成熟工业化技术出口的平台。

专栏15 服务贸易

服务贸易是跨境进行服务交易的商业活动，服务外包是服务贸易的重要形式，包括信息技术外包、业务流程外包和知识流程外包。上海作为国家首批服务外包示范城市之一，将大力发展信息技术外包中的软件和信息技术服务外包，业务流程外包中的金融服务外包、供应链管理服务外包、人力资源服务外包，知识流程外包中的医药研发服务外包和创意设计服务外包，提高业务流程外包和知识流程外包在服务外包中的比重。

2．吸引国内外知名企业和机构。鼓励国内外地区总部、研发中心、运营中心、采购中心等企业总部和知名服务业企业落户上海，以上海为节点进行全国和全球资源配置。稳步扩大金融、航运、物流、商务服务等服务业开放，稳妥引导外商投资教育、文化、医疗、体育、家政服务等服务业领域，更加注重引进先进技术、优秀人才、先进服务理念和管理经验、新型业态和服务模式。集聚国际性行业协会和国际性组织等各类功能性机构，积极开展服务业国际交流与合作，不断提升本市服务业在全球市场的参与度和影响力。

3．深化与港澳台服务业合作。落实内地与香港、澳门特别行政区更紧密经贸关系安排（CEPA），主动加强同香港支柱产业和优势产业合作，在金融、海港空港、旅游会展等领域合作的基础上，进一步加强在教育、医疗、检测认证、创新科技和文化创意等领域的投资合作。落实《海峡两岸经济合作框架协议（ECFA）》，推进服务业领域合作，支持台资服务业企业在沪发展和提升能级。

4．促进企业积极开拓国际市场。支持企业进行境外战略性投资，开展海外并购和重组，设立海外研发中心，建立完善国际市场营销网络。积极探索人民币对外直接投资。鼓励企业参与国际知名的服务联盟，主动发起设立跨国企业联盟，参加大型国际专业会展。推动金融机构为企业"走出去"提供各种形式的金融服务，鼓励中介机构为本土企业境外投资提供战略、管理、法律、风险评估和信息等咨询。推动上海成为全国境外投资服务平台。

专栏 16 总部经济

总部经济在产业带动、技术创新和人才集聚等方面发挥重要作用。《上海市鼓励跨国公司设立地区总部的规定》明确提出，鼓励跨国公司在上海设立地区总部，鼓励在沪跨国公司地区总部进一步集聚实体业务、拓展功能、提升能级，促进经济转型发展。"十二五"期间，上海将营造更加开放和国际化的营商环境，打造上海总部经济的品牌，集聚国内外各类企业总部，确保上海在发展总部经济方面始终保持全国领先的地位，将上海建设成为全国乃至亚太地区公共服务一流、综合配套完善的最有吸引力的总部经济集聚地区。

5．支持企业加快拓展国内市场。加强企业对外投资服务，支持"两头在沪"生产在内地的生产性服务业企业发展，鼓励龙头企业在外省市设立分支机构，通过品牌输出、连锁经营、特许经营、知识产权投资等方式，开展跨区域经营。鼓励服务业龙头企业，组建跨区域的产业或技术联盟，开拓国内市场。支持各类中小服务业企业，通过组建企业联盟等方式，承接大额业务或重大项目。

6．营造符合国际惯例的投资贸易环境。积极承接国际服务业转移，争取率先试点开放更多服务业领域。发展跨境贸易人民币结算业务，深化国际贸易结算中心外汇管理试点，争取开展离境退税政策试点。参照国际惯例，对境内企业海外投资和外资企业来沪发展给予项目审批、外汇管理、出入境等方面的政策便利。

（三）推动技术制度创新

1．加大技术创新力度。积极支持各类服务业创新创业孵化器发展，加快各类服务业技术公共服务平台建设，推动服务业共性技术研发、系统集成和推广应用。加大研发投入力度，深化产学研合作，以满足市场需求和加快服务集成为重点进行各类技术创新，努力掌握核心技术和自主知识产权。对符合条件的服务业企业技术创新，给予奖励或税收减免等政策支持。

2．积极创新服务模式。广泛应用自动识别、智能传感、空间信息等新技术，通过知识、管理和流程创新，发展各种新兴服务和新型业态，努力满足市场需求，提供高质量、差异化的专业服务。对服务业企业的模式创新，给予工商登记、市场准入、项目审批和专项资金的支持。

专栏17　国家现代服务业创新发展示范城市试点

上海作为首批7个国家现代服务业创新发展示范城市之一，将在生产性服务业、新兴服务业和科技服务业等重点领域，通过不断提高服务科技应用创新能力，推动服务集群，加强技术集成创新和商业模式创新，催生服务新业态，形成现代服务业科技创新体系和产业发展体系，构建5个具有特色行业服务的服务创新联盟，建设10个现代服务业创新发展示范园区。

3．创新金融支持方式。加快支持服务业发展的金融产品创新，支持金融机构提供针对服务业企业的企业债、并购贷款、小额贷款、股权质押、服务贸易出口信贷等产品，鼓励金融机构发展消费贷款业务，拓宽服务业企业融资渠道。在放大政府资金引导作用的同时，推动股权投资和创业投资基金加大对服务业的投资力度。

4．创新政府财政扶持方式。完善服务业发展引导资金，加大市、区县两级财政投入力度，探索建立服务业发展引导基金，综合运用资本金注入、融资担保、无偿资助、贷款贴息和奖励等多种方式，增加对人才培养、研发设计、技术引进、国际市场开拓、新兴服务业孵化器等方面的“软投入”。在本市战略性新兴产业发展专项资金中安排资金，实施高技术服务业专项工程。加大政府购买服务力度，将信息管理、研究咨询、业务培训、会议服务、投资促进、检验检测等各类服务纳入政府采购范围。

5．创新人才培养模式。鼓励各类院校和社会培训机构，完善学科专业建设，与服务业企业联合建立实训基地，积极培育各类服务业紧缺专业人才。引入国际知名的职业资格证书培训项目，组织实施服务人才能力培训工程，加强服务业专业人才的再培训和再教育。营造良好的人才发展环境，培育、引进各类服务业创新创业领军人才和创新创业团队。探索适合新兴服务业各类人才发展的激励机制。

6．创新规划土地管理政策。优化用地结构，提高服务业用地比例，对鼓励发展的服务业在供地安排上给予优先支持。对重点支持的服务业项目用地，在周边条件允许的情况下，适当提高开发建设强度。支持以划拨方式取得土地的单位利用工业厂房、仓储用房等存量房产和土地资源，兴办信息服务、文化创意、科技服务等现代服务业，土地用途和使用权可暂不变更。

专栏18　智慧城市

深入实施信息化领先发展和带动战略，积极创建数字化、网络化、智能化为主要特征的面向未来的智慧城市，着力构建国际水平的“宽带、泛在、融合、安全”的信息基础设施体系、便捷高效的信息感知和智能应用体系、创新活跃的新一代信息技术产业体系、可信可靠的区域信息安全保障体系，努力把上海打造成为国内通信质量、网络带宽、综合服务最具竞争力的城市，促进信息技术在服务业各领域的广泛渗透和应用，为上海服务经济发展提供重要基础支撑。

（四）激发企业发展活力

1．支持企业做强做专。鼓励金融、商贸、航运等重点领域大型企业通过融资、兼并、重组等方式，做大市场规模，拓展服务半径。支持科技服务、专业服务、教育培训等新兴领域企业通过增强技术能力、提高专业水平和优化服务方式，成为本领域最专业、最具特色的领军企业。

2．推动国资国企提升能级。推动大型国有服务业企业突出主业，发挥行业引领作用，培育核心竞争力。鼓励大型制造业企业加快主辅分离、服务业务外包，创造有效市场需求。支持社会资本参与国有服务业企业重组。逐步完善对服务业国有资本的考核激励机制，推动企业创新服务模式，提升服务能级。

3．积极扶持服务业中小企业。推进中小企业公共服务平台网络建设，为服务业中小企业提供完善的服务体系。推进"专精特新"中小企业培育工程，推动服务业新兴业态发展。建设深化融资服务网络，加强对服务业中小企业的融资服务。加强本市服务业中小企业的上市培育，推动服务业中小企业实施股份制改造。

4．鼓励企业实施品牌战略。支持企业参与国内外各类质量和服务管理认证，挖掘产品和服务的文化内涵，完善质量服务体系，着力塑造服务业自主品牌。加强品牌管理输出，提升企业竞争力，占据价值链高端环节，着力培育一批具有自主知识产权和国际影响力的知名服务品牌。

（五）构建公平市场环境

1．加快清理本市服务业现行规章、政策和标准规范。针对航运、会展、专业服务和电子商务等服务业重点及新兴领域，按法定程序研究制定地方性法规、规章、规范性文件及服务类地方标准，规范市场秩序。

2．深入推进服务业标准化建设。推进服务业重点领域采用或参照国际标准，参与或主导研制服务业重点领域国家标准、行业标准，推动服务业地方标准研制与实施。争取承担国际、国家服务业领域标准化技术委员会秘书处工作。深入推进区域服务标准化试点，引导企业开展服务标准化示范试点建设、规范服务流程和服务内容。

3．完善社会诚信体系建设。以守信受益、失信惩戒制度为核心，建立涵盖行政、市场、社会奖惩在内的联合奖惩机制，完善覆盖企业及从业人员日常行为诚信记录的联合征信体系，强化诚信记录查询和信用服务应用，推动服务业企业实施诚信品牌战略，加强信用风险控制管理。

4．加大知识产权保护力度。引导企业增强知识产权保护意识，鼓励企业加大知识产权保护投入力度，支持中介机构拓展知识产权服务。健全知识产权评估制度和知识产权维权援助机制，严密防范、严厉打击各种侵权、假冒等违法犯罪行为。

5．积极举办重大赛事、节庆活动。办好F1中国大奖赛、网球大师赛、国际田联钻石联赛、国际马拉松赛、世界高尔夫球锦标赛、斯诺克上海大师赛、国际艺术节、国际电影节、上海电视节、国际音乐节、上海旅游节、国际服装文化节、上海艺术博览会、国际工业博览会等一系列与城市功能密切相关的重要赛事节庆活动。

（六）完善政府管理服务

1．建立健全服务业工作协调机制。发挥市服务业发展改革工作领导小组作用，统筹协调全市服务业发展中的跨区域、跨领域和跨部门重大问题。健全促进本市服务业各领域发展的领导小组、协调推进小组或联席会议制度，协调解决服务业相关领域发展中的主要问题。各行业主管部门负责制定各领域发展规划和年度工作计划，研究制定相关行业政策。各区县成立相应协调推进机构，落实配套政策，推进各类服务业集聚区和重大项目建设。

2．转变政府管理服务方式。转变政府职能，强化社会管理和公共服务职能。深化行政审批制度改革，完善全市统一的网上行政审批管理和服务平台，推行告知承诺和并联审批制度，减少事前审批，加强事后监管。加大政务信息公开力度，推动政务信息交换共享、业务协同办理。建立与国际惯例接轨的企业登记管理制度。

3．完善统计测评指标体系。加强服务业各行业的部门统计工作，建立与国际惯例相适应、符合产业发展新趋势的服务业统计指标体系，加强对设计产业、科技创新服务、电子商务、专业服务和节能环保等新兴领域的统计指标研究及相关统计工作，完善生产性服务业统计。在金融、物流、商贸、旅游、医疗卫生、社区服务等重点领域，建立服务质量测评体系，推进服务业满意度评价试点。

4．加强规划实施和管理。分解本规划确定的发展目标和主要任务，明确牵头单位和工作责任，推进规划的落实。加强对本规划实施的跟踪分析，开展评估，并探索建立考核评价制度。加强宣传，提高社会各界对本市服务业发展的关注度和参与度。

战略性新兴产业发展“十二五”规划

上海市战略性新兴产业发展“十二五”规划
沪府发[2012] 1号

战略性新兴产业是以重大技术突破和重大发展需求为基础，对经济社会全局和长远发展具有重大引领带动作用，知识技术密集、物质资源消耗少、成长潜力大、综合效益好的产业。根据国务院《关于加快培育和发展战略性新兴产业的决定》和《上海市国民经济和社会发展第十二个五年规划纲要》，制定本规划。

一、现状与面临的形势

（一）现有发展基础与良好条件

“十一五”期间，上海加快建设创新型城市，大力推进高新技术产业化，着力培育新兴产业，为“十二五”战略性新兴产业发展打下了良好基础。

产业发展形成一定基础。上海是我国“综合性国家高技术产业基地”和国家微电子产业、软件产业（出口）、生物产业和民用航天产业基地，也是高端装备、民用航空等领域的国家级新型工业化示范基地。高技术产业自主知识产权拥有率近30%， 2010年完成总产值6958亿元，12年来年均增长率超过22%，约占全市规模以上工业总产值的1/4。

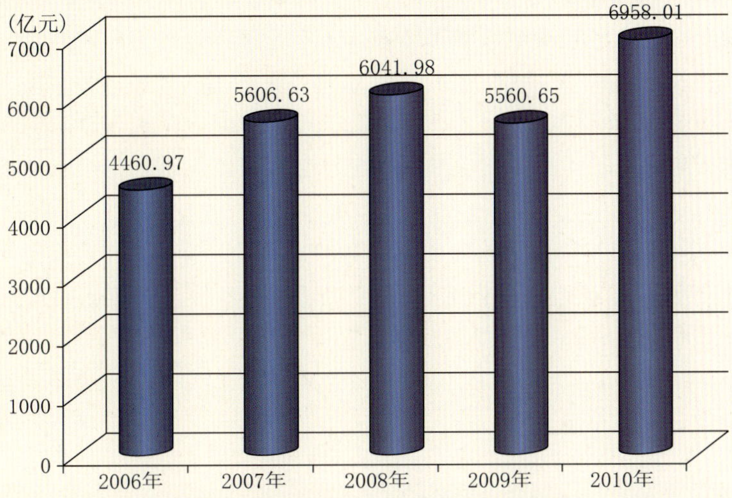

图1 上海2006—2010年高技术产业产值

自主创新能力不断提升。涌现出高端硅基SOI材料、手机基带芯片、高温超导材料、7500吨全回转浮吊、超超临界燃煤发电技术等一批自主创新成果。离子刻蚀机、先进封装光刻机等高端装备实现销售，半导体清洗设备、地铁盾构等先进装备走向国际市场。上海光源、蛋白质设施等一批国家重大科学设施落户上海。

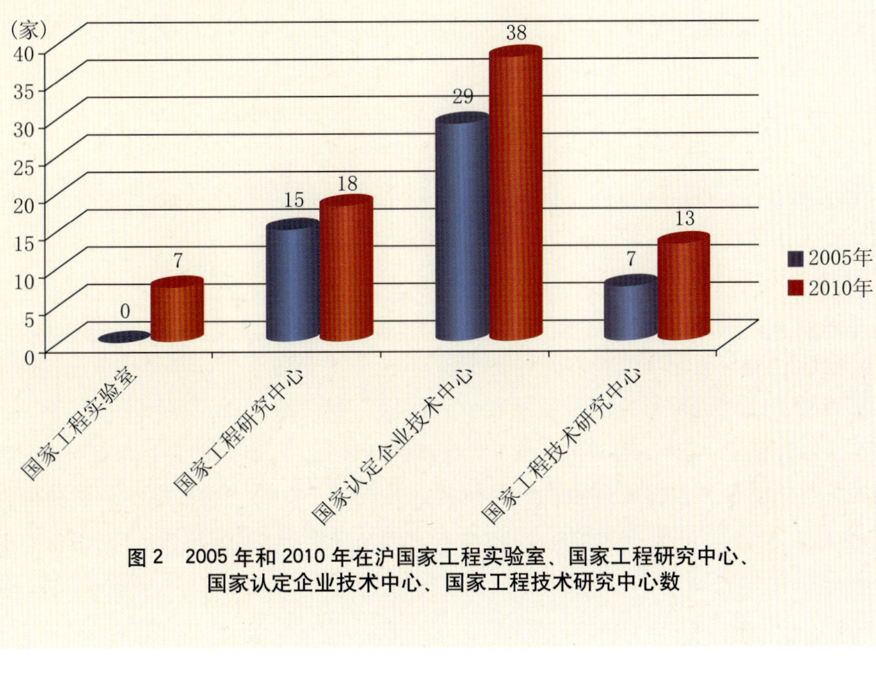

图2 2005年和2010年在沪国家工程实验室、国家工程研究中心、国家认定企业技术中心、国家工程技术研究中心数

到2010年底，在战略性新兴产业领域，获批国家工程实验室7家，国家工程研究中心18家，国家工程技术研究中心13家，国家认定企业技术中心38家。

高新技术产业化加快推进。市委、市政府出台了《关于进一步推进科技创新加快高新技术产业化的若干意见》，设立了自主创新和高新技术产业发展重大项目专项资金，颁布了新能源、生物医药、新能源汽车产业政策，优化了战略性新兴产业发展的政策环境。

国际化水平显著提高。到2010年底，上海累计吸引跨国公司地区总部305家、投资性公司213家、外资研发机构319家。上海高技术产业出口交货值年均增长30%，高技术企业走出去的步伐也在不断加快。

金融市场体系和金融机构体系日趋完备。上海加快建设国际金融中心，已形成货币、证券、期货、黄金以及股权转让等在内的国内最齐备的金融市场体系，以及涵盖银行、证券、保险、风险投资、股权投资等机构在内较完备的金融机构体系。目前，注册在沪的证券公司14家，占全国13%；基金管理公司30家，占全国50%；创业投资机构238家，管理总资本占全国38%。上海还设立了创业投资引导基金。

（二）存在不足

企业主体的技术创新能力不强。国有企业创新动力不足，民营企业实力亟须增强；外资研发中心与自主创新体系的关联度不高；特别是缺少具有创新活力、行业领先的龙头企业。

科技成果本地转化率不高。产学研结合成效不显著，科研优势未能充分转化为产业优势；技术成果的发现、评估、筛选、转移机制尚待完善；技术交易、科技信息服务等科技中介服务体系发展较慢，市场化的创新成果产业化中介机构缺失。

人才激励机制亟须完善。上海科研人员超过一半集中在高校、科研院所，由于职业自由度、社会尊重度等问题，不愿向企业流动；国有企业科技人员的科技成果，未能更多地参与产业化收益的分配；战略性新兴产业高端人才引进和培育的力度需进一步加大。

金融服务体系尚未形成有力支撑。上海投资初创期的天使基金缺乏，知识产权质押、科技担保等发展较慢，金融优势对于创新创业发展的支撑作用尚待加强。

部分领域管理体制改革滞后。行政审批、资质管理、价格管理等还不能满足战略性新兴产业发展的需要，有利于新技术新产品进入市场的政策规定不健全。

（三）形势展望

从国际来看，加快培育和发展战略性新兴产业是上海提高国际竞争力、掌握发展主动权的迫切需要。当前，全球经济与竞争格局正在发生深刻变革，科技发展正孕育着新的革命性突破。世界各主要发达国家和经济体均选择了生物、新能源、新材料、物联网、云计算等不同的新兴产业作为突破口，提出以复兴制造业为核心的“再工业化”的战略思路。这既增加了上海发展战略性新兴产业的竞争压力，也有利于推动上海发挥较强的科技和人才优势，在新一轮全球产业变革中赢得先机。

从国内来看，加快培育和发展战略性新兴产业是上海服务国家战略、率先构建新兴产业体系的重大举措。党中央、国务院作出了加快培育和发展战略性新兴产业的重大决策。按照国家总体部署，上海必须着力提高自主创新能力，率先构建新兴产业体系，把加快培育和发展战略性新兴产业放在推进产业结构升级和经济发展方式转变的突出位置，推动节能环保、新一代信息技术、生物、高端装备制造、新能源、新材料、新能源汽车等战略性新兴产业跨越发展，为我国战略性新兴产业在若干领域跻身世界前列做出积极贡献。

从上海自身来看，加快培育和发展战略性新兴产业是上海转变发展方式、调整产业结构的必然选择。上海是我国重要的国际港口城市和经济中心城市，肩负着建设“四个中心”、推进“四个率先”的历史使命。但资源环境的约束日益凸显，可用建设用地十分有限；水环境和大气容量也十分有限，资源环境的约束对产业结构调整、转变发展方式提出了更为迫切的需求。上海必须加快培育和发展知识密集度高、资源耗费量少、环境友好、综合效益明显、且具有较强成长潜力的战略性新兴产业，形成新的经济增长点，提高人民生活质量和水平，促进资源节约型和环境友好型社会建设。

二、指导思想、发展原则和发展目标

“十二五”期间，围绕“高端化、集约化、服务化，推动三二一产业融合发展，加快形成服务经济为主产业结构”的产业发展方针，上海要将战略性新兴产业放在更突出的位置，实现更快速的发展，加快构建以现代服务业为主、战略性新兴产业引领、先进制造业支撑的新型产业体系，不断提高产业核心竞争力。

（一）指导思想

深入贯彻落实科学发展观，准确把握国际新科技革命和产业革命的历史机遇，主动对接国家战略，紧密围绕上海加快建设“四个中心”、实现“四个率先”的发展目标，积极放大世博会对新科技成果应用的带动效应。以增强自主发展能力为主线，以重大发展需求和技术突破为动力，以制度创新和政策环境优化为保障，以培育企业主体和实施专项工程为抓手，对接国家战略，聚焦重点领域，努力打造我国战略性新兴产业的技术创新引擎，大力推动战略性新兴产业创新、集聚、跨越发展，更好地服务上海经济发展，为我国战略性新兴产业在若干领域跻身世界前列做出贡献。

（二）发展原则

——市场主导。把充分发挥市场配置资源的基础性作用与政府的引导推动作用结合起来。市场需求是拉动战略性新兴产业发展的根本力量，要面对国内外巨大市场需求，充分发挥产、学、研、用等各类主体的积极性。综合运用规划引导、财政补贴、价格调控、产业政策等手段，发挥政府的引导推动作用。

——企业主体。把激发企业创新活力与创造公平竞争环境结合起来。企业是发展战略性新兴产业的主体力量，要加快推动各类产业科技创新资源向企业集聚，使企业成为战略性新兴产业的投资主体、研发主体和成果应用主体。努力创造公平竞争环境，注重发挥中小企业的独特作用，形成龙头企业、骨干企业和一大批中小企业融合发展的战略性新兴企业生态链。

——创新驱动。把提升自主发展能力与参与国际分工合作结合起来。大力推进原始创新，加强集成创新和引进消化吸收再创新，掌握一批核心关键技术及相关知识产权，推动产业组织方式创新，不断改革完善适应战略性新兴产业发展的体制机制。加强国际合作，充分利用全球创新资源，走国际化发展道路，积极引导外资投向产业链、价值链高端的薄弱环节。

——重点突破。把整体推进与实现重点方向的跨越发展结合起来。重点发展新一代信息技术、高端装备制造、生物、新能源、新材料五大主导产业，积极培育节能环保、新能源汽车两大先导产业，聚焦发展极大规模集成电路、民用航空、云计算、物联网、下一代网络（互联网、通信网、广电网）、新型显示、智能电网、新能源高端装备、智能制造、新能源汽车与汽车电子、卫星导航、生物医药与医疗器械、电子商务与新型贸易现代化、新兴产业技术创新、高技术服务业等重点领域。

——引领发展。把促进可持续发展与支撑当前发展结合起来。要把握科技和产业发展新方向，着眼长远，对重大前沿性领域及早部署，增强持续发展能力。同时，立足当前，推进利用信息、生物、新能源、新材料等技术和产品解决资源、环境、民生等瓶颈问题，带动传统产业转型升级。

（三）发展目标

到2015年，上海要成为我国综合实力领先、在若干领域跻身世界前列的战略性新兴产业集聚区，战略性新兴产业成为上海国民经济和社会发展的重要推动力量，引领产业结构优化升级；打造全方位、多层次、高效能的政府服务体系，形成支撑战略性新兴产业发展的优良服务环境；初步形成创新要素活跃、创新能力突出、成果转化迅速、产业特色鲜明的良好格局。

1. 总量规模。“十二五”期间，战略性新兴产业增加值实现翻一番，在国民经济中的比重明显提高。到2015年，上海战略性新兴产业实现增加值占全市生产总值比重达到15%左右。

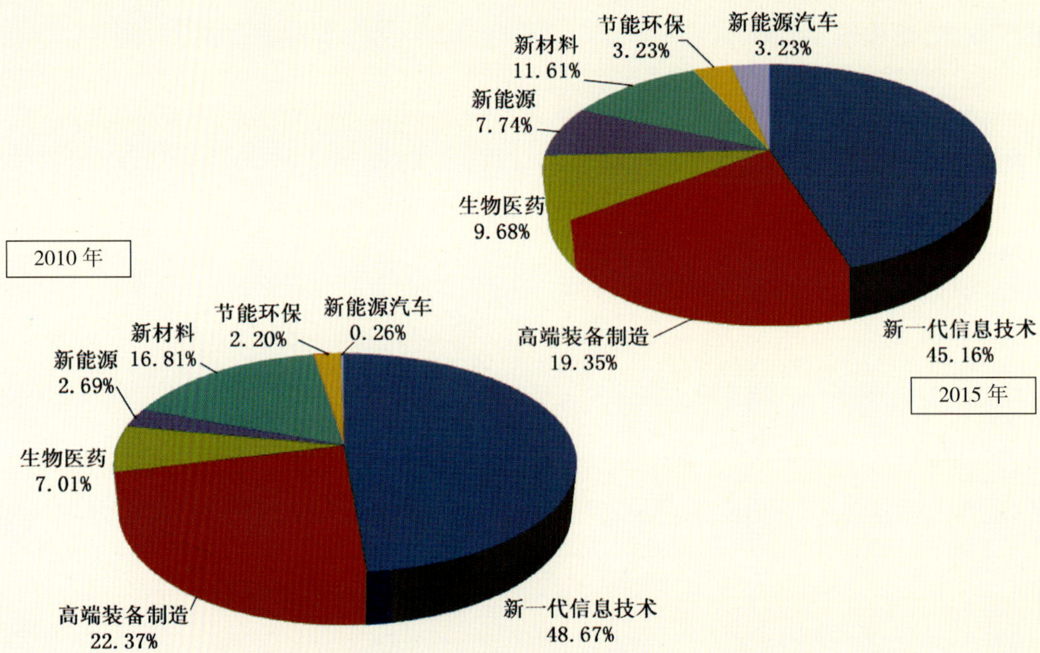

图3 上海2010年和2015年预计的战略性新兴产业构成（按产值）

2．结构水平。到 2015 年，战略性新兴产业中制造业产值占工业总产值比重达到 30% 左右。进一步优化要素投入结构，到 2015 年，战略性新兴产业投资占工业固定资产投资比重达到 50% 左右。

3．创新能力。战略性新兴产业研发投入进一步提高，到 2015 年，战略性新兴产业企业研发经费支出占主营业务收入比重达到 2% 以上。争取新建 3 个国家重大科技基础设施、新建 10 个国家工程研究中心（工程实验室）、新建 10 个国家工程技术研究中心和国家重点实验室、新建 20 个国家认定企业技术中心，构建 100 个产业技术创新战略联盟，力争构建 10 个重点产业技术标准创新联盟。节能环保、高端装备制造、新材料、新能源汽车领域的技术创新能力保持国内领先，新一代信息技术、生物、新能源领域的技术创新能力接近国际先进水平，获取核心知识产权的能力进一步增强。

4．企业主体。到 2015 年，培育 10 家产值超 100 亿元、具有国际影响力的战略性新兴产业领域龙头企业，50 家上市企业，1000 家产值超 1 亿元、具有创新活力和自主知识产权的战略性新兴产业领域骨干企业。战略性新兴产业领域机制灵活、技术领先、模式创新的中小企业得到蓬勃发展。

5．空间布局。初步形成上海战略性新兴产业 H（High-Technology）型走廊，主要包括嘉定、松江、奉贤、金山等沿边产业带，宝山、长兴岛、金桥、张江（核心园）、临港等沿海产业带，及闵行、漕河泾等中部产业轴；努力构筑上海高技术服务业"中环"产业带，主要包括张江（核心园）、金桥、五角场、大柏树、市北工业区、天地软件园、虹桥、漕河泾、徐汇滨江、漕河泾浦江园等，形成一批特色鲜明、创新能力强、集聚发展的战略性新兴产业示范基地。

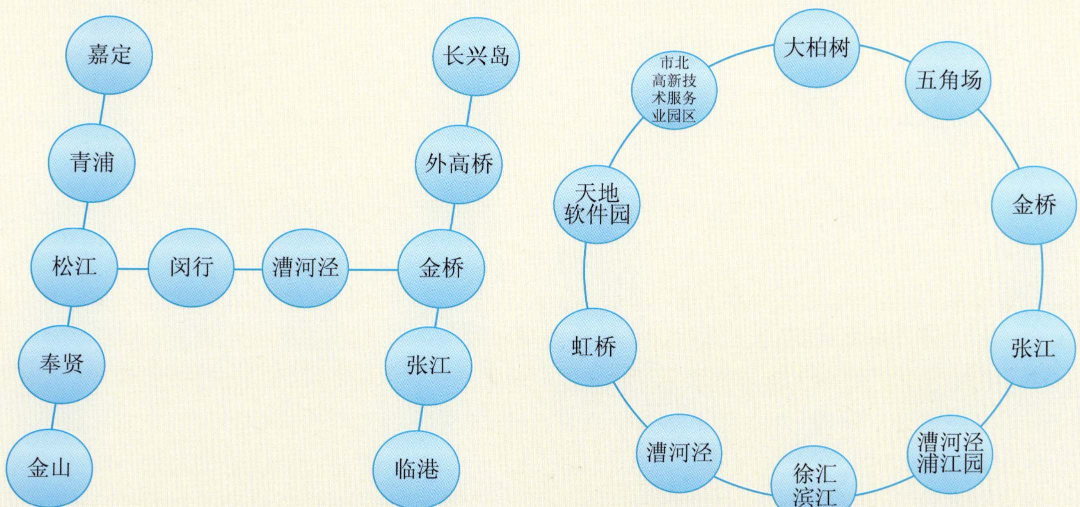

图 4 上海战略性新兴产业 H 型走廊和高技术服务业"中环"产业带

6．辐射能力。加强与国内外的密切合作，吸引各方力量和智慧发展战略性新兴产业，初步成为国内战略性新兴产业的技术创新中心和人才高地。战略性新兴产业创新成果向长三角乃至全国的转移、扩散和产业化更加活跃，实现与周边区域的产业链互动和集群发展，发挥龙头带动和辐射示范作用。

表1 “十二五”时期战略性新兴产业发展的主要指标

类别	序号	指标名称	2015年
总量规模	1	战略性新兴产业增加值	比2010年翻一番
	2	战略性新兴产业增加值占全市生产总值比重	15%左右
结构水平	3	战略性新兴产业中制造业产值占工业总产值比重	30%左右
	4	战略性新兴产业投资占工业固定资产投资比重	50%左右
创新能力	5	战略性新兴产业企业研发经费支出占主营业务收入比重	2%以上
	6	新建国家重大科技基础设施	3个
	7	新建国家工程研究中心（工程实验室）	10个
	8	新建国家工程技术研究中心	10个
	9	新建国家认定企业技术中心	20个
	10	构建产业技术创新战略联盟	100个
企业主体	11	培育产值超100亿元的龙头企业	10家
	12	培育上市企业	50家
	13	培育产值超亿元的骨干企业	1000家

三、产业发展重点

（一）重点发展五大主导产业

1．新一代信息技术产业

继续坚持信息产业优先发展战略，建设宽带、泛在、融合、安全的信息网络设施，加快推进信息化和工业化融合发展，以提高信息产业自主发展能力为主线，大力发展新一代信息技术产业，努力推进电子信息产业转型发展。一是重点发展集成电路、通信和网络、新型显示、汽车电子、软件和信息服务业，争取形成较为完整的产业链，不断提升产业规模和能级。二是依托国家重大科技专项，突破核心电子器件、高端芯片、基础软件、装备、工艺、材料等制约瓶颈，努力提高产业技术创新能力。三是聚焦物联网、云计算、半导体照明等新一代信息技术，通过示范应用牵引，推进商业模式创新。四是加快实施12英寸芯片生产线、新型显示生产线等重大项目，推动电子信息产业企业整合重组，培育一批龙头骨干企业。

<table>
<tr><th colspan="2">专栏 1　软件和信息服务业发展路线图</th></tr>
<tr><td>发展目标</td><td>到 2015 年，上海软件和信息服务业经营收入力争达到 6000 亿元，成为国内软件和信息服务业的产业高地。</td></tr>
<tr><td rowspan="2">重点领域</td><td>1. 软件产业
（1）基础软件：操作系统、数据库、中间件、办公套件、语言处理软件、虚拟化技术、海量数据存储和挖掘、编程软件和开发工具等
（2）行业应用软件：面向工业、智能城管、科教、金融等的专业软件
（3）嵌入式软件：嵌入式操作系统和中文环境、嵌入式数据库、标准应用接口及软件、面向各种电子设备和终端产品的嵌入式软件等
（4）管理软件：政务、财务、统计、企业管理和个人信息管理软件等
（5）工具软件：媒体制作软件、辅助类软件、协同设计与仿真软件、文件处理软件等
（6）互联网软件：新一代搜索引擎和浏览器、网络平台软件、定位和地图软件、在线支付和信用认证软件、网络通讯软件等
（7）信息安全与测评软件：安全协议、安全标准、安全认证、加密解密、病毒预防和查杀软件等</td></tr>
<tr><td>2. 信息服务业
（1）信息技术服务
（2）信息外包服务
（3）信息安全服务
（4）电子商务
（5）金融信息服务
（6）数字内容服务
（7）新一代互联网服务
（8）电信增值服务
（9）云计算、物联网、移动互联应用服务</td></tr>
<tr><td>重大平台建设</td><td>重点推进软件测试平台、网络安全测试与认证平台、云计算联合实验室、电子政务与公共服务云平台等的建设。</td></tr>
<tr><td>空间布局</td><td>重点依托浦东、长宁、徐汇、普陀、杨浦、嘉定、闵行、闸北、宝山、虹口等软件和信息服务业较发达的地区，推动产业做大做强。同时，积极培育有潜力的区域成为新的增长点。</td></tr>
</table>

专栏 2　新一代信息技术制造产业发展路线图	
发展目标	到 2015 年，上海要保持我国新一代信息技术的重要研发和制造基地地位，在技术和产业布局方面继续发挥引领作用，新一代信息技术制造产值争取达到 3000 亿元。
重点领域	1. 集成电路 （1）芯片设计：重点研制系统级芯片（SoC），在移动通信、汽车电子、数字音视频、电源管理、新型显示、信息安全、航空航天、绿色能源等应用领域形成一批具有自主知识产权的重点产品并实现产业化。 （2）芯片制造：建成 90~65~45~32 纳米能级的集成电路生产线，开发出适合各种集成电路产品加工的成套特色工艺模块并实现产业化，基本跟上国际主流工艺水平。 （3）t 设备材料：加快光刻机、介质刻蚀机、膜厚测量设备、清洗设备、封装设备、抛光设备、硅基材料、超纯试剂等产品的研制和产业化；积极引进国内外领军团队，拓展本市在设备材料领域的布局。 （4）封装测试：大力发展圆片级封装、系统级封装、三维封装等先进封装技术及测试技术，特殊 IGBT 封装技术，并形成规模封装测试能力。
	2. 新型显示 （1）平板显示：重点研制中小尺寸液晶面板等产品并实现产业化，大力发展 TFT、OLED、OTFT、LCOS 等领域关键技术、工艺和材料，支持新型触控面板、激光显示、三维显示等应用技术开发及产业化，促进 LCOS 芯片、模组产业化进程。 （2）半导体照明：重点研制 100lm/W 以上功率型、高性能 LED 外延、芯片、器件，高效能 LED 背光源及照明系统等产品并实现产业化；大力支持 MOCVD 等关键设备研发及产业化。
	3. 通信和网络 （1）新一代移动通信：重点发展 TD-SCDMA 和 TD-LTE 技术，加快系统设备、终端关键芯片、多模融合终端、综合测试仪表研发和产业化。 （2）下一代基础网络：重点推动支持 IPv6 规范的光线路终端、光网络单元、高端路由器、电信级以太网、互联网关、多媒体子系统设备等产品的研制和产业化。建设 3Tnet 示范网并推进 T 比特光传输、光交换、路由及机顶盒等关键设备产业化。 （3）智能信息终端：重点支持增强型第三代及以上移动通信终端设备、非接触式核心芯片、手机等产品的研制及产业化。
	4. 物联网 （1）先进传感器：重点支持各类物理、化学、生物信息传感器的设计、制造和封装并实现产业化。 （2）核心控制芯片：重点支持 MCU、协议芯片、微电源管理芯片、DSP、ADC、接口控制芯片和一体化芯片等研制及产业化。 （3）短距离无线通信技术：重点支持 WLAN、UWB、Zigbee、NFC、高频 RFID 等核心技术，研制相关接口、接入网关设备，着力形成短距离无线通信模块化产品并产业化，并推动接口和设计的标准化工作。

重点领域	（4）组网和协同处理：重点研究网络架构、网络与信息安全、节点间通信与组网、协同检测与数据处理等技术，研究物联网地址编码技术，推动相关协议、技术标准的建立，并形成我国自主专利。 （5）系统集成和开放性平台：重点研究网络集成、多功能集成、软硬件操作界面基础、系统软件、中间件软件等技术，并形成若干自主产品。 （6）海量数据管理和挖掘：重点研究海量数据存储、云计算、模糊识别等智能技术，并形成若干自主产品。
	5. 汽车电子 重点支持柴油发动机控制系统等动力总成电子系统、自动变速电子控制模块及系统（AMT/DCT）、电动助力转向系统、车辆电子稳定控制系统等底盘电子模块及系统、基于总线技术的车载多媒体电子终端装置及系统、车身控制系统、智能灯光控制系统、数字式仪表等车身电子模块及系统、汽车电子关键芯片及传感器等产品的研制及产业化。
重大平台建设	重点支持国家级集成电路研发中心与制造企业、设计企业、设备材料企业等的合作，与中科院合作建设上海物联网中心，与工信部合作建设 3G 移动通信终端研发检测公共服务平台，推进光源工程、超级计算中心、TFT-LCD 国家工程实验室等建设。
空间布局	聚焦发展以“一带二区（浦东微电子产业带、徐汇漕河泾和松江微电子产业集聚区）”为重点的国家微电子产业基地，以浦东金桥、张江和徐汇漕河泾等为重点的通信制造业集聚区，以及以浦东张江、闵行、松江等为重点的新型显示产业基地。

2．高端装备制造产业

着力提升先进重大装备自主设计、制造、总包能力，积极发展以数字化、柔性化及系统集成技术为核心的智能制造装备，加快发展清洁高效煤电装备、燃气轮机、轨道交通装备、关键基础件、检测设备等装备。面向海洋资源开发，大力发展海洋工程装备。依托国家大型客机重大专项，重点发展干支线飞机及发动机、航空电子等装备，促进卫星及应用产业发展。

专栏 3　高端装备制造产业发展路线图	
发展目标	到 2015 年，上海要成为我国综合实力领先的高端装备研发和制造基地，产值争取达到 3000 亿元。
重点领域	1. 民用航空 （1）飞机总体设计与制造 （2）动力系统研发与产业化 （3）航电系统研发与产业化 （4）飞控、环控、照明等其他机载系统研发与产业化 （5）机体部件研发与产业化 （6）航空装配设备研发与产业化 （7）航空试验验证、航空租赁、维修改装等航空服务业

<table>
<tr><td rowspan="4">重点
领域</td><td>2. 卫星及应用
（1）卫星及运载火箭设计及制造
（2）卫星导航设备研发与产业化
（3）卫星通信设备研发与产业化
（4）卫星遥感设备设计与制造</td></tr>
<tr><td>3. 轨道交通
（1）智能列车技术研发及产业化
（2）城市轨道交通关键设备及零部件研发与产业化
（3）磁悬浮列车研发
（4）城市轨道交通试验检测服务
（5）轨道交通维修服务</td></tr>
<tr><td>4. 海洋工程装备
（1）海洋油气勘探开发装备研发及产业化
（2）高端船舶研发及产业化
（3）特种工程船舶研发及产业化
（4）关键系统和配套设备研发及产业化
（5）海水淡化设备研发及产业化</td></tr>
<tr><td>5. 智能装备
（1）大型火电机组及关键配套设备、输配电设备研发与产业化
（2）智能化仪表及自动化控制系统研发与产业化
（3）高档数控机床及功能部件研发与产业化
（4）工业机器人、光电超精密加工等智能专用装备研发与产业化
（5）高端工程机械及施工设备、自动化港口机械、大型冶金成套装备等研发与产业化</td></tr>
<tr><td>重大平
台建设</td><td>推进建设国家海底长期科学观测系统、民航上海航空器适航审定中心、国家民用航空器整机和发动机检测技术基础平台、海洋科技研究中心。</td></tr>
<tr><td>空间
布局</td><td>重点发展临港、闵行两大装备制造业基地，促进宝山、松江、奉贤、青浦、金山等高端装备的特色化发展；努力建设长兴岛、外高桥、临港、崇明为主的海洋工程装备及配套产业基地；加快形成以张江民机研发中心、闵行商用航空发动机和航空电子系统研发基地、浦东机场南端总装制造中心、临港民用航空产业配套基地的上海民用航空制造业空间布局。</td></tr>
</table>

3．生物产业

面向国民健康生活重大需求，紧跟国际生命科学发展前沿，围绕关键技术创新和产业化，重点聚焦生物医药和医疗器械领域，实现跨越发展，加快扶持一批有潜力的重点企业做大做强，初步建成国内生物创新产品研发中心。一是充分发挥国家级科学设施和研发机构的支撑作用，积极对接国家重大科技专项，加快突破抗体药物、微创器械、有源数字化大型诊疗设备、生物育种等关键技术。二是大力发展重大疾病防治的生物技术药物、新型疫苗和诊断试剂、新型制剂、化学药物、现代中药等创新药物大品种，加快生物医学工程产品产业化，积极推广绿色农用生物产品。

专栏 4　生物产业发展路线图	
发展目标	到 2015 年，上海要成为我国生物技术创新的重要基地，确立生物医药产业的领先地位，生物产业产值争取达到 1200 亿元，服务外包收入达到 300 亿元。
重点领域	1. 生物医药 （1）生物制药：促进抗体药物、新型疫苗、重组蛋白药物、血液制品、核酸药物、生物芯片、多肽药物等研发及产业化；发展基因治疗、干细胞及生物治疗等。 （2）创新药物及制剂：推进化学创新药物、中药药物、重大非专利药物、药物新制剂、药用新辅料等研发及产业化。 （3）医疗器械：推进医学影像诊断与治疗设备、电生理与智能康复设备、医用植入介入器械、新型生物医用材料、生物诊断试剂及仪器、医疗信息化及产品、新型急救监护与手术器械、组织工程产品等研发及产业化。
	2. 生物农业 （1）生物育种：推进农作物新品种培育与产业化、菌菇、畜禽、水产新品种培育与产业化、花卉新品种培育与产业化。 （2）农用生物制品：推进兽药、动物疫苗、生物农药、生物肥料等研发及产业化。
	3. 生物制造 重点发展微生态制剂、生物可降解材料、非粮食生物汽油、非粮食生物柴油、生物转化、酶制剂与酶工程等领域。
	4. 生物服务 推进化学、生物和临床研发（CRO）服务，中试加工与生产（CMO）服务产业发展。
重大平台建设	推进蛋白质科学研究设施、国家肝癌科学中心、抗体药物国家工程研究中心等建设；建设上海生物样本库、上海转化医学研究中心、实验动物公共服务平台二期、生物医药创新产品中试孵化基地、现代农业技术创新服务基地等。
空间布局	重点发展六大国家生物产业基地，在浦东张江一周康、闵行和徐汇建设生物医药研发、服务外包和产业化基地，在奉贤、金山、青浦建设生物医药产业化基地。同时大力建设崇明生态岛等现代农业园区。

4. 新能源产业

坚持以新能源示范应用带动产业发展，重点聚焦风电、太阳能、核电、智能电网等领域，大力推进新能源高端装备的研制和产业化，建设国家级新能源检测和创新能力平台，着力提升新能源技术水平。一是加强核电安全技术研究，加快第三代核电技术的消化吸收和再创新，突破主泵、大型铸锻件、堆内构件和控制棒驱动机构等关键技术。二是提升风电技术装备水平，增强大型风机整机和齿轮箱、主轴轴承、变流器等关键零部件自主发展能力。三是积极发展薄膜太阳能高端装备和生产线建设，推进晶体硅太阳能电池技术发展和转化效率提高，加快太阳能光伏和光热技术推广应用。四是加快推进智能电网产业发展及示范应用。

专栏5　新能源产业发展路线图	
发展目标	到2015年，上海要成为我国新能源技术领先、应用率先、产业高端的主要基地，产值达到1200亿元。
重点领域	1. 核电产业 突破新一代核电技术，重点发展大型铸锻件、主泵、核电站数字化仪控系统，堆内构件和控制棒驱动机构、压力容器和蒸汽发生器等关键设备和系统。
	2. 风电产业 重点发展大型海上风机和关键零部件，发展3兆瓦及以上风机整机和主轴轴承、偏航轴承、变桨轴承、齿轮箱、电控系统、变流器、叶片、发电机等关键部件的研制及生产。
	3. 太阳能产业 重点发展等离子体气相化学沉积设备（PECVD）等硅基薄膜太阳能电池关键设备及生产线、其他类型薄膜太阳能电池核心设备及中试线、高效晶体硅太阳能电池核心设备及生产线、太阳能光热发电核心设备。
	4. 智能电网 推进智能电网示范应用，重点发展新能源接入系统、大容量储能装置、智能变电站、智能终端、高温超导技术及特高压输变电设备等研发及产业化。
重大平台建设	推进智能电网用户端产品检测服务平台、国家能源智能电网研发中心，争取建立国家海上风电产品检测平台、光伏产品检测平台等。
空间布局	重点推进新能源产业在浦东、闵行、临港、奉贤、松江等区域集聚发展。

5．新材料产业

进一步发挥龙头企业的技术和规模优势，培育具有创新活力的新兴企业，面向制约战略性新兴产业发展的关键新材料，抓紧推进重点技术攻关和产业化，努力提升附加值高、环境影响小、支撑战略性新兴产业发展的关键新材料产品份额。一是加快推进高性能电子材料、膜材料、新型陶瓷材料等先进功能材料产业化，提升碳纤维、芳纶、超高分子量聚乙烯纤维等高性能纤维技术水平和产业化能力；二是积极发展高品质特殊钢、高温合金、高性能工程塑料等先进结构材料；三是积极开发新型超大规格、特殊结构高性能复合材料一体化制备工艺，推进复合材料向高性能、低成本、环境友好的方向发展；四是结合新兴需求，开展纳米、超导、智能等基础材料研制及其应用技术研究，并推进其产业化进程。

<table>
<tr><th colspan="2">专栏6　新材料产业发展路线图</th></tr>
<tr><td>发展目标</td><td>到 2015 年，上海要成为国内领先的战略性新兴产业关键新材料研发及产业化基地，新材料产业产值达到 1800 亿元以上，其中支撑战略性新兴产业的关键新材料产业产值达到 600 亿元。</td></tr>
<tr><td rowspan="3">重点领域</td><td>1. 先进功能材料
（1）新型金属功能材料：高性能稀土材料、形状记忆合金、超导材料、新型电子材料等。
（2）高分子功能材料：功能性膜材料、高性能纤维材料、新型光 / 电 / 磁材料等。
（3）格无机非金属功能材料：高性能半导体材料、新型功能陶瓷、人工晶体、新型碳材料、特种玻璃等。</td></tr>
<tr><td>2. 先进结构材料
（1）先进金属结构材料：高品质特殊钢、高强轻合金、高温合金等。
（2）高分子结构材料：特种工程塑料及合金、可降解高分子材料等。
（3）无机非金属结构材料：高性能结构陶瓷等。</td></tr>
<tr><td>3. 高性能复合材料
积极发展高性能树脂基、金属基、陶瓷基复合材料，积极开发新型高性能复合材料特别是超大规格、特殊结构复合材料结构件一体化制备工艺。</td></tr>
<tr><td>重大平台建设</td><td>推进纳米技术及应用、轻合金精密成型、超细粉末等国家工程研究中心，以及先进材料、金属基复合材料、纤维材料改性、高性能陶瓷和超微结构等国家重点实验室建设，加快建设形成民用航空复合材料研制能力。</td></tr>
<tr><td>空间布局</td><td>依托宝山、金山、浦东、青浦、闵行、奉贤、嘉定等区县建设关键新材料研发和产业化能力，打造"O"字形关键新材料基地。</td></tr>
</table>

（二）积极培育两大先导产业

1．节能环保产业

立足国家节能减排战略，强化政策、标准驱动机制和引领作用，突破能源高效利用、环境污染防治、循环利用等关键核心技术，大力发展高效节能、先进环保和资源循环利用的新装备和产品，发展节能环保服务业。一是发展高效节能电机及拖动系统、工业变频设备、余热余压利用设备等新技术和新产品，加强推广应用。二是加大技术创新和集成应用力度，发展水污染防治、碳捕捉、烟气除尘和脱硫脱硝、垃圾处理处置等技术和装备。三是加快资源循环利用关键共性技术研发，发展大宗固体废物综合利用等。四是大力推广合同能源管理，发展环境服务业，推进市场化节能环保服务体系建设。到 2015 年，上海要成为节能环保重点产品研发优势明显、服务链条完善的地区，节能环保产业产值达到 500 亿元，推进节能环保产品和设备企业在闵行、宝山、松江、青浦、奉贤等区县发展，节能环保服务业在浦东、闵行、徐汇、杨浦和虹口等区县发展，重点聚焦高效节能、先进环保和资源循环利用等领域。

2．新能源汽车产业

落实国家私人购买新能源汽车试点和“十城千辆”公共用车试点任务，建设新能源汽车动力系统、汽车电子、检测中心等国家级平台，为产业发展提供技术支撑。重点发展插电式混合动力汽车、纯电动汽车等乘用车，电池电容等纯电动客车，继续开展燃料电池轿车技术研发，着力突破“电池、电机、电控”等关键核心技术。加快新能源汽车充电基础设施建设，制定《上海市私人购买新能源汽车补助试点实施暂行办法》，鼓励私人购置新能源汽车，推进整车、电池租赁模式发展，加快新能源汽车在私人和公共领域的应用，带动整车产业加速扩大规模，培育零部件龙头企业。到 2015 年，上海要成为我国技术领先、产业集聚、应用初具规模的新能源汽车基地，新能源汽车实现产业化，产能达到 20 万辆左右，形成 500 亿元产值。重点推进嘉定新能源汽车生产及示范基地、浦东临港新能源汽车生产和示范应用基地建设。加快建设上海电动汽车国际示范城市。

四、专项工程

实施一批重大专项工程，是加快培育和发展战略性新兴产业的重要途径。要以加速产业规模化发展为目标，围绕七大战略性新兴产业，选择具有突破性引领带动作用的重点领域，加大政府聚焦支持力度，通过科技攻关、应用示范和模式创新，力争取得一批重大关键成果和核心知识产权、加快培育一批行业龙头企业，努力实现战略性新兴产业发展新跨越。

（一）重点领域专项工程

1．大规模集成电路专项工程

加快实施华力微电子“909”工程升级改造项目，早日形成 3.5 万片生产能力，推动中芯国际 12 英寸生产线扩大产能，制造工艺水平提高到 32 纳米。

继续实施设计和整机联动项目，提高 SoC、MEMS 等芯片设计能力，重点支持移动通信、数字电视等核心芯片设计。

依托国家重大科技专项，加强光刻机的攻关，扩大刻蚀机、高端硅基材料等产业化规模，支持清洗设备、检测设备、封装设备、超纯试剂等形成产业化能力。

继续建设国家集成电路研发中心，加快共性（特色）工艺技术开发、工艺 IP 库建设，形成产学研合作开发、制造和设计互动的格局。进一步提升研发中心为国产设备、材料上线检测和验证的能力，发挥平台支撑作用。

2．民用航空专项工程

重点培育以国际民用航空市场为目标，支撑我国大型民机研发的专业化、国际化的民用航空制造业一级供应商企业。加快我国民用航空标准体系建设，积极推进大型客机国家重大专项标准化示范工程建设。

重点支持面向全球市场的民用飞机大型复合材料部件及其工艺与装备、民用航空大型数字加工中心等技术前景广阔、产业带动性强的核心项目。

积极鼓励国内外企业在上海地区投资发展航空发动机、航电系统、液压系统、航空环控系统、客舱内饰系统，航空制造、测试、试验等装备的集成或零部件研发、设计与制造和相关产品服务与贸易。

3．云计算专项工程

以建设国家云计算服务创新发展试点示范城市为契机，率先开展云计算服务在重点行业的应用，全面丰富并实施"云海计划"，提升基础设施能级，推动传统电信运营商和其他第三方数据中心向云计算基础设施服务商转型。

建设典型示范工程，整合信息中心和数据中心现有资源，推动云计算应用，降低电子政务成本；鼓励金融、文化、教育、医疗、交通等行业，运用云计算技术提供面向公众的各类云服务；支持公共云计算服务平台建设，探索基于云计算服务的应用新模式。

鼓励产学研合作，开展云计算关键技术与应用软件研发。

4．物联网专项工程

按照上海有应用经验、具有全国推广价值、上海企业有实施能力的原则，在城市安全、智能安防、楼宇节能、医疗废弃物、电子围栏、食品药品安全、生态环境、交通管理等领域实施物联网应用示范工程。

强化物联网关键环节技术攻关及产业化，主要包括微机电系统、传感器、组网技术、共性支撑技术等，建设上海物联网中心。

加强物联网标准体系建设，积极参与国际、国家物联网相关标准制定。

5．下一代网络（互联网、通信网、广电网）专项工程

构建涵盖系统设备、终端、业务平台和内容等关键环节，核心技术自主可控的下一代网络产业链。重点支持 IPv6 规范的 G 比特无源光网络（GPON）和以太网无源光网络（EPON）的光线路终端（OLT）、光网络单元（ONU）等产品的研发和产业化；重点支持基于分布式多核技术的 IPv6 高端路由器、电信级以太网交换机、基于 IPv4/IPv6 万兆高性能下一代互联网关等关键产品的研发和产业化；推动固定、移动融合的多媒体子系统（IMS）设备的产业化；推进基于 IPv6 的特色应用试验；重点支持 NGB 的传输、交换、路由等核心设备研发及产业化。

重点支持 TD-LTE 多模融合芯片及终端、系统设备、无线终端测试仪器、网络监测及优化平台研发；推进时分双工（TDD）与频分双工（FDD）、TD-LTE 与无线局域网（WLAN）等

技术融合产品的研发及产业化。推进“国家TD-LTE规模技术试验网试点城市”建设。

重点支持移动互联应用软件开发，智能移动终端整体解决方案以及相关关键技术和产品开发。

6．新型显示专项工程

着力提升LED产业研发水平，加强功率型器件工艺开发，构建外延片、芯片、装备、材料、特殊封装模块、终端产品等产业配套体系，建设上海半导体照明研发和测试平台。在全国率先推进100流明及以上功率型器件的量产及市场推广，支持半导体照明专用设备（MOCVD）研发及应用。

着力提升TFT-LCD中小尺寸面板的行业竞争力，推动关键配套产业发展，支持平板显示驱动IC、彩色滤光膜、玻璃基板等关键配套产品和材料的研发及产业化。

重点突破AM-OLED的TFT阵列工艺技术及OLED显示屏全彩技术等关键技术，加快形成AM-OLED量产能力，带动相关材料、设备等配套产业发展。

发展激光显示技术，重点突破应用于微投影、前投的激光光机技术，支持新型半导体光源（E-Laser）、激光器、光机、LCOS显示芯片、菲涅尔屏、超短焦光学系统、自由曲面镜等关键技术攻关，扩大光机等核心部件市场规模和产业化。

提升三维显示核心芯片、内容、终端应用的市场竞争力，加强3D显示示范应用推广。

7．智能电网专项工程

重点发展新能源接入与控制、电力电子、大容量电力储能、高温超导、智能输变电、智能用户端等研发和产业化。

加强与国家电网在智能电网领域的合作，加快建设国家能源智能电网研发中心、国家智能电网用户端产品（系统）质量监督检验中心等国家级技术研发平台。

8．新能源高端装备专项工程

重点发展非晶微晶和多结硅薄膜、卷对卷薄膜电池、碲化镉薄膜等太阳能电池核心生产设备，高端晶硅太阳能电池关键生产设备，晶硅太阳能电池材料制备设备，物理法太阳能级硅提纯设备，HIT太阳能电池，太阳电池检测设备、生产线质量控制设备等。

重点发展2兆瓦以上风电整机和发电机、叶片、齿轮箱、主轴、偏航/变浆轴承等风电关键零部件，大型风电整机及关键零部件研发中心和检测平台，大型风场综合监控系统等。建设海上风电技术装备研发中心。

重点发展第三代核电基于AP1000、CAP1400技术的核岛主设备，常规岛主设备及关键配套部件；核电用大型单元成套设备及精密机械类设备、核电关键泵阀；数字化核安全级保护系统及控制系统、核级仪控测试验证系统（平台）、核级仪器仪表；核级金属材料、特殊核用焊接材料、核级电缆。

9．智能制造专项工程

着力提升高端制造能力、自主创新能力、成套发展能力，重点发展高端仪器仪表及自动化控制系统，高档数控机床与基础制造装备，工业机器人、特种机器人及服务机器人，光电超精密加工装备，高端工程机械及施工设备，自动化港口机械等先进装备研发及产业化，打造智能制造装备产业集群。

10．新能源汽车与汽车电子专项工程

重点发展插电式混合动力汽车、增程式和纯电动汽车以及燃料电池汽车，着力突破电池、电机、电控等关键零部件及其关键材料核心技术和产业化瓶颈，加快形成系统集成和本土化配套供应体系。建设国家级新能源汽车检测中心以及动力系统、汽车电子等公共服务平台。

加快推进欧IV-V柴油发动机控制系统、汽车变速传动电子控制系统（AMT/DCT）、底盘电子一体化技术的研发和产业化。推动车身电子、车联网与车载电子向集成化、高端化方向发展，重点突破LED前照灯、远程在线故障自诊断的中高端BCM发展；推进数字化、智能化、网络化组合仪表高端产品应用；支持多模导航、通信网络、网关集成、多媒体显示等技术在车载信息终端融合应用。继续加强汽车电子关键芯片、传感器及执行器的研发及产业化应用。

依托国家科技重大专项，加强基于整车的网络体系构架、网络操作系统，以及应用软件设计、仿真和测试开发工具的自主研发。推进关键性、共性化的嵌入式操作系统与嵌入式软件平台开发。

11．卫星导航专项工程

重点支持卫星导航多系统（GNSS）兼容定位、通信辅助卫星定位（A-GNSS），导航与通信系统融合定位（GNSS+WiFi+蓝牙）、组合导航定位(GNSS+MEMS+陀螺仪)等关键技术研发及产业化。

重点支持北斗兼容其他GNSS的高精度定位测量接收机芯片、模块和终端产业化解决方案，GNSS（包括北斗）多模导航芯片产业化解决方案，多模导航与移动通信融合的SoC产业化解决方案，智能导航终端嵌入式软件研发与产业化等解决方案。

重点支持面向企业和个人服务的综合性开放式位置服务系统平台，以及卫星导航示范应用工程建设。

12．生物医药与医疗器械专项工程

重点发展抗体药物、疫苗、临床诊断仪器与配套试剂、数字化医疗影像诊治设备、微创介入与植入医疗器材、新型急救监护与手术器械、智能化康复治疗与护理器材等创新产品。

重点攻关药物靶点发现、基因筛选与重组、高水平蛋白表达、动物细胞大规模培养与制备、医用信号源、医用传感器、医用微电子、医用生物材料、医疗系统集成、医疗工程制造、数字信号处理、医用软件信息等关键技术。

积极对接国家新药创制重大专项和医疗器械产业提升工程，支持抗体药物、组织工程、生物芯片等国家工程研究中心的建设。建设上海转化医学研究院及若干转化医学中心、上海临床病理组织样本库。

13．电子商务与新型贸易现代化专项工程

结合建设国家电子商务示范城市的有关工作，重点推进电子商务应用模式创新。支持发展第三方电子商务平台和专业服务平台，鼓励建设具有国际影响力的大宗商品及资源交易平台、新型B2B电子合同谈判签约平台和电子单据服务平台，以及财经资讯等专业服务平台。

支持信息技术、节能技术等先进技术在商贸流通领域的示范应用，支持电子支付、物流、信用服务、安全认证等支撑体系建设与电子交易的集成创新，加强技术应用与商务模式创新的有机结合。

（二）综合支撑专项工程

14．新兴产业技术创新专项工程

重点支持生命科学、信息、新材料、空天、海洋等基础性、前沿性技术领域的创新能力建设，以产业需求为导向，加强交叉技术领域的研究开发，提高应用基础研究水平。

结合国家重大专项的实施，重点突破极大规模集成电路制造装备与成套工艺、新一代宽带无线移动通信、基础软件、信息网络安全、新能源、重大新药创制等领域的重大关键共性技术。

15．高技术服务业专项工程

加快建设国家高技术服务产业基地，推动国家三网融合试点城市建设，大力推进国家数字出版基地和国家级网络视听产业基地建设。

鼓励新技术应用和新模式创新，重点打造软件研发、应用的高端信息外包服务链；移动终端互动娱乐、移动视频、移动社交网络、移动支付等移动互联应用服务链；互联网运营、传输、管理、交易服务链；包括基因测序、抗体制备、药物设计合成和筛选、药理评价、临床研究等的生物技术服务链；涵盖网络文学、网络游戏、数字动漫、数字印刷、数字发行、阅读终端等的数字内容服务链；以国家工程研究中心、国家工程实验室、国家级企业技术中心、国家质检中心和第三方企事业单位为依托的研发设计和检验检测服务链；政府积极引导、中介机构踊跃参与、市场化运作的知识产权和科技成果转化服务链。

五、 保障措施

（一）培育企业主体

增强民营企业创新能力。为战略性新兴产业领域的民营中小企业和留学生创业企业提供财税支持和针对性、个性化服务。支持其积极争取承担国家重大科技专项和国家、上海市战略性新兴产业重大工程任务。

强化国有企业创新导向。创新国有企业管理者绩效激励和考核模式，鼓励国有企业增加对新技术研发和引进技术消化吸收的投入，发挥国有企业在战略性新兴产业发展中的重要作用。

促进外资企业创新发展。鼓励外资企业在沪建立研发机构，促进其与本土机构的技术合作与交流。

支持企业建立创新平台。依托骨干企业，围绕关键核心技术的研发和系统集成，支持建设若干具有世界先进水平的工程化平台。在有条件的企业，争取设立国家重点实验室、工程实验室、工程（技术）研究中心，鼓励企业积极发展研发外包服务和专业技术服务。

（二）推进成果转化

推进产学研合作。着力解决产学研合作的权益分属问题，构建一批由企业主导、高校和科研院所参与的战略性新兴产业技术创新战略联盟。

加强高校、科研机构成果转化。建立健全高校、科研机构的产学研管理和服务体系，建立自主创新成果发布制度。支持有条件的高校、科研机构建立技术转移机构和工程化技术集成创新平台。整合研究资源，开展战略研究，制定并发布重大产业技术路线图。

完善创新公共服务体系。大力发展知识产权服务、科技信息服务、商务咨询、技术交易等科技中介服务体系，建立技术成果的发现、评估、筛选、转移机制，提高科技成果转化率。建设上海技术交易中心。

（三）强化人才激励

完善人才激励制度。加大战略性新兴产业人才政府奖励力度。实施上海海外高层次人才引进计划，向战略性新兴产业倾斜，积极争取更多人才入选中央"千人计划"。落实《张江国家自主创新示范区企业股权和分红激励试行办法》，健全国有及国有控股的院所转制企业、高新技术企业自主创新和科技成果转化的激励分配机制，鼓励科研机构和高校科技人员积极从事职务发明创造。鼓励研发人员向企业流动，加强对企业科技人才的激励。

加强人才队伍建设。发挥高校和科研院所的支撑和引领作用，加强战略性新兴产业相关专业学科建设，支持高校增加服务经济社会发展的急需专业和学位点。改革人才培养模式，制定鼓励企业参与人才培养的政策，建立企校联合培养人才的新机制，促进创新型、应用型、复合型和技能型人才的培养。支持战略性新兴产业相关教育培训机构发展。加大力度吸引全球战略性新兴产业的优秀科技和管理人才来沪创新创业。

（四）健全金融服务

优化创业投资环境。积极贯彻落实创业投资企业税收优惠，优化完善风险救助、国资管理和柜台交易市场等配套政策，统筹推动本市创业投资发展。充分发挥上海市创业投资引导基金作用，坚持支持早期创业投资的政策导向，重点组建战略性新兴产业领域的早期创业投资基金，积极参与国家新兴产业创投计划，优先配套支持国家和本市联合组建的创业投资基金。鼓励民间投资人积极开展天使投资活动，重点支持民营中小创新型企业。在国家政策允许范围内，鼓励保险公司、社保基金、企业年金管理机构和其他机构投资者参与新兴产业创业投资和股权投资基金。鼓励民间资本投资战略性新兴产业。

发挥资本市场力量。积极发挥多层次资本市场的融资功能。鼓励本市符合条件的企业利用多层次资本市场融资、开展并购重组。推进场外证券交易市场的建设，满足处于不同发展阶段创业企业的需求。大力发展债券市场，鼓励中小民营企业等通过债券市场融资。

创新科技金融产品。积极推进知识产权质押融资、股权质押融资、产业链融资、信用互助、科技保险等金融产品创新。扩大科技担保规模，进一步完善多层次的融资担保体系，促进投保贷联动。鼓励发展小额贷款和并购贷款。

（五）完善管理机制

加大财政扶持力度。继续加强财政投入，重点支持重大战略性新兴产业发展项目，以及公共性、基础性的创新能力平台建设。创新政府支持方式，形成规划、政策、基地、创投基金、项目等多种手段相结合推进的体系。

完善税收激励政策。衔接国家有关税收激励政策，积极落实本市鼓励创新、引导投资和消费的税收支持政策。落实国家《进一步鼓励软件产业和集成电路产业发展若干政策》，制订本市实施规定。研究光伏发电等新能源项目的税收优惠政策。

深化重点领域改革。探索建立政府支持示范应用与促进产业发展的联动机制，推动信息服务、新能源、节能环保、新能源汽车等领域新技术、新产品的示范应用。加快推进“三网”融合相关领域的改革、私人购买新能源汽车试点工作，积极配合国家推进资源性产品价格形成机制改革，实施新能源配额制，建立和完善主要污染物和碳排放交易制度。推进国家云计算、高技术服务业、电子商务等试点。

加强统筹协调。将市高新技术产业化领导小组更名为市战略性新兴产业领导小组，并下设办公室；调整市高新技术产业化工作小组及其办公室，建立推进战略性新兴产业发展的相关工作小组。建立支持战略性新兴产业发展的规划、土地和环保工作机制，以及统计指标体系。加强各职能部门、区县政府、开发区的统筹协调，优化区域布局、发挥比较优势，形成各具特色、优势互补、结构合理的战略性新兴产业协调发展格局。强化区县责任主体意识，重点区县建立组织协调推进机制，设立配套支持资金，支持战略性新兴产业项目建设。

（六）深化国际合作

充分利用全球创新资源。鼓励外资企业到上海设立研发机构，支持外商投资企业与内资企业、研究机构合作申请国家科技开发项目、创新能力建设项目等，申请设立国家级企业技术中心。重点支持引进具有市场潜力和潜在竞争优势的先进技术、知识产权、关键零部件和设备。支持本地企业在境外开展联合研发活动、设立研发机构，申请并争取在全国率先建设国际标准化协作平台，参与国际标准制定及申请国际专利。

大力支持企业跨国经营。支持有条件的企业开展境外投资，获取国际先进技术和高端人才。探索设立并购基金，支持企业通过并购实现扩张。支持企业到境外注册商标，培育国际化品牌。加强企业和产品国际认证合作。

7 重要研究

关于国发19号文出台三年来“两个中心”政策实施情况的评估分析报告

顺应人民币国际化，把上海打造成全球人民币资产交易、定价和清算中心研究

上海国际航运发展综合试验区研究

上海大宗商品价格指数体系建设研究

关于国发19号文出台三年来“两个中心”政策实施情况的评估分析报告（摘要）

2009年4月14日，国务院正式印发《关于推进上海加快发展现代服务业和先进制造业建设国际金融中心和国际航运中心的意见》（以下简称国发19号文），文件发布至今已经3年。为加强政策效果分析、梳理难点和问题，进一步做好政策深化工作，市发展改革委、市发展改革研究院会同相关部门开展了政策实施情况评估分析工作，形成了初步评估分析报告。

一、上海贯彻落实国发19号文有力有效，“两个中心”建设取得重大进展

国发19号文发布3年来，上海在国家有关部委大力支持下，充分依托部际协调机制和本市“两个中心”协调推进机制，每年明确一批项目化的重点工作安排，细化措施，明确责任，滚动推进，国际金融中心和国际航运中心建设取得了重大进展。

（一）国际金融中心以金融市场体系建设为核心，以金融机构体系建设为重点，积极推进金融创新和改革开放先行先试，大力营造良好的金融发展环境，取得了突破性进展。

主要标志：

1. 金融市场体系进一步完善，市场规模、能级和功能快速提升。上海清算所、上海股权托管交易中心相继成立，全国银行间同业拆借中心推出信贷转让平台，上海保险交易所积极筹建，迄今已形成包括信贷、同业拆借和债券、外汇、票据、黄金、证券、期货、期权市场等较为完备的多层次金融市场体系。市场规模继续扩大。2011年上海金融市场交易额（未计外汇市场）为418万亿元，较2008年增长1.4倍，部分交易市场规模位居全球前列。市场深度不断拓展。股指期货平稳上市，期交所推出了黄金期货、钢材期货、铅期货、锌期货等品种，贷款转让交易、超短期融资券、信用风险缓释工具等相继推出，上市商业银行进入交易所债券市场试点启动，非上市公众公司股份转让市场先行试点。市场功能显著增强。2011年上海金融市场直接融资总额达28814亿元，较2008年增长1.3倍；Shibor（上海银行拆放利率）定价基准地位进一步提高；上海期货市场与伦敦、纽约一起被公认为世界铜的定价中心。

2. 金融机构体系进一步健全，功能性金融机构和新型金融机构加快集聚。积极吸引各类金融机构入驻，截至2011年底，上海金融机构总数已达1136家，较2008年增长64.9%。功能性金融机构加快集聚。中国银行上海人民币交易总部获批，国有重点商业银行在沪设立第二总部工作取得重大进展；人保、太保两家总公司直属航运保险运营中心成立；德意志银行在沪设立持牌的资金运营中心；中德证券公司总部迁入上海并扩大业务范围。新型金融机构加快集聚。货

币经纪公司、基金管理公司、融资租赁公司、汽车金融公司、券商直投公司、资产管理公司、股权投资企业、创业投资企业、消费金融公司、企业集团财务公司、专业性养老保险公司、小额贷款公司等一批新型金融机构纷纷入驻上海。外资合资金融机构加快集聚。截至 2011 年底，累计有 25 个国家和地区的银行来沪设立机构，外资法人银行共计 22 家，占全国一半以上，资产规模占全国 48.8%；5 家合资证券公司落户上海，摩根士丹利华鑫证券开业，东方花旗证券有限公司顺利获批；纽银梅隆西部基金等 22 家合资基金管理公司和 1 家合资期货公司业务开始开展。

3. 积极稳妥推进金融产品与业务创新，许多领域先行先试亮点频现。在全国率先开展跨境贸易及相关人民币结算业务，2011 年跨境人民币结算量达 3312 亿元，约为 2010 年的 4.9 倍。国际贸易结算中心外汇管理改革、期货保税交割、外资法人银行、金融租赁公司、融资融券、单船单机融资租赁、个人本外币兑换特许业务、新台币双向兑换业务等先后试点。金融产品创新陆续推出。超短期融资券、信用风险缓释工具等相继推出，人民币海外投资基金组建；股指期货平稳运行，2011 年总成交金额 43.8 万亿元。金融业务创新不断涌现。银行间外汇市场正式开展人民币对外汇期权交易、外汇期权组合业务，开展并购贷款、知识产权质押融资、保单融资、小企业网络联保贷款等多项创新业务。金融企业创新稳妥推进。地方金融国资国企改革取得阶段成果，浦发银行、中国商用飞机有限责任公司、上海国际集团获批联合筹建金融租赁公司。

4. 金融发展环境进一步优化，规划、制度、法规等服务和监管体系不断加强。国家发展改革委发布《“十二五”时期上海国际金融中心建设规划》，市人大通过《上海市推进国际金融中心建设条例》，市政府出台《关于集聚金融资源加强金融服务加快上海国际金融中心建设的若干规定》，金融仲裁院、金融审判庭、金融和知识产权公诉处等机构陆续成立。服务环境明显改善。上海金融业联合会和上海市金融发展服务中心成立；上海中小企业信贷网络服务平台启动运行。信息化水平不断提高。新华社金融信息平台落户上海；上海金融统一征信平台建设稳步推进，信用信息记录制度和披露制度进一步完善。形成影响力广泛的金融发展支撑载体。陆家嘴论坛成为具有一定世界影响的国际金融高层次交流平台。陆家嘴金融城和外滩金融集聚带作为国际金融中心核心载体地位进一步凸显。

（二）国际航运中心以现代航运服务体系建设为核心，以国际航运发展综合试验区为突破，积极推进政策落实和创新突破，取得了重要进展。

主要标志：

1. 国际航运发展综合试验区建设大力推进，政策、制度、功能取得创新突破。成立上海综合保税区管委会，实质性启动“三港三区”联动工作。营业税免征政策效应明显。大批航运、物流及相关企业入驻洋山保税港区，自 2009 年至今，累计新增注册企业 400 多家，其中物流企业 270 多家，航运企业 50 多家。2011 年减免企业营业税 21.94 亿元，受惠企业 281 家（自 2009 年 5 月政策实施以来累计减免营业税 47.14 亿元）。新型国际贸易试点加快推进。先后两批共 20 家企业获得新型国际贸易结算中心试点，截至 2011 年底累计完成结算金额 24 亿美元，预计未来结算金额有望达到 100 亿美元。期货保税交割完成全流程运作。洋山保税港区以铜和铝作为试点品种，完成包括仓单生成、到期交割、期转现交割、仓单注销、报关进口和转口出境等主要环节的“期货保税交割”全流程操作，期货保税交割业务正式进入市场运行阶段。保税船舶登记试点启动。洋山保税港区作为新的船籍港开展船舶登记业务于2011年12月正式获批。

2．现代航运服务体系加快培育，航运机构、航运市场和航运产业快速发展。上海各类航运服务企业总数已超过1000家，其中外资航运机构已达250家。全球十大国际集装箱班轮公司、九大船级社分别在上海设立了总部、区域总部或分支机构。海事仲裁、运价交易、保险公估、航运咨询等航运专业服务机构相继建立。非双边海运协议关系国在华设立独资公司、航运经纪人准入制度均首先在上海取得突破。国家级船员评估中心和中国船员招募中心落户上海。航运交易市场规模不断扩大。2011年上海航交所共完成船舶交易285艘次，船舶交易总值20亿元，中国船舶交易信息平台接受船舶成交信息报送3192艘、439.6万载重吨。上海航运运价交易公司推出上海至欧洲、美西两条航线集装箱运价指数衍生品，至去年底集装箱运价衍生品交易市场单边成交金额达705亿元。航运金融服务业加快培育。2011年上海地区船舶险和货运险总量达到34.45亿元，占全国的22%。上海综保区融资租赁业务试点规模不断扩大，租赁资产规模超过10亿美元，并筹建了首期20亿美元的融资租赁项目贷款资金池。航运产业基金管理公司正式挂牌，首期计划募集50亿元，是国内首支航运产业基金。交通银行、浦发银行成立航运金融部，工商银行及中国银行上海分行设立专门的航运金融服务中心，为航运企业提供一揽子金融服务。邮轮经济加快发展。上海港国际客运中心全面投运，吴淞口国际邮轮码头一期建成，结合外高桥海通码头，初步形成“两主一备”布局。2011年上海港邮轮靠泊113艘次，其中母港邮轮达81艘次，出入境旅客24万人次。“亚洲邮轮大会”品牌影响力继续扩大。

3．航运集疏运体系进一步优化，国际航运枢纽港地位日益凸显。京沪、沪宁、沪杭城际高速铁路正式开通，甬温、温福、福厦、合宁、合武铁路建成通车，虹桥枢纽高铁车站投入运营。外高桥六期全面竣工，洋山深水港西港区工程前期工作启动。浦东、虹桥机场形成5条跑道、4座航站楼、5个货运区的规模。2011年上海港完成货物吞吐量7.28亿吨，集装箱吞吐量首次突破3000万标准箱，达到3174万标准箱（水水中转比例达到41%，国际中转比例4.6%），继续保持货物、集装箱吞吐量世界第一地位。浦东、虹桥机场完成飞机起降57.4万架次，旅客吞吐量7456万人次，货邮吞吐量356万吨。浦东机场货邮吞吐量达到310.9万吨，连续四年保持世界货运第三大机场地位。

4．口岸服务效率进一步提升，航运发展环境持续优化。海关和检验检疫的报检报关“一单两报”试点启动，“全国海关电子税费支付系统”正式运作，上海口岸通关物流的EDI业务单证电子化率达74%，居全国首位。率先试点建立口岸通关服务协调机制，洋山港区、浦东机场、北外滩和外高桥地区的“一门式”口岸通关服务中心建设加快推进。两批国际航运经纪公司陆续注册成立，目前获得航运经纪人从业资格证书的已达345人。组建航运经纪人俱乐部，加强行业信息交流与探讨。上海国际航运仲裁院、上海海事仲裁院等机构相继成立。

二、“两个中心”建设对支撑我国实体经济发展、服务上海创新转型和民生保障做出重要贡献

国发19号文实施3年来，上海“两个中心”建设对服务我国实体经济发展、服务我国经济发展方式转变、服务国家区域发展战略，发挥了重要作用，也有力推动了上海实现又好又快发展和民生持续改善。

1．提高了我国在全球的资源配置能力和国际影响力。上海“两个中心”建设有效提升了我国在国际市场上的话语权和影响力。人民币国际地位不断提升。人民币跨境贸易结算与跨境直接投资试点已逐步推开，提升了人民币作为国际结算货币的功能。全球要素资源集聚力持续增强。在国际竞争日趋激烈的情况下，外资金融机构、航运龙头企业以及跨国公司结算中心、利润中心等功能性机构纷纷入驻上海。全球营运控制功能伴随离岸贸易试点推进开始发展。市场价格影响力逐步显现。铜期货价格作为世界铜市场三大定价中心之一的权威地位进一步巩固；上海出口集装箱运价指数（SCFI）和中国沿海（散货）运价指数（CCBFI），引起国际航运界高度关注。

2．服务支持国家区域发展战略大局。“两个中心”建设的加快推进，使上海更好地服务于长三角地区、长江流域和全国的发展，深化了与港澳台之间的交流和合作。推动江海联运，实现长江集装箱船舶航线直达洋山港。建立长三角、上海与中部六省市以及川渝等区域“大通关”合作机制，促进跨区域口岸物流联动发展。通过产业转移、直接投资等方式服务兄弟省市经济发展。与香港特区政府在东南亚联合举行了“人民币金融市场国际化”路演活动，跨境ETF产品在上交所上市的准备工作基本就绪。

3．为全国改革开放发挥示范带动引领作用。上海“两个中心”建设中一系列的突破性政策与制度安排，都是国家从全局和战略的高度，对我国金融改革开放和航运发展做出的重大部署。上海先行试点的成功，对全国具有示范带动引领作用，对我国金融改革开放和航运发展具有全局意义。突破性政策与制度安排包括公正透明、体系完备的法律制度，规范公平、有序竞争的市场准入制度，宽松可控的外汇资金结算便利制度，有竞争力和吸引力的税收制度，快速高效、便捷安全的海关监管制度，符合新兴业态与服务模式的工商登记和财会管理制度，信息完备、资源共享的信用管理制度等。通过国发19号文一系列先行先试政策，有力地推动了相关制度领域的改革，对我国加快形成更具活力、更富效率、更加开放的体制机制具有重要作用。

4．助推产业结构调整优化升级。“两个中心”建设有力地推动了全国和上海发展。以资本市场为例，3年来先后有41家企业在上交所首发上市，累计筹资432.2亿元。助推战略性新兴产业的培育发展。利用风险投资、创业投资基金、创业引导基金等支持战略性新兴产业。开展融资租赁业务试点，支持航运、航空运输装备业发展。推动张江高新区企业进入代办股份转让系统试点，支持高新技术产业发展。助推新兴服务业的创新发展。成立上海金融发展投资基金、上海航运产业基金，支持上海金融、航运等高端服务业的发展。拓宽文化及创意企业的抵（质）押物范围，发展知识产权、票据、股权质押融资等。逐步培育和发展艺术品等保险市场。支持企业科技创新与中小企业发展。通过发展科技银行（如组建浦发硅谷银行）、科技保险（如开展科技型中小企业履约保证保险贷款试点）等方式，激

发企业技术创新活力。通过小企业网络联保、融资担保等融资方式，进一步拓宽中小企业融资渠道。加强产业结构调整、国资国企开放性市场化重组与资本市场的联动发展。上港、上汽、建工先后完成整体上市。东航、上航完成重组，中货行、长城货运航空公司、上海货运航空公司重组成立中国货运航空公司。上海产权交易所成为国企并购重组的重要平台。交通银行、浦发银行等逐步开展综合性经营试点。

5. 支持民生保障和社会事业发展。支持居民消费需求和投资需求。创新各类消费金融产品，申银消费金融有限公司挂牌运营。上海市新能源汽车私人消费优惠政策试点开始实施。支持社会保障制度改革完善。个人税收递延型养老保险产品试点方案已审批通过，保险资金参与企业年金市场以及养老机构、养老社区建设的步伐不断加快。支持保障性住房建设。太保地产集团40亿元公租房债券投资计划获批，上海成为保险资金参与保障房建设的首个试点城市。市公积金中心利用住房公积金增值收益部分支持保障房建设。海通证券房产信托基金参与公租房建设试点。支持居民休闲旅游。创新发展各类邮轮旅游品种，逐步打造海派特色品牌，支持居民旅游消费升级的需求。

三、进一步深化国发19号文政策内涵，加快“两个中心”建设的政策建议

国发19号文涉及国际金融中心和国际航运中心建设的政策措施共60条，经过近3年的不懈推进，总体来看，绝大多数政策措施都得到了有效落实，但在推进过程中，也存在一些情况和问题。面对国际上对于金融中心、航运中心地位日趋激烈的竞争，上海不断提升全球资源配置能力将是一个长期的过程，而服务于我国实体经济发展，形成符合发展需要和国际惯例的制度环境，也将是一个长期的过程。推进落实国发19号文的实践说明，既有政策的落实和效应发挥没有止境，生产力发展和市场需求呼唤制度不断创新，加快推进上海“两个中心”建设，需要始终把政策创新和先行先试作为重要的推动力，以政策创新促进制度创新，以制度创新促进功能创新，以功能创新提升核心竞争力和国际影响力。要在用好用活现有政策的基础上，不断深化和丰富国发19号文的内涵，努力争取实现新的突破。下一步，对进一步深化国发19号文政策内涵，要分门别类，抓落地夯实、抓延伸拓展、抓移植借鉴、抓创新突破。

第一类，抓落地夯实。进一步细化落实国发19号文相关政策。

第二类，抓延伸拓展。拓展国发19号文有关政策对于特定区域、特定行业、特定领域的适用范围。

第三类，抓移植借鉴。争取试行国家支持有关兄弟省市的创新性政策。

第四类，抓创新突破。聚焦实际需求，争取国家支持，探索实施新一轮的政策突破。

1. 加快打造人民币产品创新、交易、定价、清算中心。大力推动人民币产品创新。进一步完善人民币回流机制。加强人民币资产交易与定价功能。培育和提升人民币清算中心功能地位。

2. 突破离岸金融及相关金融创新功能。放宽离岸账户开设，拓展离岸账户功能。增加离岸银行业务机构。扩展离岸银行业务品种范围。积极开展离岸金融创新试点。

3．力推海关特殊监管区域向自由贸易园区转型。探索新型海关监管模式。试点给予准境外港地位。试点具有吸引力和竞争力的税收政策。

4．着力推动航运、贸易和金融业务联动发展。深化国际贸易结算中心试点。深化单船单机融资租赁政策。继续深化期货保税交割试点。

5．加快构建适应新兴服务业集聚发展的制度环境。争取有序放宽服务业管制。加大对高端服务业的财政支持力度。完善工商登记、行业准入和财会管理制度。

6．促进功能性总部机构集聚及其功能拓展。鼓励跨国公司在上海设立功能性总部机构。加快完善针对跨国公司总部的贸易和投资便利化措施。

7．力争免税购物功能尽快落地。加强与国家有关部门的沟通衔接，力推免税购物功能尽快落地。

8．加快吸引和集聚金融、航运等专业人才。加快集聚专业人才和完善培训体系。强化金融、航运人才公共服务。

（研究单位：上海市发展和改革委员会、上海市发展改革研究院）

顺应人民币国际化，把上海打造成全球人民币资产交易、定价和清算中心研究（摘要）

顺应人民币国际化，深化国发19号文，加快把上海打造成全球人民币资产交易、定价和清算中心，对于提升我国金融资源国际化配置能力、增强上海国际金融中心集聚辐射功能具有重要意义。

一、上海打造全球人民币资产交易、定价和清算中心，是加速提升我国金融资源配置能力、加快上海国际金融中心建设的重要内容

金融资产的交易、定价和清算功能对于国际金融中心的形成、维护和发展具有重要意义。伦敦不仅拥有全球最大的外汇交易市场，而且是全球最大的多币种支付系统的业务处理中心。纽约不仅拥有世界上最大的证券交易所，而且拥有全球最大的私营支付系统——纽约清算所银行间支付系统，为来自全球21个国家的95家会员银行提供美元实时全额结算服务。发达的交易、支付和清算功能，成为这些老牌国际金融中心核心竞争力的重要体现。

人民币资产交易中心主要依托各类人民币资产交易平台，为交易双方提供交易撮合和结算服务，优化金融资源配置，增强金融集聚辐射功能。人民币资产定价中心主要依托庞大的人民币资产交易规模，形成包括基准利率、基准汇率在内的具有国际影响力的人民币资产价格体系，并对次级市场、衍生市场和离岸市场资产价格产生强大传导和影响。人民币资产清算中心主要包括连通中央银行的实时全额支付系统、外汇跨境支付系统、证券托管结算系统等，通过提供中央对手本外币集中清算服务，建立交易头寸报告机制、风险暴露盯市机制、自动证券借贷机制等，成为开展各类人民币业务的重要纽带和基础平台。交易、定价、清算相辅相成，有机统一，共同构成国际金融

中心的三大核心功能。交易是国际金融中心的基本功能，定价是国际金融中心的核心功能，支付清算则在国际金融中心市场交易体系中居于基础性地位。各类人民币资产价格只有在交易中才能生成和发现，各类金融市场交易必须依托支付清算体系才能顺利完成。高效的金融资产交易、定价和清算服务，有利于发现价格、优化资源配置、防范金融风险、保障交易顺利进行。

1．上海打造全球人民币资产交易、定价和清算中心有助于显著增强我国金融资源配置能力。第一，打造人民币资产交易、定价和清算中心将为境外投资者投资境内金融市场、境内投资者投资境外金融市场提供高效便捷的交易、支付和清算通道，使上海成为连通境内外金融市场的桥梁和纽带，显著提升我国金融资源配置能力。第二，完善的交易、定价、清算体系有助于积聚和沉淀大量资金，推动国内外金融机构、金融专业服务、金融专业人才加速向上海集聚，显著提高上海金融要素集聚辐射能力。第三，上海将借助打造全球人民币资产交易、定价、清算中心机遇，加速提升全球人民币资产配置能力，形成人民币资产在岸市场中心。

2．上海打造全球人民币资产交易、定价和清算中心有助于不断满足我国快速增长的人民币资产交易、清算和结算需求。第一，健全的支付清算体系构成国际金融中心的基础设施。金融交易达成后，必须经过债权债务的清算，才能最终实现资金的收付和金融产品的交割。高效安全的清算体系关系到外汇、证券、黄金、衍生品等各类金融市场能否正常运转，关系到金融中心资源配置功能能否有效发挥。第二，成熟的清算体系是以中央对手方为主的集中清算和净额清算，将显著节约银行间市场参与者开展各类交易的资金成本，有效提高市场整体运行效率和流动性。第三，打造人民币资产交易、定价和清算中心，将为金融创新提供需求导向、技术支持和保障手段，有效提高金融创新的适用性、稳妥性和持续性。

3．上海打造全球人民币资产交易、定价和清算中心有助于防范人民币国际化风险，提高我国金融风险管控能力。国际金融危机爆发后，国际社会对建立场外市场集中清算制度安排、及时完整地获得市场交易和参与者的风险敞口信息并实施有效监管达成了普遍共识。比如，CDS（信用违约互换）交易的集中清算已在美国及欧盟逐步推行。建立健全人民币集中清算体系，监管机构可以及时统计和监测人民币资产市场总体风险信息、市场交易主体的风险敞口信息，准确把握和评估重点机构、业务和工具的风险，有效防范金融市场系统性风险，维护金融市场稳定。

二、上海打造全球人民币资产交易、定价和清算中心的基础条件及机遇挑战

第一，上海打造全球人民币资产交易、定价和清算中心已具备基础条件。

一是市场平台方面。上海是国际上不多的各类市场体系配置（包括股票、债券、货币、外汇、商品期货、金融期货以及黄金、产权交易市场在内的全国性金融市场体系）比较完整的金融中心城市之一，具有良好的社会信用和金融文化环境。2010 年上海主要金融市场（不含外汇市场）交易总额 386.24 万亿元，比上年增长 53.88%。其中，上海证券市场股票交易额位居全球第三位；上海商品期货市场合约交易量位居全球第二位，成为全球三

大有色金属定价中心之一；上海黄金交易所黄金现货交易量位居全球第一。巨大且快速增长的交易规模将有力推动上海人民币支付清算体系的发展，推动人民币资产价格在上海加速形成。

二是交易主体方面。截至2010年末，上海各类金融机构达到1049家。其中，内资股权投资企业193家，内资股权投资管理企业227家；外资股权投资管理企业47家，合伙制外资股权投资企业1家，公司制外资股权投资企业1家。58家小额贷款公司获批筹建，50家小额贷款公司已正式开业，5家村镇银行开业。大量金融机构正逐步成为上海金融市场的交易主体，为上海打造人民币资产交易、定价和清算中心带来充足活力。

三是基础设施方面。上海已经形成国内领先、世界一流的金融信息和数据交换系统，许多全国性金融机构的主要营运中心、交易中心、票据中心、离岸业务中心、授信评审中心、数据处理中心、研发中心等纷纷汇聚上海。2009年落户上海的银行间市场清算所股份有限公司（简称上海清算所）作为我国第一家专业清算机构，已开发出多个金融产品交易的清算方案，面向市场提供多产品、跨市场的清算服务。在金融结算领域，上海证券交易所与香港交易及结算所签订了《沪港交易所更紧密合作协议》，上海打造全球人民币资产交易、定价和清算中心的制度基础在加速完善。

第二，上海打造全球人民币资产交易、定价和清算中心面临重大机遇。

一是国际金融格局深刻调整机遇。本轮国际金融危机使传统国际金融中心地位有所削弱，全球金融格局加速变革，作为世界经济增长主要引擎的新兴经济体在金融资源配置、定价方面的话语权加快提升。上海正逐步成为全球金融资源配置的重要节点城市，这为上海打造人民币资产交易、定价和清算中心带来前所未有的外部机遇。

二是我国经济实力和国际地位不断提升机遇。2010年我国国内生产总值达到39.8万亿元，约占全球10%，位居世界第二；贸易总量占世界贸易比重达15%至16%。庞大的经济贸易规模将有力推动人民币资产业务的发展和创新，促进上海全球人民币资产交易、定价和清算中心地位的形成。“十二五”期间我国将进一步加快经济发展方式转变和结构调整步伐，金融服务于经济转型的要求更加迫切，由此将加快金融市场体系、交易主体结构、投融资方式的深刻变革，这对上海打造人民币资产交易平台、定价机制和清算体系提出了更高要求。

三是人民币国际化加速推进机遇。当前人民币正从国内结算货币迈向国际结算货币，从国内货币迈向投资货币和区域储备货币。截至2010年底，上海出口货物贸易人民币结算试点企业达16472家。2010年跨境人民币业务规模达到674.9亿元，比2009年增长了约8倍。人民币资本账户开放加快推进，境外投资者投资境内金融市场稳步推进，资本项下跨境使用将成为下一阶段人民币国际化的发力方向，这为上海打造全球人民币资产交易、定价、清算中心提供了难得的历史机遇。

四是“十二五”上海国际金融中心建设快速推进机遇。随着我国利率市场化改革和人民币汇率形成机制的有序推进，“十二五”期间上海将进一步拓展金融市场广度和深度，加快开发固定收益类人民币产品，稳步推出汇率、利率、股票等为基础的金融衍生品，建设人民币跨境投融资平台，扩大境外人民币回流渠道，吸引国内外各类金融机构入驻上海，这都将有力推进上海全球人民币资产交易、定价和清算中心地位的形成。

第三，上海打造全球人民币资产交易、定价和清算中心也面临瓶颈挑战。

一是金融市场广度、深度和开放度不足，价格发现和形成机制尚不健全。上海金融市场的广度、深度和开放度距离成熟国际金融中心的要求还有较大差距。广度不足的金融市场参与者主体结构不均衡，机构投资者比重偏低，市场价格难以及时准确反映市场供求状况和未来预期；深度不足的金融市场难以为风险偏好和回报要求不同的投资者提供多样化的投资渠道，金融市场弹性不足，市场价格反馈机制和纠正能力欠缺，难以有效规避市场的系统性风险；开放度不足的金融市场与海外市场联通渠道狭窄，境外市场主体难以有效参与，资产价格的国际影响力不足。

二是金融创新能力较弱，人民币投资品种较少，投资渠道不畅。打造交易、定价、清算中心需要有与全球投资者需求相匹配的人民币产品创新能力、健全的交易机制和完善的清算体系。当前上海的金融创新能力总体较弱，满足不同类型投资者的多样化人民币投资产品较少，缺乏面向境内外投资者的高效、便捷的投资渠道。

三是高端金融人才缺乏。金融资产的交易、定价、清算对人才有着很高的要求。在总量上，上海的金融人才数量与西方发达国家金融中心相比存在明显差距，难以满足打造交易平台、定价机制和清算体系的人才需求。在结构上，上海缺乏既精通国际惯例、法律规范，又掌握金融知识的复合型人才；缺乏在世界一流金融资产交易、清算机构有工作经历的高层次金融人才；缺乏精通金融风险管理、资产定价、衍生品设计等高端金融工程的专业人才，难以满足各类金融产品创新与清算的专业性和技术性要求。

四是金融税收制度制约。营业税方面，适用于金融业的现行营业税制存在重复征税和赋税较重的问题，阻碍了金融机构的发展壮大。所得税方面，我国现行个税制度对收入较高的金融从业人员吸引力不大，难以吸引到海外高端的金融人才。税制方面，利用印花税管理和影响金融交易的税制尚未建立起来，缺乏促进和影响金融交易的杠杆。上海要打造全球人民币资产交易、定价和清算中心，必须率先探索推进系统性的金融税制改革，加快形成与国际金融中心城市相匹配的金融税制体系。

三、上海打造全球人民币资产交易、定价和清算中心的总体思路

未来十年是上海国际金融中心建设的关键时期，也是上海打造全球人民币资产交易、定价和清算中心的重要时期，必须紧紧抓住人民币国际化加快推进机遇，以推进多功能多层次人民币资产交易市场体系建设为核心，努力构建科学合理、迅捷灵敏的人民币资产价格形成机制，加快形成布局全球、便捷高效的人民币资产清算网络，不断增强全球人民币资产配置能力，努力掌控全球人民币资产国际定价权，全面提升上海国际金融中心的核心功能和国际影响力。

上海打造全球人民币资产交易、定价、清算中心，要着力在提升要素能级、增强市场功能上下功夫，重点把握好以下几个原则：

一要着力实现市场规模和能级的持续提升。稳步推进市场、主体和要素资源的规模扩张，重在提升各类金融要素市场能级，不断夯实全球人民币资产交易、定价、清算中心的发展基础。

二要发挥好政府引导和市场主导作用。充分发挥政策支持和市场机制的作用，按照人民币国际化进程和我国金融改革开放战略部署，积极稳妥推动各类以市场需求为导向的人民币金融产品、工具和业务创新在上海先行先试，充分激发各类市场主体活力。紧紧

依托部际协调机制的作用，在中央有关部门的指导和支持下，发挥好上海地方政府部门对金融创新和金融开放的政策引导作用，促进金融创新稳妥有序进行，加强金融监管，防范金融创新风险。

三要稳步提升对内对外开放水平。按照局部突破、稳步推进策略，推动金融要素市场、参与主体、交易产品、人才支撑、运作环境等与国际接轨，不断提高金融市场对外开放水平。充分依托长三角地区乃至全国广阔的腹地优势，依托上海改革开放前沿优势，着力吸引国内外资金、金融机构到上海集聚发展，全面提升上海金融市场的集聚辐射功能。

四要加快推进体制机制创新。加快推进与国际规则惯例接轨的制度改革和创新，逐步突破制约人民币资产交易、定价、清算功能发挥的体制、管制、税制和法制等制度瓶颈，不断优化人民币资产交易、定价、清算中心建设的软环境，增强国际金融规则参与和制定能力。

根据中央提出的到2020年基本建成国际金融中心的战略要求，上海打造全球人民币资产交易、定价和清算中心，可以分“两步走”：

第一步是到“十二五”期末。随着跨境贸易结算的日益扩大和资本项目的逐步开放，人民币产品和服务创新不断丰富和优化，上海金融市场的交易规模进一步扩大，资源配置能力和效率明显提升，人民币交易、清算和结算体系逐步完善，基本形成主要人民币产品的价格发现和形成机制，基本确立上海在全球的人民币资产交易、定价、清算中心地位。

第二步是到2020年。人民币成为广为接受的国际贸易结算货币，国际投资货币和储备货币职能显著增强，基本形成品种丰富、高效便捷的人民币资产交易体系，基本形成人民币资产国际定价能力，基本形成服务高效、监管规范的人民币国际化跨境支付清算体系，参与国际金融规则制定能力显著提升，国内外高端金融人才和金融机构大量集聚，基本建成全球人民币资产交易、定价和清算中心。

四、上海打造全球人民币资产交易、定价和清算中心的重点举措

上海打造全球人民币资产交易、定价和清算中心是一个长期的过程，也是一项系统工程，需要坚持不懈的努力。要紧紧抓住当前有利时机，重点推进以下几个方面工作：

1. 以健全多层次资本市场体系为核心，加快确立全球人民币资产交易中心地位。资本市场是现代市场经济最复杂、最高级、最活跃的经济形态，是资产交易中心的首要功能载体和体制基础。要着力从以下几方面推进多层次资本市场体系建设，加快确立全球人民币资产交易中心地位。

一是积极拓展资本市场功能，不断扩大人民币资产交易规模。一要不断完善股票市场体系建设。继续推进主板市场建设，不断完善和提高主板市场功能，积极探索不同市场和层次间上市公司的转板机制；积极推动代办股份转让试点扩大方案，加快上海股权托管交易中心的建设和运作，加快与统一监管的全国场外市场相衔接，为多层次资本市场培育输送上市资源。二要加快债券市场发展。不断扩大债券市场的深度和广度，尽快提高债券融资在直接融资中的比重，不断优化债券市场参与主体结构。三要积极推动票据市场发展。积极探索建立适合票据市场发展的有效组织形式，推动建立全国性票据交易平台，发展成为全国性的票据交易中心。四要努力推进其他资本市场发展。稳步推进商品期货市场、金融期货市场等衍生品市场发展。大力推进保险市场发展，加快发展再保险市场。扩大贷款转让市场规模，

推进全国性贷款交易中心建设。健全信托登记服务，推进全国性信托产品托管、登记、交易结算中心建设。全面增强资本市场整体包容能力，扩大市场覆盖面，加快形成国际化、规模化的人民币资本市场格局。

二是加快人民币产品创新，进一步丰富人民币资产交易品种。一要加快股票、债券等基础性金融产品的发展。大力推进跨境ETF产品在上海证券交易所上市交易，加快公司债、短期（超短期）融资券、中期票据、集合票据、外币债券等债券品种发展，探索推出项目收益债券、私募融资工具等新的债券品种。二要加快各类基于人民币利率、汇率的基础产品、结构性衍生产品等的研发力度。加快研究并在条件成熟后推出以利率、汇率等为基础的金融衍生产品，实施开展结构性产品试点，不断丰富人民币衍生产品体系，将上海建设成为人民币场外利率、汇率衍生产品的主要交易场所。三要加快期货、期权等衍生产品创新发展。推进原油期货等新的大宗商品期货品种开发和上市交易，推进白银、商品指数及期权产品开发上市。有序推进股指期货产品创新，适时推出股指期货期权、个股期货期权以及银行板块指数、地产板块指数等衍生产品。

三是进一步提升资本市场开放度，加快人民币资产交易市场国际化。一要进一步提高上海资本市场国际化水平。积极稳妥推进国际板建设，做好制度设计与风险防范。加快发展境外人民币债券，吸引更多国内外的投资者，逐步提高上海金融市场配置国际金融资源的能力。二要加快推进交易主体国际化。大力吸引国际知名金融机构在上海设立地区总部，争取更多国家级金融机构、功能性机构放在上海，争取吸引国际和区域性多边金融机构入驻上海。积极推进私人股权投资等新兴投融资机构集聚，吸引国内外金融机构资产管理中心、私人银行、大企业财务管理公司、企业年金、PE、VC等在上海落户，使上海成为新型金融机构的核心集聚地。三要健全人民币资产交易机制。不断完善人民币询价交易机制和做市商制度，积极探索境外人民币流动和交易机制，健全人民币信用评级体系，合理规范交易行为，建立健全人民币资产风险预警机制。四要鼓励支持沪港共建全球人民币资产中心。推进上海在岸人民币资产市场与香港离岸人民币资产市场发展，充分发挥二者互补、互动、互促作用。鼓励两地金融机构合作推出以人民币计价或交割的各种创新型金融产品。依托上海银行间同业拆放利率为基准利率和基准汇率，推动建立沪港联动的离岸人民币远期汇率形成机制，促进沪港两地人民币金融市场协调发展。

现阶段加快上海全球人民币资产交易中心建设，建议重点从以下几个方面突破：一是抓住我国直接融资快速发展机遇，加快推进银行间、交易所债券市场协同发展，健全两个债券市场互联互通制度，推进建立统一互联的交易结算机制。二是抓住我国利率市场化、汇率形成机制改革机遇，稳步推进人民币期权、期货和利率期权、期货等产品创新，满足市场多元化投资需求。三是抓住人民币国际化和我国资本账户逐步开放机遇，推进符合条件的境外企业和机构在境内发行人民币债券和股票，加快推进跨境人民币直接投资业务。

2．以全球人民币资产交易中心为依托，加快形成全球人民币资产定价中心功能。人民币资产交易市场的供求关系是人民币资产价格的定价基础。上海要紧紧依托全球人民币资产交易中心的市场规模扩张和功能提升，加快占领人民币资产定价的国际制高点，尽快确立上海全球人民币资产定价中心地位。

一是不断增强人民币汇率定价权。一要稳妥推进利率市场化改革。在国家相关部门指导下，大力发展人民币场内交易，稳步推进人民币衍生品交易市场发展，完善中国国债市场无风险利率定价，推动各利率产品定价市场化，打造市场化的利率体系，为远期汇率合理定价创造条件。二要不断巩固和提高上海同业拆放利率作为人民币基准利率、基准汇率的地位。不断完善 Shibor(上海银行间同业拆放利率)形成机制，扩大货币市场同业交易中外资银行的参与度，提高 Shibor 报价质量和交易基础。进一步强化 Shibor 在货币政策传导机制中的作用，充分发挥 Shibor 对各类人民币产品定价的指导作用。三要充分发挥浦东先行先试示范效应。探索建立人民币在岸 NDF（无本金交割远期外汇）交易试验区，推动在岸人民币 NDF 交易市场发展。逐步向具备资格的法人银行放开境外人民币外汇无本金远期交割和期权业务，积极稳妥引进境外金融机构参与境内人民币衍生产品市场交易，不断扩大境内人民币定价影响力。

二是加快期货市场发展，提升大宗商品国际定价地位。一要进一步提升期货市场价格发现和定价功能。借助上海期货交易所黄金、线材、螺纹钢、燃料油、铜、铝、锌、天然橡胶等大宗商品的交易基础，不断提升我国贵金属、钢铁、有色金属、天然橡胶等大宗商品在国际贸易中的定价权，积极争取原油等战略性资产的国际话语权。二要健全期货市场套期保值功能。建立健全科学合理的国有企业参与套期保值考核体系，鼓励和支持企业审慎开展套保业务，稳步提高企业利用期货市场管理经营风险水平。三要鼓励上海期货交易所积极参与全球范围的交易平台兼并整合。探索对国外交易所的参股并购、全球交易终端设立以及合约互挂等业务，不断提高国际期货规则制定参与度和话语权。

三是大力培育和发展金融中介机构，发挥市场定价引导功能。一要加快推进传统金融机构、新型金融机构、专业服务机构的有效对接。积极培育具有国际影响力的金融服务中介机构，建立健全金融服务方式和手段，提高金融市场效率和服务能力，重点培育会计、审计、资信评级、法律服务等专业服务机构，形成完整的金融服务产业链。二要增强金融中介机构市场定价研究能力。进一步发挥中介机构的风险过滤、产品创造、价值发现以及风险组合等功能，不断提升对全球金融资源的分配权和主导权。三要有序引进国外优秀金融中介机构。提升市场定价引导能力国际化、信息化水平，提升中介机构行业整体运行效率，增强中介机构的国际竞争力。

现阶段加快上海全球人民币资产定价中心建设，建议重点从以下几方面突破：一是积极培育以 Shibor 为定价基准的各类衍生产品，如浮息债权、利率互换、利率期权等。二是探索向具备资格的法人银行放开境外人民币外汇无本金远期交割和期权业务，探索有衍生品经营资格的法人银行代理内地企业参与香港 NDF 和 NDO（无本金交割远期外汇选择权）市场交易。三是积极争取在上海推出原油期货，争夺国际原油定价权。四是探索推出有色金属指数期货。

3. 以不断提升金融运行效率为抓手，全力打造全球人民币资产清算中心。上海要增强人民币资产清算中心的国际竞争力和影响力，必须加快以中央银行跨行支付清算系统为核心的现代化支付清算网络体系建设，不断夯实全球人民币清算体系基础，使上海成为连接境内外支付清算体系的枢纽。

一是建立和完善人民币清算体系，夯实国际清算中心基础。一要推进人民币登记清算服务功能的整合。加快打造货币、证券、外汇、期货、黄金等金融要素交易市场间集中、统一、互连并与全球主要金融市场接轨的清算平台。二要加强支付、证券、外汇、电信和银行内部基础设施之间的兼容性、关联性和应变性建设。加快完善中央银行实时全额支付系统、外汇跨境支付系统及证券托管结算系统建设，加快全球各金融市场之间人民币支付清算业务的直通式处理。三要积极探索设立以上海清算所为中央对手的人民币全球清算机构。推进构建多币种支付清算系统以及本币与外币支付清算系统之间的PVP（同步收付）渠道，加快完善覆盖全球的人民币清算网络。四要依托人民银行征信中心，加快建立全国统一、与国际接轨的综合性金融信息服务机构。推动高效、优质、集中的人民币国际化清算服务平台建设，形成全球人民币跨境活动情况的动态监测网络。

二是创新和优化人民币清算业务，提升国际化清算功能。一要积极推动人民币跨境贸易结算。抓住跨境人民币结算扩大机遇，探索在上海设立人民币跨境结算中心，并在此基础上形成人民币全球清算体系。二要积极拓宽人民币回流渠道。推动人民币跨境直接投资，逐步向境外人民币持有主体开放证券、期货、金融衍生品及黄金等市场。充分发挥香港在亚太地区国际结算的优势，建立人民币和日元、港元、新台币之间的交流机制，推动建立亚太地区银行间的清算和结算体系。增强管控跨境资本流动风险能力，防范人民币大规模异常回流风险。三要加快推出与创新金融产品相配套的集中清算机制。推动银行间债券、外汇市场形成相对独立的专业化净额清算体系，为新型货币市场工具、非金融企业债务融资工具、现金流支持结构性产品等金融产品提供创新清算服务，探索场外衍生品集中清算路径，积极拓展创新金融产品的服务领域。

三是扩大清算市场开放度，提高清算中心国际竞争力。一要加快推进通过代理银行连接、数据转换连接、托管转账连接或系统全面连接。积极探索通过支付清算系统的跨国合并、参股以及在其他国际金融中心中心设立系统接入网点，实现人民币全球支付清算体系的联网。二要积极促进清算机构发展。鼓励国内优秀清算机构“走出去”，拓宽人民币全球支付清算工具和服务范围。积极引进国外优秀清算机构，加快与国际清算体系接轨，提高国内清算机构整体水平。三要全面提升监督和保障人民币全球清算基础系统和网络安全运行水平。探索建立收取交易保证金和抵押品、成立共同清算基金、扩充资本金规模等多层次风险防范机制，不断增强人民币全球清算体系的规模经营效益和承担风险能力。

现阶段加快上海全球人民币资产清算中心建设，建议重点从以下几个方面突破：一是积极推进国内商业银行在沪设立全国清算机构，拓展境外清算网络。二是以上海清算所为平台，进行场外衍生品市场引入中央对手试点，探索场外衍生品集中清算路径。三是结合跨境贸易人民币清算扩大趋势，加快在上海建立跨境人民币支付清算体系。四是加快推进多币种支付清算系统建设，实现本币与外币支付清算之间PVP渠道和程序。

（研究单位：上海市发展改革研究院）

上海国际航运发展综合试验区研究（摘要）

2009年4月，国务院正式发布《国务院关于推进上海加快发展现代服务业和先进制造业建设国际金融中心和航运中心的意见》（国发[2009]19号，以下简称国发19号文），明确提出，要探索建立国际航运发展综合试验区。这是国家在上海、天津、大连三个国际航运中心战略布局中，明确的唯一一个国际航运发展综合试验区，是适应全球经济发展格局新变化，在更高层次扩大对外开放、探索构筑新的竞争优势的重要载体，是提升我国航运业国际竞争力，开展政策创新、制度创新的试验田。探索推进上海国际航运发展综合试验区建设，有利于强化上海国际航运枢纽中心地位、更好满足全国和周边发展需求，带动和服务长三角地区、服务长江流域、服务全国。

一、探索建立国际航运发展综合试验区的主要背景

一是上海国际航运中心建设取得重大进展，已成为代表我国参与国际竞争的重要力量。主要表现为：港口能力大幅提升。2009年，上海港货物吞吐量达到5.9亿吨，国际集装箱吞吐量达到2500万标箱，分别继续名列全球第一、第二位；浦东国际机场货物吞吐量排名世界第三。航运要素加快集聚。跻身全球航运企业十强的中海集团、中远集运总部以及全球前20家班轮公司入驻上海，世界前9大船级社在上海开设代表处，唯一的国家级航运交易所位于上海。口岸服务水平名列前茅。着力推进“电子口岸”建设和“统一平台、区域联动、选择申报、多点放行”改革试点；探索实施“无纸通关”、“提前报检、提前通关、实货放行”等通关模式。

二是国家对上海航运中心建设提出了更高要求，2020年基本建成具有全球资源配置能力的国际航运中心。从19世纪初真正意义的国际航运中心出现至今，世界国际航运中心发展经历了航运中转型、加工增值型、资源配置型三个发展阶段。上海国际航运中心建设的战略目标十分清晰，国发19号文要求上海2020年基本建成“具有全球航运资源配置能力的国际航运中心”，实际上就是要求建成第三代国际航运中心。

三是东北亚国际航运中心建设竞争加剧，上海国际航运中心建设面临体制创新和政策突破的外部压力。日本政府将大阪湾沿岸的神户港、大阪港等合并为阪神港，大幅降低船公司港口使用费和港务部门行政开支、简化进港手续。韩国釜山港和光阳港与中国和日本的中小型港口开展港口合作，降低港口收费、减免集装箱税，以争夺中国北方腹地货源。中国台湾高雄港在“三通”后更将成为地区港口竞争的重要力量。上海国际航运中心建设必须加快政策突破和体制创新，主动参与新一轮竞争。

二、全球国际航运中心建设的政策借鉴

国际航运中心的演变，并不全部是市场自发形成的结果，而是市场“看不见的手”和政府“有形之手”共同作用的结果，是世界各国（地区）经济竞争、政治博弈的结果。通过对香港、新加坡、纽约、鹿特丹等航运中心，在税收、投资、金融、海关监管等方面政策的比较分析，总结提炼出六个方面的政策借鉴：

一是优惠的税收政策。以相对较低的税率吸引企业聚集。所得税率15%—20%，个别低至10%。如香港为16.5%，新加坡为17%（符合条件的地区总部所得税率仅为10%），汉堡港为15%。采用税赋较低的吨税制。汉堡、鹿特丹等在1996年就以船舶吨位、而非实际利润作为计税基准，大大降低企业税负。航运相关业务可享税收优惠。香港在港以外地区利润无需交税；新加坡对挂本国旗的船公司营运收入、船公司股息、出售船舶收益、出租船舶收入免税；汉堡自由港对船舶买卖、建造免征关税和增值税。

二是低廉的港口收费。以一艘5000TEU集装箱船为例，香港、新加坡等港口政府管理

部门收费（包括船舶港务费和船舶吨税）折合人民币分别为14737元和23148元。汉堡自由港对集装箱船总吨位超过10万吨部分免港口使用费。金融危机后，新加坡规定逗留不超过10天的远洋船舶，可以减收10%的港口费；汉堡港对超额运输量给予最高达50%的数量折扣，船公司还可以延期付款。

三是便捷的海关监管模式。实施真正的"境内关外"政策。即为提高境外与自由港之间货物进出口岸的效率，国际通行做法是不需履行报关手续。对货物进入保税区的增值部分免征关税。纽约自由贸易区对在区内的增值部分免征关税，货主还可选择"转化物关税率"；允许国内的"非保税货物"以关税"不征不退"方式进入。加强港口保税区与其腹地保税仓库的联动。鹿特丹港将保税仓库与保税运输系统连成一个整体性的保税网络，货物从保税港仓库运往内陆腹地的保税仓库无需清关。

四是相对宽松的金融管制。外汇自由兑换。香港、新加坡、纽约、汉堡、鹿特丹都实行的是外汇自由兑换政策。资金进出相对自由。香港对资金进出没有限制，对在港股息、专利权费、利息等收入可自由转移到其他地区；鹿特丹仅要求有外汇账户的企业有义务向荷兰国家银行提供与境外资金往来的报告。

五是灵活的政府管理体制。香港、新加坡、汉堡等国际自由港都实行充分授权、高度统一、简化便捷的行政管理；在行政管理和货物监管方面，"区事区办"已成为惯例。同时，针对市场变化，迅速决策，灵活反应。如为应对金融危机，新加坡进一步强化了其海事金融优惠计划。

六是完善的法治政策环境。建立保护投资人合法利益的法律制度。香港通过健全的法规和条例，建立了一套便捷的管理程序、审批手续。新加坡规定，新加坡国民可设立的五种公司类型外资均可设立；规定了最为宽松的股权比例，大多数行业与项目，外国投资人可拥有100%的股权。

三、上海国际航运发展综合试验区的政策创新建议

战略定位：围绕到2020年基本建成航运资源高度集聚、航运服务功能健全、航运市场环境优良、现代物流服务高效，具有全球航运资源配置能力的国际航运中心的总体目标，通过持续的政策创新、制度创新和体制创新，率先形成符合国际惯例的自由港功能和制度，发展成为低成本、高效率、具有较强国际航运资源配置能力的航运特区。

突破重点：一要结合建设"资源配置型国际航运中心"的国家要求，聚焦突破阻碍企业资源、物流资源、金融资源集聚和高效运作的瓶颈障碍。二要结合"腹地型国际航运中心"的区位特点，聚焦突破阻碍国际航运发展综合试验区与腹地联动发展的瓶颈障碍。三要结合航运服务功能"短腿"的上海实际，聚焦突破阻碍航运服务体系加速发展的瓶颈障碍。

空间布局：洋山保税港区是国发19号文明确的有关综合试验区政策可以先行先试的区域，除此以外外高桥保税区、浦东机场综合保税区、临港航运服务集聚区、北外滩和陆家嘴航运服务集聚区可依托各自发展基础和区位优势，进一步集聚航运要素资源，提升航运服务功能，营造良好的航运市场环境。

政策创新：国发19号文除明确营业税减免、特案减免税、启运港退税、离岸金融政策、创新海关特殊监管区域管理制度等五项政策外，也提出了要"研究借鉴航运发达国家（地区）的航运支持政策，提高我国航运企业的国际竞争力。"因此，要进一步借鉴国际有益经

验，大胆突破、开拓创新。具体建议如下：

1. 突破割裂特殊监管区与腹地联系的瓶颈障碍，增强服务功能的政策。建立覆盖口岸与腹地的保税网络系统，增强区域保税物流联动功能。试点非保税货物以增值税“不退不征”方式进入保税港区，增强区域保税和非保税物流整合增值功能。降低综合试验区港口收费，进一步扩大港口向腹地辐射的范围。

2. 突破阻碍航运资源要素集聚的瓶颈障碍，延伸航运服务产业链的政策。对国际航运企业试点实施税赋水平较低的“吨税制”，以国际航运企业为龙头带动上下游服务产业集聚。对国际业务实施有竞争力的所得税，加快离岸贸易、离岸金融、总部企业集聚。实施有利于吸引高端人才集聚的个税政策，加快航运、贸易、金融等人才集聚。

3. 突破阻碍物流集聚、高效增值的瓶颈障碍，增强物流配置功能的政策。实施真正的“境内关外”政策，增强国际物流入区中转和增值的便利性。试点中资“方便旗”船沿海干线重箱捎带业务，提高洋山深水港在全球物流网络中的地位。实施航运企业经营便利化政策，鼓励航运企业进一步扩大航运业务。

4. 突破阻碍国际航运船舶落籍注册的瓶颈障碍，发挥船舶集聚对船舶管理、船舶融资等服务业集聚带动作用的政策。依托海关特殊监管区保税政策，建立有国际吸引力的“船舶特别登记制度”。建立“船舶特别登记制度”管理框架，优化船舶登记注册流程。加强船级管理制度配套，增强“船舶特别登记制度”对国际航运船舶的吸引力。

5. 突破阻碍资金集聚的瓶颈障碍，促进航运与金融联动的政策。加快完善企业开设离岸账户政策，促进国际航运发展综合试验区离岸金融功能提升。加快单船单机融资租赁业务创新，拓展航运资金集聚渠道。加大对内对外开放力度，促进国内外航运资源加快集聚。

（研究单位：上海市发展和改革委员会、上海市发展改革研究院，本研究课题获 2011 年度国家发展改革委优秀研究成果奖二等奖）

上海大宗商品价格指数体系建设研究（摘要）

一、上海建立大宗商品价格指数体系背景分析

1. 全球大宗商品价格变化对我国的影响。近几年来，国际政治和经济环境的相对稳定为我国国民经济的发展提供了良好的条件，目前，我国已建成较为完善的大宗商品期货、现货市场体系，在资源优化配置方面起到了举足轻重的作用。从消费量和进口量上来说，中国理应在全球大宗商品定价上拥有一定的发言权，然而我国企业在石油、铁矿石、有色金属、农产品等一系列大宗商品的定价上基本上处于从属地位。近年来全球大宗商品的价格经历了大幅上涨及剧烈的波动，大宗商品价格的高涨不仅使国内企业承受着高成本的压力，同时也带来了输入性通货膨胀，影响国民经济的可持续发展和企业竞争力的提高。

2. 全球大宗商品定价模式演变及现状。全球大宗商品定价模式经历了从现货交易单一模式到指数定价、掉期交易定价以及谈判定价模式等多种定价模式的演变。

主要包括：现货交易定价模式、期货定价模式、协议定价模式、指数定价模式、招标定价模式、中远期电子交易模式、掉期交易定价。

3．造成我国在大宗商品定价权上缺失的原因。主要有：第一国内市场发育不全；第二、国际大宗商品交易市场供应商的垄断地位；第三、企业对信息的重视度和国际贸易认识不足。另外，相对欧美来说，我国金融系统稚嫩、金融发展滞后，熟稔衍生品定价机制的人才储备不足。且由于国内各方参与国际贸易的主体的利益诉求各不相同，很容易由于利益分配和“搭便车”等因素而导致成效不显著。综合以上原因，造成国内缺乏科学、完善、规范、全国统一的大宗商品交易市场，也没有自己权威的、被国际贸易认可的基准价格指数，因而也没有国际定价中的“话语权”。

4．建立上海大宗商品价格指数的重要性。我国企业在石油、铁矿石方面定价都进行了不懈的努力和尝试，但由于国内、国际方面内在的原因，造成了大宗商品定价失败。建立上海大宗商品价格指数的重要性可以归结为以下几点：一是发布权威的大宗商品价格指数有利于防止市场操纵和逼仓事件的发生；二是发布权威的大宗商品价格指数有利于在吸引众多的金融和非金融机构积极参与；三是发布权威的大宗商品价格指数有利于繁荣期货市场、争夺定价话语权。

二、国外相关大宗商品价格指数经验借鉴

这一部分对国外大宗商品交易所部分价格指数及交易制度进行了介绍，包括：LME指数及交易制度、路透商品研究局指数（CRB）、道琼斯—AIG商品指数（DJAIG）、高盛商品指数（GSCI）、罗杰斯世界商品指数（RICI）、德意志银行流通商品指数（DBLCI）。

通过对国外价格指数的比较，我们发现以下特点：（1）国外六个国际商品指数多数有较长的研究历史；（2）商品指数通常是各机构投资者追踪的对象。此外，国外几个主要商品价格指数的成功经验可以归结为：一是各国政府的大力支持；二是欧美各国在金融上的领先地位和国际重要储备货币之一；三是市场交易规范化、价格透明；四是指数编制科学合理并不断完善。

三、国内及上海大宗商品交易及指数情况

1．上海大宗商品期货交易情况。上海期货交易所目前上市交易的有黄金、铜、铝、锌、铅、螺纹钢、线材、燃料油、天然橡胶等九种期货合约。2008年，增加了黄金期货合约，2009年增加了螺纹钢和线材期货合约，2011年增加了铅期货合约交易。从交易量上看来，随着上市品种的不断增多，交易量和交易金额逐年递增，从交易品种看来，主要是原油、金属类大宗商品交易，从全国占比看来，随着郑州、大连期货交易所上市品种的增多，上海期货交易所的交易总量和交易总额比2007年有所下降，基本趋于稳定。

2．上海大宗商品中远期交易情况。类似早期国内的期货市场，国内大量中远期电子交易市场的产生有其一定的历史原因、技术条件和现实需求，是现货交易和期货交易的一种补充，但由于缺乏强有力的监管，对正常的市场秩序构成一定的威胁，并影响全国性交易中心

和定价中心的形成。目前，大宗商品中远期现货市场存在着数量众多，管理混乱，缺乏监管机制等问题。

3．上海大宗商品价格指数运行情况。大宗商品价格指数方面，国内相关指数较多，主要有：上海有色金属价格指数（SMMI）、中国大宗商品价格指数（China Commodity Price Index）、中国铁矿石现货价格指数和我的钢铁网中国铁矿石价格指数等。可见，现有价格指数主要是以现货交易和中远期交易价格为基础的居多。但无论官方还是独立机构推出的价格指数，大都是形式大于意义，影响力微乎其微。在指数的编制过程中，样本选取、基期确定、方法和权重的设置上，都缺乏一定的认可度。以中国大宗商品价格指数（China Commodity Price Index）为例，该指数于2004年推出，到目前为止，尚未被大众所熟知，更不要谈及被国际市场所认可。

四、建立上海大宗商品价格指数体系的建议

1．上海争夺大宗商品定价中心所具有的条件。

（1）地域位置上的优势。上海地处华东地区，同时作为长江的龙头，上可辐射到华北地区，下可辐射到华南地区，沿江可辐射到中西部地区，其辐射面之广，是国内其他城市无法比拟的。基础设施建设上，上海正在形成包括交通运输、加工代理、仓储配送、信息网络等多环节组成的物流大循环系统，上海拥有中国最大的港口——上海港，贸易量的快速增长，使得上海成为世界贸易量最大的港口，相比其他城市有更好的地域优势。故上海具备有利的地缘优势。

（2）经济实力上的优势。在我国众多的城市中，上海无论从历史基础、地理位置、国际化金融及贸易环境、国际知名度等方面都具备了我国发展世界金融贸易中心的实力，也是我国作为发展世界金融贸易中心城市的最佳选择。上海拥有的上海期货交易所，交易的商品主要是金属类制品，这也是我国主要的进口大宗商品种目。同时上海具有相对规模和完善制度的大宗商品市场体系，具有了建设大宗商品定价中心的基础和最优实力。

（3）政策支撑上的优势。国家高瞻远瞩的整体规划布局及在政策层面上的大力支持，上海市政府坚定不移、不遗余力对战略政策和规划目标的执行，使得上海在“十一五”末已经形成了“四个中心”的基本框架。上海已经具备了跻身世界金融中心的实力。这些使得上海具备成为大宗商品定价中心的外部优势。上海是我国的金融中心，作为中国最活跃的金融资本市场，未来成为大宗商品交易定价中心具有得天独厚的资本优势。同时，建设上海大宗商品价格指数体系有助于增强上海在全球大宗商品定价上的发言权，提升上海的国际地位，为中国成为全球大宗商品定价中心打下基础。

2．将上海打造成全球大宗商品定价中心应做的努力。

我国需要在强化认识的基础上，借鉴国外的成功经验，结合我国特定的国情，为期货交易和交割创造良好的外部条件，使上海逐步发展成为全球大宗商品定价中心。

（1）将上海打造成活跃的大宗商品现货贸易中心。期货的发达离不开现货的支持。欧美国家在期货市场上拥有定价权的形成也是依靠现货贸易发达来实现的，虽然现在这些国家制造业向外转移，但当初它们的现货贸易是相当发达和完善的，而且全国现货定价权也相对集中。

同时，应注重期货的实物交割。借鉴发

达资本主义国家，通过期货市场确立大宗商品定价权的经验，只有形成在某种商品具有相当大的交割量时，即：形成具有绝对数量的贸易量，该种商品的贸易高度活跃，贸易高度发达，贸易中心的主体地位才能获得。

（2）完善法律法规，扩大期货市场的对外开放。期货市场对外开放不仅是大势所趋，也是促进中国期货市场科学发展、争夺大宗商品国际定价权的需要。为此，我们建议政府监管部门在期货市场“走出去”和“引进来”方面的步伐可以迈得更大一些。一方面，中国期货市场要“走出去”，如允许交易所、期货公司在国外设立分支机构，或者与国外交易所、期货公司进行合作甚至对外兼并，允许更多的国内企业稳健参与国际期货市场；另一方面，允许境外期货公司通过与中国本土期货公司合作、合资，同时加强对外宣传以吸引更多的国外企业进入国内期货市场，参与我国大宗商品期货价格的形成，这有利于提高我国期货市场及“中国价格”的国际影响力，有利于争夺大宗商品的国际定价权，当然，这还需要在人民币汇率形成机制和外汇管制等方面也进行相应配套的改革。

（3）加强大宗商品供需和定价方面的研究。我国目前在大宗商品供需和定价方面有深入研究的机构和企业很少，在市场上缺乏影响力，对市场的预判大多是人云亦云，在大宗商品定价上当然难有发言权。相比较而言，高盛、摩根大通、德意志银行等机构则在大宗商品研究上有较强的影响力。中国要想在全球大宗商品定价上形成自己的影响力，必须有自己的权威研究机构。这就需要引进和培养人才，尤其是高素质的研发人才和交易人才，行业协会和交易所应当承担起培养高端人才方面的工作。

（4）对新定价模式采用接受和开放的态度。近年来，全球大宗商品在定价上出现了许多新情况。对此，我国不能一味回避，要认真研究，并进行尝试，否则会将我国企业与国际市场隔离开来。以铁矿石贸易和定价为例，2011年度新交所得铁矿石掉期交易日均交易量达50—60万吨，一方面，我们要研究国内企业是否有必要参与这种交易从而达到套保的目的，另一方面要认真考虑在国内推出铁矿石期货的可行性。可以考虑采用Q定价或者协议矿定价模式，支持第三方咨询机构推出的指数。

3．对建立上海大宗商品价格指数的建议。

设立一个独立的指数公司进行指数的编制与协调管理。开发中国统一商品指数，目前最大的困难在于交易数据的知识产权不同，归属主体有可能引发竞争，从而带来纠纷。另外，国际商品指数编制的一个发展趋势就是，编制主体以专业化的商品指数公司或者资金雄厚的投资银行为主，因此我国商品指数期货标的指数编制与管理应借鉴国际惯例，设立一个独立的指数公司进行指数的编制与协调管理。

上海大宗商品指数应以国内期货交易标的为对象，建议借鉴德意志银行流动性商品指数，并以期货交易所交易品种中流通性较好的品种作为商品指数的标的。

（研究单位：上海市商务委员会）

8 媒体聚焦

人民日报

新华网

中国政府网站

解放日报

中国改革报

经济日报

国际金融报

新华每日电讯

抓住新机遇，加快上海国际金融中心建设（中共中央政治局委员、上海市委书记俞正声）

尊敬的各位来宾、各位朋友，女士们、先生们，大家上午好！很高兴和各位新老朋友相聚在生机勃勃的黄浦江畔，共谋发展。首先我代表上海市委、市政府对2012陆家嘴论坛的举行表示热烈的祝贺，向参加论坛的各位嘉宾以及来自世界各地的朋友们表示诚挚的欢迎。当前世界经济继续保持复苏的态势，增长前景有所改善，但经济运行当中不稳定、不确定的因素依然突出，国际金融危机深层次因素尚未消除，新的矛盾仍然在聚集。特别是欧洲深化的主权债务危机以及对金融市场和实体市场造成的冲击，再次凸显世界经济复苏的长期性和艰巨性。因此，要本着合作共赢的精神，积极应对危机，着力推动国际金融体系改革，为世界经济复苏和持续增长奠定良好的基础。

年初召开的中国全国金融工作会议指出，金融要更好地为实体经济发展服务。胡锦涛主席在G20会议上强调，要坚定不移地深化国际金融体系改革。在这样的背景下，本届陆家嘴论坛以“金融治理改革与实体经济发展”为主题，重新审视金融和实体经济的关系，探讨如何使金融治理改革更好地适应实体经济发展的需要，实现两者均衡协调的发展，无疑具有重大的意义。我相信通过大家的精彩交流和深入探讨，本届论坛一定会取得丰硕的成果。

2008年国际金融危机爆发以来，中国政府果断应对，及时实施了一系列有效的措施，保持了国民经济平稳较快增长，为拉动全球经济的复苏作出了重要的贡献。上海作为我国对外开放程度最高的城市之一，国际金融危机给上海带来的冲击更为直接、更为明显。在应对金融危机的关键时刻，国务院发布关于上海“两个中心”建设的19号文件，为上海克服国际金融危机的影响、加快推进“两个中心”建设提供了强大的动力。

几年来，我们认真贯彻党中央、国务院的部署和宏观调控政策，坚定不移地推动创新驱动、转型发展，在中央各部委和在座的金融管理部门同志们的大力支持下，经过不懈的努力，上海在应对国际金融危机、加快国际金融中心建设和促进增长方式转变方面取得可喜的成绩。五年来全市生产总值连续每年平均增长10.3%，2011年金融交易额达到418万亿元，金融业实现增加值2240多亿元，占全市生产总值的11.6%。

全球金融的重心正呈现出向亚太转移的趋势，这是近年来国际金融市场的一个显著发展，如何抓住这种新机遇，加快推进上海国际金融中心建设，提高中国在全球金融体系中的影响力，是摆在我们面前的一项重要任务。

去年年底经过国务院同意，国家发展改革委发布了《“十二五”时期上海国际金融中心建设规划》，明确提出，要抓住人民币跨境使用进程加快的历史性机遇，不断增强上海金融市场的国际内涵和全球影响力，力争到2015年，基本建成上海在全球人民币产品创新、定价和交易、清算中心的地位。今后一个时期，上海国际金融中心建设将积极符合规划要求，紧密结合国际金融体系发展的情况，为人民币“走出去”提供强有力的支撑，在全球化进程中更好地发展自己，并以自己的科学发展促进全球化更健康地向前迈进。

女士们、先生们，金融治理和实体经济

的关系，是我们在新时期面临的一个老问题，需要国际社会共同探讨，寻求新的答案和方向。上海推动创新驱动、转型发展和建设国际金融中心，需要学习、借鉴世界各国、各地区的成功经验。参加本次论坛的来宾，都是国内外经济、金融界知名人士，对世界经济金融形势有着独到的见解，并且十分关心和支持上海的发展。本届论坛期间，希望诸位积极为金融治理改革、为金融服务实体经济的能力提升、为上海的经济发展提出宝贵的意见。相信各位的远见卓识，必将为我们带来有益的启迪和帮助。

最后预祝本次论坛取得圆满成功。谢谢大家。

（来源：中共中央政治局委员、上海市委书记俞正声在2012陆家嘴论坛开幕式上的致辞，2012年6月29日）

解放日报：创新应该融入每一个细胞（上海市委副书记、市长韩正）

创新的文化不是政府管出来的

人民日报：韩市长您好，我是人民日报的记者。记得去年底您跟现代服务业创业者座谈的时候，曾谈到创新是上海的灵魂。上海处于改革开放的前沿，许多新问题、新情况都是上海首先遇到的，如果没有创新的精神，非常难以解决。我想问的问题是，今年我们会出台什么样的政策举措来促进创新？

韩正：创新应该贯穿于我们所有工作之中。你采取措施并不是最重要的，最重要的要树立一种创新的精神，有了这样一种精神，我们所有的措施可以贯穿于所有的工作之中。我们越来越感觉到，上海要创新驱动、转型发展，建设“四个中心”，创新是上海城市的活力所在、希望所在，没有创新，“四个中心”不可能建设，转型发展也不可能成功。对上海来讲，创新是实实在在放在我们面前的、每个人必须思考的问题。

我看了一些资料，世界很多大城市在转型发展的时候也都遇到过类似的问题，有成功的，有不成功的，我在“两会”发言中也谈到了一些体会。通过创新来推动城市的转型发展，始终保持旺盛的活力，我觉得第一是科技，第二是人才，第三是宽松、宽容而开放的创新环境。宽容、宽松、开放的创新环境对上海来讲是非常非常的重要。对于创新环境的营造，政府也有一个管理创新的问题。往往很多创意产业、创新的文化并不是政府管出来的，而是政府要创造一个宽松的、宽容的而且是全开放的环境。上海本来就是海纳百川的文化，应当具有这样的气质。当然这种精神一定要体现在我们的工作之中。实际上今年创新的突破口、亮点会很多，譬如大家关心的增值税改革，这是重大的制度创新。再譬如张江国家自主创新示范区，大家不要理解为张江就是浦东的张江，这个“张江”我们讲的是“大张江”，张江是一个覆盖到上海8个科技园区的大张江，在涉及很多区的大张江范围里都来实现创新突破，如股权激励的问题。还有政府改变过去传统的管理和审批模式，管理进一步创新，这些方面今年都会有很大突破。这次“两会”中大家形成的一个共识就是，上海的创新驱动、转型发展，创新的精神和创新的理念应当体现在、或者说应该融入到上海这座城市的方方面面、每一个细胞，只有这样，上海才能始终有旺盛的活力。我们创新驱动、转型发展，一定会取得成功。谢谢。

香港的很多经验值得上海学习

凤凰卫视：韩市长您好，我是凤凰卫视记者。我们知道沪港经贸会议第二次会议刚刚在上海举行，这次会议在沪港两地企业联合开拓市场以及沪港两地金融市场的互设等方面都做了探讨。您认为这些合作项目特别是金融方面的合作项目能不能很快地确立和推进，目前还有哪些困难？您怎么看待沪港两个城市的关系？对于沪港两地的经济发展会有什么影响？谢谢。

韩正：前不久我和曾荫权特首共同主持召开了关于进一步组织和加强上海和香港两个城市经贸合作的会议，今年是第二次会议。记得第一次会议是我和董建华特首在香港召开的。第二次会议是在原来的基础上，对两个城市在经贸领域以及在经贸领域以外的合作，譬如讲人员合作、教育合作、科技合作、旅游合作等方面进行的进一步拓展。实际上，上海和香港之间的关系是很紧密的，无论是企业界、政府间、民间，经贸、科技、教育、文化、旅游等方面，合作是非常非常密切的。

每次见到香港记者朋友，他们最喜欢问我的一个问题就是：香港的金融中心和上海的金融中心是竞争还是合作？咱们是兄弟加朋友，香港的很多经验值得上海学习。香港已经是比较成熟的、区域性的国际金融中心，上海还在发展的过程中，香港在很多方面是值得上海借鉴和学习的。刚才问到了金融方面的合作，我觉得这个合作是很现实的。譬如香港人民币合格境外投资者，境外人民币回流通过香港这个平台，可以到境内来进行投资，包括证券市场的投资，这也是促进沪港两地在金融领域的合作。还有 ETF 产品在上海的交易，这些都是促进两地在经贸领域、金融领域合作的一些新的成果。在人才上，两地交流的空间也很大，香港的金融人才要比上海更多、更丰富，在这方面两地交流的潜力还非常之大。我们非常希望通过两地的交流，共同推动香港和上海的繁荣和发展。谢谢。

金融中心也是防范风险的中心

文汇报：韩市长您好，我是文汇报的记者。关于上海国际金融中心建设的问题，我们大家都十分关注上海在金融领域的先行先试和改革突破，能不能介绍一下今年上海在金融领域的创新，包括股权托管交易中心、外资股权投资中心和国际板，有没有最新的进展？谢谢。

韩正：你一口气提了四个问题，金融中心建设、股权托管交易中心、外商投资股权投资企业还有国际板，我一一作回答。首先关于上海国际金融中心的建设。上海国际金融中心建设目标是很清晰的，我们的目标就是到 2020 年建成与我们国家经济实力和人民币的国际地位相适应的国际金融中心，这个目标是很清晰的。在具体的路径上，聚焦几项重点：第一是发展市场，因为金融中心要有市场体系，我们正在不断地推进，应当说现在已经具备了比较完整的市场体系。第二是聚焦各类主体，也就是说在上海要有更多的金融机构，因为金融机构才是金融市场的主体，要有更多的市场主体。现在上海各方面金融机构每年都有所增加，而且它的能级也越来越强。第三是上海必须要有良好的金融生态发展环境，我们积极配合国家各有关部门在上海的这一环境建设上的工作，上海市政府应当在这方面作出更大的努力，这方面每年也有所进步。还有一方面就是金融人才高地的建设。金融中心建设需要大批的金融人才，需要本地的、需要来自于国际、国内的各方面的人才。如果这四个方面的工作，每年都有所突破，上海的金融中心建设就会取得一个新的局面。

刚才讲的几个具体问题，属于市场和产品的一些创新领域。关于股权托管交易中心，股权托管交易中心上海在2010年就成立了，这个中心的定位，就是在证监会的统一监管和领导下，和全国的场外市场相衔接，它是要培育多层次的上市资源。这方面的工作，下一步的延伸就是托管交易市场，这个市场的建设在证监会的指导和支持下，各项筹备工作非常顺利，近期就可以正式启动。

关于外商投资股权投资企业，实际上在去年的1月份，在国家外汇管理局等有关部门的大力支持下，上海已经出台了一个实施办法，在全国是率先试点的。现在外商投资股权投资企业总体发展是良好的，有14家企业，总的基金超过140亿元。所有这些推进、创新的市场产品和工作，最重要的是要把握两条基本原则：一是任何产品推出首先要有规则，也就是说你必须依法依规来进行你的金融活动，依法依规，金融市场才可持续发展；二是要防范风险，金融中心也是防范金融风险的中心，只有把风险防范了，才能更好地保护投资者的利益，这是和生态环境、和金融中心的建设密切相关的。我们所有的创新工作，就是在国家各个监管部门的帮助支持下，按照这两条原则来推进。

刚才提到国际板，大家很关注。2009年国务院19号文件，就明确提出了适时推出国际板。什么叫做“适时”？国际板推出有一系列的准备工作需要做，规则、制度、交易的很多规则等，这些工作，上海市政府正积极配合国家有关部门在顺利地推进。当然，国际板推出是要有时机的，现在并不是推出国际板的最佳时机。因此，国际板推出现在并没有时间表。谢谢大家。

重点不是吞吐量，是航运服务业

解放日报：韩市长您好，我是解放日报的记者。我关注的话题是国际航运中心建设。我们知道去年在全球航运经济不是很景气的情况下，上海港年集装箱吞吐量还是突破3000万标箱。同时又有不少观点认为，上海在航运服务业、定价和话语权等方面，离世界一流水平还有一定的差距。想请问一下韩市长，接下来上海是否考虑在航运服务业尤其是航运金融、航运保险、航运信息以及定价等高端领域有所突破，未来上海建设国际航运中心主攻的方向在哪里？谢谢。

韩正：我非常赞同你在提问中间的一些观点。上海国际航运中心建设我们硬件不错，软件还有差距。所谓硬件就是我们的集疏运能力，去年集装箱吞吐量超过3000万标准箱，这是很大的数字，因为当今世界年吞吐量超过3000万标准箱的只有一个港口就是上海港。但这个成绩我们不能骄傲，这只是反映了我们硬件的水平和集疏运能力的水平，这方面的能力也不能反映我们真正的竞争力。

国际航运中心建设硬件的发展总体上还是容易的，核心是软件的提升，这才是核心竞争力，我们软件发展还是有很大差距。上海国际航运中心下一步建设目标，就是要在现有硬件和集疏运体系的基础上，重点发展航运金融、航运信息、航运代理、航运定价服务等等，这些航运服务业发展上去，我们才可以增加话语权，甚至于才有定价权，我们的竞争力才能提升。所以这方面，无论是“三港三区”的发展，还是我们各个政策点上的突破，都应当朝着软件的提升、航运服务业的发展这些方面去突破。硬件不是一点不发展，重点不是吞吐总量，更不能再加上陆运的运输数量，我们这个城市也承受不了。硬件的吞吐量主要是要增加国际中转和水水中转，但是重中之重，我们所有资源的倾斜和注意力就是要在航运服务业发展方面，在国家各有关部门的大力支持、帮助下，争取每年有所突破，提升上海国际航运中心的竞争力，真正使上海航运中心具有国际资源配置的能力。谢谢。

（来源：解放日报，上海市委副书记、市长韩正在“两会”期间回答中外记者提问，2012年1月17日）

中国政府网站：国家发展改革委、上海市政府有关负责人就《“十二五”时期上海国际金融中心建设规划》答记者问

日前，国家发展改革委正式印发《“十二五”时期上海国际金融中心建设规划》（以下简称《规划》）。就此，记者采访了国家发展改革委有关负责人和上海市政府有关负责人。

问：《规划》编制的背景和重要意义是什么？

国家发展改革委负责人：建设上海国际金融中心，是我国现代化建设和改革开放的重要举措，也是上海市转变发展方式，推动结构调整的重要举措。2009年4月，国务院发布了《关于推进上海加快发展现代服务业和先进制造业建设国际金融中心和国际航运中心的意见》（国发[2009]19号，以下简称国务院《意见》），明确提出到2020年上海基本建成与我国经济实力以及人民币国际地位相适应的国际金融中心，并对上海国际金融中心建设的主要任务和措施等进行了全面部署。

“十二五”时期是全面建设小康社会的关键时期，是深化改革开放、加快转变经济发展方式的攻坚时期。为抓住和用好“十二五”这一重要战略机遇期，国家发展改革委会同国务院有关部门及上海市政府，在深入调查研究、广泛听取意见的基础上编制了本《规划》。《规划》阐述了“十二五”时期上海国际金融中心建设的指导思想、发展目标和主要任务，是指导“十二五”时期上海国际金融中心建设的行动纲领。

问：《规划》的发布对上海市意味着什么？“十一五”时期上海国际金融中心建设取得了哪些成绩？

上海市政府负责人：《规划》经国务院同意并由国家发展改革委发布，是继2009年国务院《意见》颁布后上海国际金融中心建设进程中的又一重要标志，充分体现了党中央、国务院对于加快推进上海国际金融中心建设的坚定决心，是党中央、国务院赋予上

海的光荣使命和任务。《规划》发布对于上海加快推进国际金融中心建设，加快转变经济发展方式，不断扩大改革开放，继续发挥上海的带动和示范作用，更好地服务全国具有重要意义。

“十一五”时期，在党中央、国务院的正确领导和国家有关部门的大力支持下，上海国际金融中心建设以金融市场体系建设为核心，以金融改革开放先行先试和营造良好金融发展环境为重点，取得了显著进展。一是金融市场体系不断健全，金融市场规模能级明显提升。2010年，上海金融市场（不含外汇市场）交易总额386.2万亿元，比2005年增长10倍。金融市场产品和工具不断丰富，金融市场国际排名显著提升。二是金融机构体系不断健全，金融机构发展活力明显增强。截至2010年末，上海金融机构总数达1049家，比2005年末增加439家。金融业务创新不断推进，跨境贸易人民币结算、期货保税交割等一批重要的创新业务有序推出。三是金融对外开放取得重要进展，国际化程度稳步提高。外资金融机构加速聚集，金融业务对外开放领域不断拓宽，境内金融机构海外业务稳步拓展。四是金融发展环境持续优化，配套服务功能明显改善。

问：如何判断“十二五”时期上海国际金融中心建设面临的发展形势？

国家发展改革委负责人：“十二五”时期是加快推进上海国际金融中心建设的关键时期，也是可以大有作为的重要战略机遇期。一是世界经济金融格局在复苏中加快调整，中国在国际经济金融体系中的地位不断提升，为上海国际金融中心建设提供了有利的国际环境。二是我国经济持续较快发展，为上海国际金融中心建设提供了坚实的经济基础。三是我国经济、金融改革开放不断深化，为上海国际金融中心建设提供了广阔的发展空间。四是人民币跨境使用进程加快和人民币国际地位的提高，为上海国际金融中心建设提供了新的重要动力。五是全球金融市场竞争日趋激烈，金融风险防范面临新的要求。

问：《规划》中关于“十二五”时期上海国际金融中心建设的指导思想和发展目标是什么？

国家发展改革委负责人：“十二五”时期上海国际金融中心建设的指导思想是：以邓小平理论和“三个代表”重要思想为指导，深入贯彻落实科学发展观，按照国务院统一部署，着力加快金融改革创新，扩大金融对内对外开放，提高金融服务水平，改善金融发展环境，维护金融安全与稳定，显著提升上海国际金融中心配置全球资源的功能和服务我国经济社会发展的能力，为到2020年把上海建设成为与我国经济实力以及人民币国际地位相适应的国际金融中心打下坚实的基础。

按照到2020年上海国际金融中心建设的战略目标要求，《规划》提出“十二五”时期上海国际金融中心建设的发展目标是：瞄准世界一流国际金融中心，全面拓展金融服务功能，加快提升金融创新能力，不断增强上海金融市场的国际内涵和全球影响力，力争到2015年基本确立上海的全球性人民币产品创新、交易、定价和清算中心地位。

问：《规划》关于“十二五”时期上海国际金融中心建设的主要指标有哪些？

上海市政府负责人：为客观衡量上海国际金融中心建设的进展，经过与相关部门和有关专家研究讨论，《规划》确定了四个方面的预期性指标：

一是金融市场规模显著扩大。到2015年，上海金融市场（不含外汇市场）交易额达到1000万亿元左右，主要金融市场规模保持或进入世界同类市场前列。

二是金融国际化程度明显提高。到2015年，参与上海金融市场的境外投资者规模显著扩大；上海证券交易所主要指数、上海大宗商品期货价格的国际影响力显著提升，上海银行间同业拆借利率成为境内外人民币资产定价的主要基准利率，人民币汇率中间价成为境内外人民币交易定价的主要汇率基准等。

三是金融服务功能明显增强。到2015年，上海金融市场直接融资额占社会融资规模比重达到22%左右；管理资产规模达到30万亿元左右。

四是金融发展环境明显优化。到2015年，上海金融从业人员达到32万人左右，国际化高端金融人才和新兴金融领域的人才明显增加，金融发展环境的国际竞争力明显增强。

问：《规划》关于“十二五”时期上海国际金融中心建设有哪些主要任务和措施？

上海市政府负责人：围绕2015年上海国际金融中心建设的目标，《规划》从六个方面阐述了“十二五”时期上海国际金融中心建设的主要任务和措施。

一是以拓展金融市场广度和深度为重点，加快完善金融市场体系。在提升现有金融市场功能的基础上，发展新的金融市场形态。推动基础性金融产品加快发展，稳步发展金融衍生产品。完善金融市场组织体制、定价机制，健全金融市场运行机制。优化金融市场参与者结构，扩大各类机构投资者参与金融市场的广度和深度。

二是以吸引和培育具有国际竞争力和行业影响力的金融机构为重点，进一步完善金融机构体系。促进金融机构总部和功能性金融机构集聚发展，吸引外资金融机构将区域性乃至全球性总部设在上海。规范发展从事新兴金融业务的机构，探索健全符合新型机构发展需要的管理体制。支持在沪金融机构开展市场化改革、开放性重组，增强金融机构创新能力。

三是以建设人民币跨境支付清算中心为重点，加快建设现代化金融基础设施体系。建设面向全球的人民币支付清算网络，支持和推动金融市场加强基础设施建设。根据人民币跨境使用进程和市场需求，支持在沪金融市场将交易系统的相关功能延伸到境外。支持在沪银行卡组织加快建设全球网络，打造国际主要银行卡品牌。支持在沪清算机构发展。

四是以加快金融市场改革创新为重点，不断提升金融中心服务经济社会发展的能力。深化金融改革，支持和鼓励金融创新，形成以市场需求为导向、金融市场和金融企业为主体的金融创新机制。《规划》从大力发展财富与资产管理业务、航运金融、贸易融资、消费金融等11个方面提出了任务和措施。

五是以建设人民币跨境投融资中心为重点，加快提高金融国际化水平。积极有序推进金融市场对外开放，巩固上海金融市场在服务我国金融对外开放和人民币跨境使用中的主导作用。积极推进金融服务业对外开放，支持中外资金融机构深化战略合作。加快拓展金融机构全球服务能力，加快发展跨境贸易和投资人民币结算业务。加强境内外金融交流合作，发展沪港、沪台以及上海与全球主要国际金融中心的交流合作。

六是以制度建设为重点，着力营造具有国际竞争力的金融发展环境。加强金融法治环境建设，推动制定既切合我国实际又符合国际惯例的金融法律制度。完善金融税收制度，争取率先开展金融税收制度改革试点。加强信用体系建设，力争把上海发展成为全国性的信用服务中心。完善金融监管制度，推动建立贴近市场、促进创新、信息共享、风险可控的金融监管平台和制度。加快国际金融人才高地建设，营造有利于金融人才集聚的良好环境。

问：《规划》对加强沪港金融合作提出了哪些任务和措施?

上海市政府负责人：上海和香港作为国家具有重要影响的两个金融中心城市，在共同服务国家经济社会发展中发挥了重要作用。长期以来，沪港两地在金融领域一直保持着良好的合作关系，近年来，两地金融合作不断扩大，联系日益紧密，进一步加强沪港两地金融合作与发展具有十分重要的意义。《规划》明确提出，“十二五”时期，要根据国家统一部署，进一步发展沪港金融的互补、互助、互动关系，完善沪港金融合作机制，加强沪港在金融市场、机构、产品、业务、人才等方面的交流合作，支持沪港金融市场产品互挂。

未来，沪港金融合作要更多地面向全球，进一步拓宽视野，更好地服务于中国提升在全球金融体系中的综合实力和影响力；要面向未来，不断开拓新领域、新空间，更好地服务于国家经济社会发展所提出的多样化金融需求；要增进互动，发挥各自优势，相互支持、有序联动、共同发展。

问：接下来国家有关部门和上海市将如何贯彻落实《规划》?

国家发展改革委负责人：《规划》的制定和出台，是国务院高度重视，上海“两个中心”建设部际协调机制成员部门和上海市政府共同努力的结果。《规划》发布后，上海“两个中心”建设部际协调机制有关成员部门将结合各自职能分工，会同上海市政府加强对《规划》实施的支持和指导。各部门间要加强沟通协调，指导和帮助上海市解决《规划》实施过程中的具体问题。

国家发展改革委将根据国务院要求，进一步做好统筹协调，加强跟踪分析，会同国务院有关部门和上海市政府对《规划》实施情况进行评估，并及时向国务院报告。

上海市政府负责人：我们将积极开展《规划》的学习宣传活动，并切实做好《规划》实施的组织领导，明确分工，落实责任，完善机制，努力为《规划》实施营造良好的环境。同时，进一步加强与国家有关部门的沟通协调，积极配合国家有关部门研究制定相关实施方案，积极争取在金融创新和改革开放等方面的先行先试，并做好相关配套措施的落实工作。

（来源：中国政府网站）

人民日报：上海“转”出一个新天地

[人民日报2012年8月10日迎接党的十八大特刊上海专刊] 蜿蜒的黄浦江，平静地穿过卢浦、南浦大桥，流经百年外滩，向吴淞口奔去，她目睹着5年以来岸边风景的巨变：浦东后滩，曾经破败老旧的煤码头、发电厂、老船厂，混乱的“三不管”地带，变身优雅堂皇的世博园区，成为上海新的文化中心和公众休闲之所；

外滩，从延安路延伸过来的高架道路消失了，外滩景观长廊变宽了，兼具旅游与高端商业区功能，一头“金牛”昂首而立……

经历过世博会洗礼的上海，内外兼修，

人民日报·迎接党的十八大特刊
上海

上海"转"出一个新天地

从速度领先到转型领先

从增长优先到民生优先

从孤芳自赏到从容开放

责任意识重于泰山

人民日报 2012 年 8 月 10 日第 5 版

继往开来。正如中共中央政治局委员、上海市委书记俞正声在上海第十次党代会上所说："5 年的历程极不平凡。面对各种风险和考验，我们之所以能够取得令人鼓舞的新成绩，归根结底，就是坚定不移地走有中国特色、时代特征、上海特点的科学发展之路。"

更健康——从速度领先到转型领先

上海人已经习惯了"慢"下来的经济增速，他们深知，一路狂奔，不利"健康"。

10 年前，上海的经济增速领先全国，长期保持两位数增长，投资拉动"功"不可没，而钢铁、石化等重大项目，是上海的骄傲，也是上海经济的支柱。如今，钢铁等重化工产业在上海国民经济的比重大幅下降，信息产业和服务业为代表的新经济后来居上，信息产业已成为上海产业的第一支柱。

房地产业的"剧情"也跌宕起伏。10 年前，在上海买房，不仅可以贷款，还可以退个人所得税，得到珍贵的蓝印户口。而 10 年后，再要买房既限贷也限购。这一上海经济的重要支撑，在财政收入中占比曾接近 15%，现在，上海则用行动宣告，"上海谋发展，不靠房地产"。

从增速领先，走向转型领先，这是上海经济近年来最鲜明的变化。

2008 年，面对国际金融危机冲击，上海将经济下行危机视为转型发展机遇。最近两年，上海更主动调低增速，为经济转型腾出空间，"创新驱动，转型发展"，成为上海新一轮发展的正能量。

从两位数增长到保持 8% 左右的增长，增速从全国领先到全国垫底，上海无惧压力与非议。"转变发展方式的力度、广度和深度，是衡量上海发展的最重要指标，是贯彻落实科学发展观最具体的体现。只有坚定不移地转方式，上海才能加快建设'四个中心'。"俞正声指出。

一些国家的经验表明，人均 GDP 突破 1 万美元后，经济增速会明显放缓。上海人均 GDP 在 2008 年跨过 1 万美元门槛，2009 年、2010 年经济总量先后超过新加坡和香港地区，进入服务业拉动阶段。在此阶段，"8%"或"7%"的速度已不低。

上海眼下的"慢"，是为了未来走得更好更稳。为此，上海沉稳地谋篇布局，国际金融中心和航运中心建设渐近预定目标，国际贸易中心建设也已破题。现代服务业和先进制造业走势强劲，力求从国家战略层面，积蓄核心技术、自主知识产权，向高端制造迈进，战略性新兴产业中的制造业产值增幅已高于全市工业平均增幅。

不经意间，上海经济正悄然发生“质变”：服务业成为当之无愧的“第一主角”，就业人数占比近60%，对经济增长贡献率达60%，地方财政收入占比70%以上；投资、消费、出口“三驾马车”中，消费对经济增长的贡献稳居第一，从“投资拉动型”向“消费拉动型”转变，上海居民消费增长超过投资增长……

“经济增速虽然下来了，但就业弹性系数上去了。‘十五’末就业的弹性系数为0.23，而现在提高到0.4以上，这表明经济结构的调整已开始创造更多就业机会，经济的转型呈现正效应。”上海市发改委副主任肖林说。

更和谐——从增长优先到民生优先

上海的发展重心愈来愈转向民生，处处将百姓得到实惠作为首要目标，曾经的增长优先的思维，转变为民生优先。

上海市市长韩正多次强调：“率先转变经济发展方式，最终是为了百姓有更好的生活。”

虽然经济增速下行，但是，因为服务业的兴起，税点增加，财政收入上扬。上海1.9万亿元经济总量，财政收入达1万亿元，上海对民生投入更有底气，在旧城改造、住房保障、医疗改革和教育卫生资源的均衡配置等方面，都有醒目的大手笔。

10年前，上海将住房全面推向市场，市民开始适应由分房到买房的转变。而现在，市民又多了一个选择：申请经济适用房和廉租房。特别是近5年间，上海咬住目标，兑现承诺，千方百计推进“四位一体”住房保障体系建设。共有产权保障房申请、首批市级统筹公共租赁住房项目、限价商品房试点全面推开。

2009年初，在经济增长最为困难之际，上海一揽子推出有针对性的住房保障综合措施，此后又相继推出公共租赁房、经济适用房。2011年，上海兑现了1500万平方米保障房的承诺。“十二五”期间，上海市将供应各类保障性住房100万套（间）。其中，廉租住房新增受益家庭1.1万户，累计有8.6万户住房困难家庭受益。

每周一，普陀宜川社区卫生服务中心的钱玮医生来到平江小区为居民巡诊。作为家庭医生，她的签约病人目前已有70多人，无论刮风下雨她都要前往病人家里。而在上海，像钱医生一样的家庭医生已有1982人。“过去我们起大早去医院，现在，是医生上门了。上海人长寿，与你们分不开呀。”钱医生的签约病人、80岁的陈兰很欣慰。

家庭医生的制度设计，是上海医疗卫生体制改革的亮点。上海已有10个区试行，目标是每家都有一个家庭医生，目的是从治“已病”到治“未病”。

率先进入老龄社会的上海，正在构建一个完善的扶老助老服务系统。仅今年就将新增养老床位5000张，扩大养老服务补贴受益面，并为27万老年人提供社区居家养老服务。

第六次全国人口普查数据显示，在上海常住人口17至43岁年龄段的青壮年人口中，户籍人口与外来人口已形成倒挂。沪上公办学校中，小学一年级的非沪籍孩子已经超过了沪籍孩子的总数。在这些初踏入人生的孩子眼中，巨变中的上海，成为他们新的家园。

更大气——从孤芳自赏到从容开放

“转方式先要转精神”，这句话得到越

来越多上海人的认同。

对世界文明进程而言，世博会是一座绕不开的驿站。曾有学者统计，世界上有超过10亿观众在150多年来参观过世博会。美、日的腾飞发展，都曾间接获益于世博。同济大学教授吴志强感慨，“如果我们也有50%的百姓参观过世博，中华民族一定会变得不一样……”

时针转过两年，人们发现，上海世博会不仅修改着这座城市的蓝图，还修正着每一个市民的内心，“公正、包容、责任、诚信”正成为这座城市新的价值取向。

“如果你带孩子看过世博会，你一定要相信，他的过去和未来是不一样的，最大的差异就在于国际观、全局观的形成。”上海市政协副主席周汉民这样评价。

这座城市正变得更加大气、更加开放，更具全国眼光。

上海交响乐团早已习惯于在世界各大城市演出，最近他们有了一条新线路图——贯穿中国西部地区的巡演。这是“上海文化全国行”的一部分，在7月至10月的近百日内，上海的剧团将展开十多年来规模最大的一次全国巡演。而本已火热的上海话剧市场，又迎来了北京人艺60周年的上海巡展，全城轰动，一票难求。谢幕之际，北京人艺的名角们高呼，“感谢上海！”

上海热情的援助之手，伸向四川都江堰、青海玛多，伸向云南、西藏、新疆……

遭受大地震深创剧痛的都江堰，感受到上海对口支援“要走在全国前列”的坚定信念。上海每个区县都开展了“来自上海的问候”送温暖活动；“爱都江堰，就去旅游吧！”上海网友中流传着这样的说法，震后都江堰游客人数大幅下降，唯独上海游客不降反升；上海退休教师沈翠英卖掉价值450万元的房产捐建柳街小学等故事，在都江堰家喻户晓。

文化，让这座国际大都市绽放出独特的魅力。

一年一度的上海国际艺术节、上海国际电影节，让国际艺术精品走进国门，也向世界讲述精彩的中国故事，上海成了国内面向世界最大的艺术港口。而海派电视剧也呈现“井喷”态势，仅今年上半年就有10部电视剧登陆央视，在国产电视剧产能过剩的今天，沪产电视剧“全面开花”，展现出巨大的文化和市场活力，引发业界广泛关注……

这5年的上海故事，迷人而精彩。

（来源：人民日报，记者：刘建林、李泓冰、谢卫群、曹玲娟）

人民日报：咬定科学发展加速创新驱动　上海转型正扬帆

[人民日报2011年11月24日报道] 经历了世博辉煌的上海，眼下看似平静。然而，一场规模更宏大、辐射更宽广、影响更深远的变革正梯次展开。

入夜的浦江两岸灯火辉煌，那里聚集着数百幢上海引以为傲的“月亿楼”。一幢高楼，五六千人，每月纳税上亿元。靠什么实现？传统制造业做不到，粗放发展方式做不到。“月亿楼”是上海现代服务业崛起的见证，更折射出上海经济转型发展的嬗变。

人民日报
RENMIN RIBAO

胡锦涛同土库曼斯坦总统会谈

上海转型正扬帆

咬定科学发展 加速创新驱动

吴邦国温家宝会见土库曼斯坦总统

温家宝会见日本外相

贾庆林会见贯彻落实党外代表人士教育培训改革和发展纲要经验交流会代表

习近平与中央党校学员座谈时强调
把六中全会赋予党建工作的各项任务落实好

创新才有影响力

人民日报 2011 年 11 月 24 日第 1 版

从制造业唱戏到服务业担纲，从投资拉动到创新驱动，从保障民生到创造百姓更加美好生活——面对加快转变发展方式这场“大考”，在改革开放中始终勇立潮头的上海，又一次率先突破。

“转变发展方式的力度、广度和深度是衡量上海发展的最重要指标，是贯彻落实科学发展观最具体的体现。只有坚定不移地转方式，上海才能加快建设‘四个中心’”。中共中央政治局委员、上海市委书记俞正声的态度坚决果断。

“率先转变发展方式，是中央赋予上海光荣而艰巨的历史重任，也是上海未来发展的出路所在。上海要当好科学发展、社会和谐的排头兵。”上海市长韩正的讲话掷地有声。

坚定转型，加快转型，科学转型，上海经济发展方式悄然中深刻变化。

质变喜人——新动力，新结构，新优势

2011 年前 9 个月，上海地方生产总值同比增长“8.3%”，全国倒数第二。正当外界猜测这个速度会不会使上海“脸上无光”时，上海则欣喜于其背后经济发展方式开始质变。

为什么说是开始质变？

增长动力在变——在投资、消费、出口“三驾马车”中，消费对上海经济增长的贡献稳居第一，成为经济发展的第一动力。近年来，上海居民消费增长始终超过投资增长；2010 年，社会消费品零售总额增长高于投资增长 16.7 个百分点。

从“投资拉动型”向“消费拉动型”转变，一直是中国经济转型努力追求的目标。长远看，依靠加大投资实现高增长，必然会不断增加资源能源的消耗，使发展空间越来越小。今年前三季度，全国 GDP 增速 9.4%，固定资产投资增速高达 24.9%。相形之下，上海与 8.3% 经济增速相伴的，是固定资产投资负增长。

产业结构在变——服务业是上海经济发展当之无愧的“第一主角”，就业人数占比近 60%，对经济增长贡献率达 60%，地方财政收入占比 70% 以上。上海理顺了一、二、三产业的关系。

有人会问，金融证券是服务业，批发零售、餐饮家政、房地产也都是服务业，拉动上海发展的服务业集中于哪个层面？倘若是房地产业，恐怕没什么值得骄傲。

“上海谋发展，不靠房地产”。房地产价格高企，一直是上海市委、市政府希望大力调控的。在国家发布“限购”等楼市调控政

策后，上海率先响应。房地产业占上海第三产业的比重已从 2005 年的 14.6% 回落至目前的 7.9%。

上海倚重的，是高端服务业。

一头出自美国华尔街“金融牛”设计者之手的“上海金融牛”雕塑，一年前落户外滩，成为上海新地标。“上海不开市，商品难定价”。上海黄金现货交易额已居全球第一，商品期货交易额全球第二，股票交易额全球第三。英国伦敦金融城最新公布的全球金融中心影响力，上海升至第五位。国际经济中心、金融中心、航运中心、贸易中心，这是中央对上海未来的定位，也是如今的上海日益趋近的现实。

外贸结构在变——外贸出现了有别于全国的“三个大于”。进口大于出口，今年上半年进口增幅高于出口近 7 个百分点，贸易逆差近 115 亿元，而同期我国贸易顺差为 449 亿美元；服务贸易出口大于货物贸易出口，贡献了全国 1/3 的服务贸易出口；一般贸易出口大于加工贸易出口，“三来一补”已成旧闻。上海的“三个大于”，恰恰代表了我国外贸发展方式转变的方向。

正因这一项项长久追逐、终于开始的质变，“8.3%”成为上海人眼中一个接近理想的速度。

“看到上海经济所呈现的数据组合，我打心眼里高兴。”上海市政府研究室主任张道根掩饰不住心底的欣喜。乍一看，8.3% 的经济增速，横向比全国倒数第二；纵向比，上海曾在 1992 年到 2007 年连续 16 年保持两位数增长，平均增速达 12.7%，超过全国两个百分点。何来“不慢”？

衡量快慢，一定要看所处的具体发展阶段。依据国际经验，人均 GDP 突破 1 万美元后，经济增速会明显放缓，如新加坡从 10.1% 降到 5.3%，韩国从 9.6% 降到 5.2%。上海人均 GDP 在 2008 年跨过 1 万美元门槛，2008 年、2009 年经济总量先后超过新加坡和香港地区，较全国其他省份抢先一步进入服务业拉动阶段。在此阶段，“8.3%”已是不低、已属不易。

质量佳。

经济增长 8.3%，同期财政收入则增长 25%，城镇登记失业率达到国际金融危机以来最低，劳动者报酬占初次分配比重较“十五”末提高 5 个百分点，能耗进一步下降。经济变“轻”变“绿”，百姓安居乐业，在务实的上海人眼中，这远比纸上的数字高几个点重要得多。

可持续。

上海毕竟仍处于发展期，需要保有一定的速度。但如果速度太快，则可能又回到过去高投资、铺摊子的老路，不仅难以持续，之前的种种努力也可能前功尽弃。而 8% 的增速，既实现了一定的增长，又给转型留出空间，为可持续发展提供了可能。

转型发展——坚定转，加快转，科学转

上海的变化，靠的是加快转变经济发展方式，矢志不渝地坚定转型。

“上海在转变经济发展方式上的努力已持续数年。”市委常委、常务副市长杨雄说，外界或许会由于今年上海经济增速放缓而注意到上海经济发展方式的变化，事实上，变化绝非朝夕之功。在“十一五”时期，国家就对上海提出了率先转变经济发展方式的要求，那时起，“转型”就成为上海第一位的工作。

国际金融危机阴霾最重的 2009 年，上海月度经济增速曾降至负数，但上海依然主动淘汰、转移产值近 600 亿元的产业。市发展改革

委副主任肖林介绍说，尽管世博会举世瞩目，但上海没有借机铺摊子、上项目，而是反复强调要把筹办世博作为促进上海转型发展的契机，在新一轮竞争中赢得先发优势。

坚定的态度，缘于上海市委、市政府对转型的清醒认识。

率先转型既是国家赋予上海的使命，也是上海持续发展的必然选择。发展空间上，上海人多地少，再不转将无地可用；环境承载上，上海 2300 万的人口已接近承载极限；发展方式上，建立在大投资、大出口基础上的增长模式，在后危机、后工业化、后世博时代难以为继。

上海毅然决然踏上了“二次创业”、坚定转型的征途。

坚定转型，上海遇到第一道难题就是：如何看待速度和效益的关系？

上海主动调低增速预期。“十二五”规划中，上海生产总值年均增长 8%左右。上海市明确，发展已经到了不能再片面追求 GDP 的阶段，必须闯出创新驱动、转型发展的新路。

增速目标调低了，转型发展的目标则提高了，其中，第三产业增加值占生产总值的比重提到 65%。上海自信不自满，深知虽然先于国内多数城市步入“后工业化阶段”，但其服务业比重远低于纽约、伦敦等国际大都市，上海转型必须“快马加鞭”。

坚定转，加快转，还要科学转。

如何摆正服务业和制造业的关系？

转型，是不是光盯着服务业，不要制造业？是不是只要新兴产业，把传统产业都“转”出去？上海清醒地提出，作为中国现代工业的发源地、承载众多国家级高科技项目的开放前沿，上海不能不要制造业，但所有制造业都必须瞄准“高端”。

新兴产业“不玩概念”，必须占据技术和市场的“双高点”。

纤细如发、坚韧如丝，在人体血管内灵活延伸——上海微创医药公司的“拳头产品”冠脉药物支架系统、颅内动脉支架系统，一研制成功上市就迫使同类进口产品的价格下降一半。平均每两分钟，世界上就有一名患者因使用上海微创医药的产品而获得救治。微创医药所在的张江开发区，如今已汇聚国内外上百家顶级生物制药龙头企业。

传统产业要有“新绝活”，必须是“中国制造的世界一流”。

创造过数十个“中国第一”的上海电气集团，是老产业转型升级的“上海范本”。产业还是那个产业，产品和技术早已跨过好几个台阶。全国第一台自主设计的二代改进型核电百万千瓦级蒸汽发生器、第一套国产化率 100% 的百万千瓦级核电站堆内构件……上海电气，堪称重大装备制造的“国之利器”。

站在上海制造业聚集区——临港产业园，人们会发现，上海不仅保有传统制造业，而且大量集中于重工业领域。只是，“重工业”不等于“傻大黑粗”。核电设备、大飞机、海上深水钻井平台……既是高精尖技术的凝结，又是国家战略的生动实践。

转型发展，如何处理好上海和全国的关系？

上海的发展既承载着国家使命，也离不开长三角以及整个中国广阔腹地的支撑。上海市委、市政府领导深知，只有站在全国大局的高度谋划转型，才能在转型中再造新优势。上海要当好“领头羊”，必须做好“服务生”。

虹桥交通枢纽的“智慧问路机”前，指尖轻触，屏幕上立刻出现一个三维交通系统。2 个航站楼、7 条高铁、4 条高速公路、1 条磁浮、城铁、地铁、公交、出租车……想去哪里、有多少种选择，瞬间呈现眼前。上海虹桥，正建成世界上最大的综合性交通枢纽，实现了长三角地区 16 个城市“一小时连接”，为长三角更大范围的国际贸易提供了承载平台。

上海市委、市政府领导常常在各种场合反复强调：上海是全国的上海，率先转型意味着主动担当。

“十二五”开局之年，国家发展改革委给上海确定了综合能耗再下降 18% 的指标。不少人为上海捏把汗：综合能耗已降到全国平均水平的 60%，还有降耗空间吗？上海市态度坚定，“要像挤湿毛巾中的水一样压能耗”。作为上海的用能大户，宝钢不论产品品质还是能耗水平，都已是国际最先进。如何落实国家的要求？宝钢没犹豫，在钢价一路攀升的行情中，他们果断压缩了大量产能。

创新驱动——靠改革，靠引导，靠人才

24 岁时，姚欣开发的一款软件获得了专利认证，他立刻离开家乡来到上海，注册了自己的企业 PPLIVE。7 年后，其旗下的 PPTV 已发展成为全球最大、用户最多的网络电视新媒体，最近刚刚获得境外风投机构数亿美元投资。

为何选择上海？“因为上海离钱最近。”姚欣坦率的言语道出了上海对创业者的吸引力。

不过，他或许不知道，资本不会自动而源源不断地到上海汇聚，上海为之做了大量开创性工作。

备受关注的外商投资股权投资企业试点，今年在上海率先启动。这一政策的破冰意味着为外商投资机构在中国直接投资打开了一条新通道，境外大量活跃的资金对接上海战略性新兴产业有了“直通车”。

类似的先行先试、突破“禁区”的改革，在上海屡见不鲜。近年来，上海先后开展了跨境贸易人民币结算试点、在沪外资银行发行人民币债券等金融创新业务，推出了中期票据、股指期货等大批金融创新产品。一项项创新之举，使上海市场环境更加完善、更加开阔。

率先转型靠什么驱动？上海决策层清醒地认识到：发展的优势在创新，转型的动力在创新，未来的希望更在创新，唯有创新才能让上海再次腾飞。

上海积极创新体制机制，为转型“保驾护航”。

服务业如何再上一个新台阶？上海继闸北国家服务业综合改革试点后，又将于 2012 年 1 月 1 日在全国首尝增值税扩围改革试点，为服务业进一步减负增效。这项改革距正式启动还有一段时间，已吸引了众多新型服务企业的目光。

“唯 GDP”的取向如何从根本上改变？长期以来，GDP 考核都是悬在基层政府头上的一把利剑：追求 GDP，经济发展可能难保质量；摒弃 GDP，年终考核排名靠后又可能影响干部升迁。对此，上海果断取消了对区（县）委局的 GDP 考核，新的评价考核更加注重经济发展质量，注重环境和民生的改善。

如何让基层政府摆脱对土地财政的依赖？上海在财税机制方面做出了全新安排。对那些与服务业和制造业关联度高的增值税、营业税、城市维护建设税等税种，提高区（县）财政分成比例；与土地、房地产直接相关的房产税、土地增值税、契税等税种，降低区（县）财政分成比例。这一增一减，让基层政府的“房地产热情”迅速降温。

改革创新，上海始终坚持社会主义市场经济方向。

衡量市场化水平，上海有两个独特指标：行政收费多不多？企业对政府的依赖大不大？

行政收费多，加重企业负担，也不利于营造良好的市场环境、法制环境。上海提出，要做行政收费最少的城市。2009年以来，上海清理126项行政收费项目，为企业减负200多亿元。目前，上海非税收入占地方财政不到4%，其中地方性收费项目一律取消。

企业天天和政府“黏”在一起，不可能成为真正独立的市场主体。在上海陆家嘴，流传着“十亿元吃顿饭、一亿元转一转”的说法。辖区企业年缴税超10亿元，政府会在年底宴请一次；超过1亿元，政府有关部门会上门调研一次，了解企业需求，解决企业困难。有些初到上海的企业刚开始会感到“被冷落”，但时日久了，更多的企业感到了“轻松”——需要时，政府现身；不需要时，政府隐身。

诺亚财富管理中心首席营销官陈悬说，“政府工作人员来公司只调研不吃饭，这与我们原来的想象很不一样。”他坦言，虽然陆家嘴的写字楼租金贵一些，但因为政府的高效，企业综合成本大大降低。

体制机制创新，体现在点点滴滴。“把创新意识真正融入到方方面面，就会发现创新的空间很大很大。”上海张江集团总经理丁磊说。

人才是创新的源泉，也是转型的关键。张江高科技园区每年会评出20名高端人才予以特殊鼓励。什么样的人才算“高端”？传统办法看学历、看职称、请专家评审，今年张江大胆改革，请园区100家创新型企业的总经理提名100位候选人，然后共同评出企业家眼中的20位高端人才。这种最贴近市场的评选方式，立刻受到园区企业欢迎，一些没有高学历、没有留过学，甚至从事技术工种的人才，首次出现在张江的高端人才榜单上。

民生为本——住有居，老有养，病有医

上海转型的历程中，有一个独特的“慢”与“快”的变奏：经济的增速放慢了，改善民生的步伐却明显加快。

“率先转变经济发展方式，最终是为了百姓有更好的生活。我们讲经济质量，讲转型发展，最后的落脚点一定是民生，持续地改善民生。”上海市委、市政府主要领导在多种场合这样强调。

转型调整中，上海处处把“百姓得实惠”放在重要位置。

“我在徐汇区生活了40多年，今年看黄浦江不用去外滩了，在我们家门口就能欣赏到黄浦江美景。”徐汇区老居民周坚说。

徐汇区沿黄浦江有11公里岸线，过去码头、企业在江边扎堆，一道道高墙把黄浦江挡在视线之外。

随着产业结构调整，徐汇沿岸的码头渐渐失去原有功能，沿江岸线该怎样调整？许多房地产商和企业希望从中获得机会。但徐汇的决策者最终作出决定：还水于民，还景于民。

过去的工业区，今天的景观带。2009年底，徐汇滨江绿化带建设工程启动，目前一期3.6公里长的景观区已经完成，成为浦西仅有的沿江公共绿地，也是目前市中心区惟一可以平视江面的景观带。步行道上，外国人在跑步，孩子在骑车，还有社区居民在锻炼……

民生为本，上海着力化解民生领域的突出矛盾。

“蜗居”是青年人对上海高房价的生动刻画。上海市主要领导对此毫不回避，甚至在上海的干部会议上推荐大家观看电视剧《蜗居》，以体验普通群众的住房困难。

2009年初，是上海经济增长最为困难的时候，就在这样的境况下，上海一揽子推出有

针对性的住房保障综合措施，包括加大保障性住房建设力度、增加土地供给量等。当年，保障房建设总量达到 2000 万平方米。此后，上海又相继推出公共租赁房、经济适用房等措施。2011 年，上海兑现了 1500 万平方米保障房的承诺。“十二五”期间，上海市将供应各类保障性住房 100 万套（间）。

上海的旧区改造也在紧锣密鼓进行。

北新泾五村，是上海上世纪 80 年代的动迁安置房小区，居住的大多是当地的农民和城中心的居民。30 年过去，有实力的人搬走了，留下的大多是老弱病残和外来租房户。年久失修的小区，破破烂烂，违章搭建严重。

2009 年，北新泾五村的旧区改造成为长宁区为民办实事项目之一。当年春节后第一个工作日，区委书记卞百平一大早就来到五村，亲自主持开工仪式。一年间，五村 26 幢居民楼全部进行了整改，居民概括为“穿衣戴帽换胆改水”——所有建筑重新粉刷外墙，屋顶平改坡，每幢楼每户人家重新更换了水管，屋顶的水箱升级换代。2010 年，还是春节后的第一个工作日，卞百平再到五村，还是那个小区那些居民，面貌已焕然一新。“原来，这里每平方米一万元也没有人来看房，现在有人出价每平方米两万元我们也不卖了。”小区居民这样说。

单纯看百姓收入及保障水平，上海一直走在全国前列。不论是最低工资、最低生活保障，还是医保起付线、企业职工养老金，上海都高出绝大多数省市。但是，上海强调，特大型城市百姓安居乐业支出多，让群众生活更幸福更要加倍用心聚力。

60 岁以上的老年人超过 20%，率先进入老龄社会的上海，如何让老人真正感到“老有所依”？上海构建起一个完善而发达的扶老助老服务系统。在上海的许多社区，60 岁以上老人如果选择居家养老，居委会会提供工人或志愿者上门为老人服务，一个老人可以有两个志愿者服务，服务内容包括陪同洗澡，帮助打扫卫生等，无法自理的老人还可以享受送餐服务。倘若老人感到孤独，还可到日间老年服务中心“找乐”，在这里，老人可以上网、看书，也可以免费看病，免费洗澡。

新变化，新阶段，新起点。

改革开放 30 年，上海一次次以勇气和智慧闯关夺隘。

如今加快转变经济发展方式，上海清醒而坚定，又一次走在了全国前列。

“率先转变经济增长方式，率先提高自主创新能力，率先推进改革开放，率先构建社会主义和谐社会”——期许殷殷，华风猎猎，黄浦江畔，尽是征帆。

（来源：人民日报，记者：皮树义、白天亮、谢卫群、陈仁泽）

新华网：取舍之间辟新天——科学发展的上海之路

[新华社 2011 年 12 月 6 日电] 每当汽车驶上黄浦江上的卢浦大桥，许多司机依然会习惯性地放慢车速，鸟瞰江滨那片土地。那里，曾是举世瞩目的世博园。

如今，她已翻开新的一页，正在变身成为集博物博览、文化创意、总部商务等于一体的功能区。从近百年前的“和兴钢铁厂”到世博盛会，再到逐步迈向文化和经济的世界级地标，这片5.28平方公里土地的嬗变，折射出上海这座城市创新驱动、转型发展的历史性跨越。

这是一条革故鼎新的变革之路：调整传统经济结构，摆脱过往路径依赖，转变旧有发展方式；下决心改变过分看重GDP增长，减少对重化工业、投资拉动、加工型劳动密集型产业、房地产的依赖。

这是一条忠实践行国家战略、勇当科学发展排头兵的创新之路：率先转变发展方式，率先提高自主创新能力，率先推进改革开放，率先构建社会主义和谐社会。

中国的经济发展被经济学家称之为“雁阵模式”。作为领头雁的上海，它振翅腾飞的方向，往往是为整个雁阵探索新的航路。

“要老老实实落实科学发展观。”中共中央政治局委员、上海市委书记俞正声指出：上海“十二五”从经济发展上看，就是要实现创新驱动、转型发展，要靠制度创新、科技创新，来推动经济发展方式的转型。

快与慢：全球视野下的上海速度

与以往不同，今年上海经济增速似乎“表现平平”，前三季度GDP增长8.3%，在国内31个省区市中列倒数第二，全年增速估计在8%左右。

上海慢了？

与高增长期相比，上海经济疾行的脚步确实放缓了。伴随浦东开发开放，上海经济连续16年（1992—2007年）以两位数增长，平均增速高达12.7%；而2009年以来，上海的增速均在全国平均水平以下。习惯了“高增长”的人们，开始为上海担心。

而上海自己却相当淡定。

与其“被调整”，不如主动调整。上海之“慢”，与国际金融危机的影响不无关系，但更多的是主动调整的结果。上海正在向传统的发展模式告别。

上海慢得有道理：

——固定资产投资的拉动力正在减弱。除崇明岛外，上海的投资密度已达1亿元/平方公里，在此“高台”上还倚重投资，不是不可以，但今后代价之大不言而喻。上海毅然选择减少对投资的依赖，2011年前三季度，全国固定资产投资同比增长24.9%，上海却是2.2%的负增长。这是12年来上海首次出现投资增幅下降。

——房地产对经济的贡献率明显降低。上海严格贯彻中央调控政策，实现房价稳中有落的同时，推动经济“去房地产化”进程。2011年前三季度上海经济对房地产的依存度已降至8%以下，大大低于2005年15%的水平。且全年新开工住宅中，多数是保障房。

——重化工项目比重大幅回落。

“钢铁、汽车、石化等七个重化工产业，上海都做到了全国最大。在重化工领域，上海基本上不新增投资了。”上海市副市长艾宝俊说。通过调整，钢铁等重化工产业占上海工业的比重，已从2005年的23.9%降至20.6%。

——加工型劳动密集型产业逐渐淡出。上海的出口一度对加工型、劳动密集型产业依赖很大，如今情况大不同。位于松江出口加工区的广达电脑，高峰时生产全球三分之一的笔记本电脑，而今年上半年产值下降9%。

这是发展阶段的规律使然。上海近年来主动对经济“做减法”。“十一五”期间，上海淘汰落后产能2873个，累计影响产值1000亿元。即使是在2008—2009年金融危机肆虐时，在“保增长”过程中，上海也没有丝毫犹豫。仅此一项，就调降了一个百分点的增速。

“上海的GDP已经超过香港、新加坡，不能再拼速度、拼规模。”上海市发展改革研究院院长肖林说，“接下来重点要在产业结构、城市功能、服务水平等方面不断提升。”

事实上，如果将视野扩展至全球，与其他处于转型期的城市零增长乃至负增长相比，8%已然是“让人羡慕”的增速。

经济指标是弹性的，民生指标则是刚性的。令人欣喜的是，上半年上海城镇登记失业人数同比实现减少0.63万，处在金融危机以来的最低水平。还有百姓收入。上海城市居民人均收入并没有因为GDP增幅的下降而走低，前三季度增长13.3%。“百姓得实惠、发展得机会”。在专家眼里，正是这些民生指标构筑了平稳转型的“底线”。

未来，上海经济增长将维持在相对放缓的状态。对此，上海早有准备。上海市政府发展研究中心主任周振华分析，两对变量的矛盾关系决定了转型的艰巨性。一是“快变量”和“慢变量”，随着土地、资源和环境等各项要素的趋紧，传统的经济增量快速缩减，但战略性新兴产业、高端服务业等新的产业部门和增长点，培育相对缓慢，需要一个过程；二是“内变量”和“外变量”，经济体内部调整产业结构、转变经济发展方式需求很迫切，但全球经济低迷、外部需求疲弱、债务危机蔓延，增加了转型的不确定性。

纵使困难万千重，转型闯关不放松！上海市各级领导干部的共识是：绝不能以牺牲环境和资源为代价求快速发展，绝不能以积累社会矛盾为代价求快速发展，绝不能以增加历史欠账为代价求快速发展。对于GDP和财政增速的下降，要下决心去承受，科学发展不能“叶公好龙”。

转与变：国家战略下的率先转型

2011年2月3日，美国《时代》周刊网站刊文：世博场馆还没拆完，上海启动了一项比举办世博会更具雄心的项目，那就是将可持续发展作为下一阶段的核心任务。

的确，探路科学发展战略下的率先转型，已在上海全面推进。

位于苏州河北岸的闸北区是在转型中实现区域腾飞的典型。曾经的老工业之城，置身于上海“四个中心”建设框架中，谋定转型之路，如今“走出低谷”。服务经济取代传统工业快速发展，“国家服务业综合改革试点区”、“中国上海人力资源服务产业园区”和“上海云计算产业基地”相继运行，区内的工业园区成功转型为高新技术服务业园区；曾经破破烂烂的大宁地区也已成为上海商业文化休闲新地标。

“变”随“转”来。上海“转”出一片新天地：

转型带来经济结构优化。今年前10个月，上海新设10万户服务型企业，占同期上海新设企业总数的近九成，为2007年以来之最。目前，上海的服务经济已呈现“5、6、7、8”格局：从业人员超过50%，增加值占比接近60%，贡献的地方财政收入超70%，利用外资占比近80%。根据规划，“十二五”期间上海的服务经济比重将达到65%。

转型促进经济质量提高。以上海工业土地的单位产出率为例，2005年是49亿元／平方公里，2010年增加到63亿元／平方公里，2015年这一指标指向了70亿元／平方公里。钱没增加多少，地也不再扩张，但结构优化之后，经济效益产生了“四两拨千斤”的可喜变化。

转型催生城市功能提升。国际金融中心的快速成型，远不止于黄金现货、商品期货及股票交易额位居全球前三，更可喜的是新平台的不断涌现。今年9月，国内PE领头羊——弘毅投资将其跨境投资基金管理总部落户上海；国内外众多金融衍生品的专业机构也纷至沓来。上海市委常委、副市长屠光绍表示，转型升级正在使上海的金融服务业展现蓬勃发展之势，在许多领域超出人们的预见。

航运中心在巩固吞吐量等硬件全球第一的优势时，迅速提升“软件”：8月末，全国首次期货保税交割在上海洋山保税港区实现全流程运作，正式打通国内商品市场的国际通道。

转型，打的是“持久战”。上海市委常委、浦东新区区委书记徐麟说，推动科学发展，必须持续地在发展中调整、在调整中提升，正确把握“好”与“快”、“大”与“强”、“中心”与“整体”的关系。

制度在破冰。上海不断突破经济转型发展的管制、税制、法制、体制等瓶颈，营造更好的发展软环境。如今，户籍藩篱逐渐打破，“居转户”、引进人才直接落户等制度，增强了对海内外人才的吸引力；供应公共租赁房和单位租赁房，覆盖包括外来人口在内的常住人口……

破与立：历史方位中的创新驱动

“不背过去包袱，不受习惯做法束缚，不为任何风险所惧，不被地区思维所惑，想率先、敢率先、能率先。”

在一个流行赚快钱的时代，有多少企业耐得住寂寞、能十年磨一剑？这样的企业，上海却不少。

“今年公司进项大于出项，终于赢利了。”中微半导体设备公司CEO尹志尧说。这家由一群“海归”创立的高科技企业，卧薪尝胆7年，耗资2亿多美元，终将自主研发的刻蚀设备打进国际市场。从国内一片空白起步，一举闯入行业“第一集团”，他说：“只有创新，才有出路。”

多年来，中国经济取得了令世界瞩目的成就。但传统的“要素驱动”模式空间无多，探索新的增长动力势在必行。

上海之路，动力何在？

上海市委在贯彻落实科学发展观中，审时度势，作出战略选择：“十二五”期间上海要下决心走创新驱动、转型发展的道路，动力在于观念创新、体制机制创新、科技创新，在于深化改革、扩大开放，形成发展的新优势。

为创新，上海“不惜血本”。两年来，上海“自主创新和高新技术产业化发展重大项目资金”已累计支持4批164个市级重大项目，共安排资金51.94亿元。上海已成为全国承担国家重大专项项目数最多的省市。今年1—9月，上海高新技术产业化领域增长14.3%，远高于上海工业的增速。

植根于上海“四个中心”建设的腹地，企业创新如鱼得水。理想能源的薄膜太阳能生产设备下线，一举打破国外企业的垄断格局；展讯40纳米的芯片流片成功，已占据全球GSM芯片10%的市场份额；在全国已获得支付行业牌照的40家企业中，上海有14家，占1/3强……

创新，绕不开重点领域和关键环节的制度突破，意味着要率先从最“窄”的瓶颈处切入。比如，与服务业企业匹配的营业税体系，已无法适应不断分工发展的现代服务经济。上海积极争取，在有关部门协助下，终于迎来期待已久的“破冰”。2012年1月1日起，上海交通运输业和部分现代服务业将开展营业税改征增值税试点。

创新，更是政府自身运行方式的改革。上海全力打造“透明度最高、效率最高、收费最少”的行政区，三年来，市区两级政府调整和清理的审批事项就达952项，取消和停征的行政事业性收费超过300项。

“政府不做运动员”，上海市政府副秘书长、市发展改革委主任周波说。为发展战略性新兴产业，上海设立了30亿元的创业投资引导基金。但不同于以往的直接补贴或资本金注入，此次引导基金更多扮演“基金的基金”角色，在和创投机构设立新的投资基金中，占比一般不超过25%。

创新，当务之急，还在于突破旧有的考核桎梏。2009年，上海就取消了对各区（县）GDP的排名。这不是不要速度，是要在转变发展方式、推进结构调整上下更大力气。

不考GDP，考什么?

上海市统计局日前推出“十二五”时期新的统计指标体系改革方案，超过70%的指标均为首次设立，包括“知识密集型服务业增加值占上海生产总值的比重”、“社会安全指数和环境质量指数”等。新的统计指标体系将为创新驱动、转型发展确立新的考核指挥棒。

取与舍：科学发展的上海之路

科学发展不是空话，科学发展不会没有代价，科学发展不会没有痛苦！必须持之以恒、毫不动摇，以更大的决心和勇气，切实提高发展的全面性、协调性和可持续性，真正走出一条科学发展之路

“科学发展是当下中国的梦想，更是上海的梦想。”上海市委常委、常务副市长杨雄说，上海走的就是科学发展之路。

把自身梦想安放在国家战略蓝图之中，以这样的自觉意识和共同意志为起点，上海在不同时期根据国家不同战略定位，承担不同的使命。

上世纪80年代中期以前，定位为共和国工业基地的上海，让工业梦想之花大放异彩，曾经创造了工业总产值、出口总值、财政收入、人均生产总值、商业调拨量、向外省市输送技术力量等10个全国第一。但上海也付出了城市功能单一化的代价，由此引发反思：“增强经济中心的功能和对内对外的枢纽功能”。伴随着20世纪90年代浦东开发开放，上海建成“四个中心”的战略定位明晰，从工商之城向经济中心城市转型的大幕开启。

“三十年为一世而道更”。历经改革开放30多年来的快速发展，作为先行者的上海也面临着资源环境瓶颈、体制机制障碍、社会矛盾凸显等一系列挑战。

把挫折与困顿变为探索新路的智慧与动力，面对一百种困难寻找一百零一种答案！上海市委、市政府把开展学习实践活动作为新一轮解放思想、统一思想的过程，将科学发展这一党的战略思想化为治市理政的理念，融入日常实践。创新驱动、转型发展的总体思路豁然开朗！申城上下，把加快形成服务经济为主的产业结构作为转型发展的主攻方向，把加快科技进步和创新作为转型发展的重要支撑，把改革开放作为转型发展的强大动力。

到2020年，将上海基本建成与中国经济实力和人民币国际地位相适应的国际金融中心、具有全球航运资源配置能力的国际航运中心！这，是党中央的重托，也是上海发展的需要。

20世纪50年代初，正在哈佛大学撰写博士论文的罗兹·墨菲，特别把论文的最后一章留给“上海的今天和明天”，大胆地预测“上海在未来的岁月里繁荣昌盛”。

墨菲的预言已经并正在成为现实。

上海市政府发展研究中心主任周振华展望：转型之后的上海，全球经济、金融、航运、贸易中心基本建成，城市功能升级，在国际范围内配置资源的能力显著提升，“那时候，上海真正成为全球城市。”

上海市委副书记、市长韩正强调：“率先转变发展方式，是中央赋予上海光荣而艰巨的历史重任，也是上海未来发展的出路所在。

上海要当好科学发展、社会和谐的排头兵。”

这是一次开启新时代光荣与梦想的转型，这是一次艰巨而辉煌的远征。在科学发展的伟大道路上，上海，已经出发！

（来源：新华网，记者：慎海雄、徐寿松、叶锋）

新华网：驶向“深蓝”——上海“四个中心”建设深度推进

[新华社上海2011年12月11日电] 以蜿蜒的海岸线为弓、奔腾的长江为箭，镶嵌在太平洋西岸的明珠上海，正以满弓的姿态，瞄准国际市场的“深海之蓝”。“十二五”开局之年，这座滨海之城拂开全球经济的阴霾，国际经济、金融、航运、贸易中心建设活力迸射，异彩纷呈。

中共中央政治局委员、上海市委书记俞正声指出，坚持科学发展，实现“四个率先”，是中央对上海的殷切期望，也是上海义不容辞的责任。在加快推进“四个率先”、加快建设“四个中心”的宏伟航程中，上海乘大势、谋大局、创大业，正在为打造一个开放程度更高、辐射能力更强、创新能力更足的社会主义现代化国际大都市而蓄势进击。

夯实“四个中心”

2011年，上海港国际集装箱吞吐量将有望突破3000万标准箱，成为全球第一个集装箱吞吐量突破3000万的国际大港。

国际金融中心建设加快推进，金融市场体系不断健全、规模能级明显提升：2011年前10个月，上海有价证券交易、金融期货交易及全国银行间货币与债券市场的成交规模，三者平均增长15%；境外人民币直接投资和外资人民币直接投资业务有序开展。截至10月末，上海跨境贸易人民币结算达到3520亿元；上海证交所、上海期交所交易额分别位居全球第三和第二；根据2011年7月发布的“新华—道琼斯国际金融中心发展指数”，上海排名由上年度的第8升至第6。

国际航运中心建设更上台阶，国际航运发展综合试验区加快建设：国际航运业务营业税减免、特案减免税、期货保税交割、单机单船融资租赁等试点启动，航运经纪、航运金融、船舶交易和海事法律等航运服务业加快集聚。2011年前三季度，上海港集装箱水水中转比率为41.4%，比去年同期提高3.4个百分点，国际中转比例也超过了12%。

国际贸易中心建设高位突破：设立上海综合保税区，深化推动“三港三区”联动发展，虹桥商务区和外高桥国际贸易示范区加快建设，新型国际贸易结算、贸易便利化等试点启动实施；2011年上半年，上海市服务贸易进出口总额达582.7亿美元，同比增长27.2%，约占全国的1/3，特别是金融保险、信息服务等新兴服务出口明显加快；上海建立了全国第一个“国家进口贸易促进创新示范区”，着力扩大进口；成立全国第一个地方层面的海外营销促进中心，扶持自主品牌和高附加值产品出口。

经济转型从容不迫，先进制造业、现代服务业共领风骚：2011年1—9月，上海高新技术产业化领域增长14.3%，快于上海工业2.6%，占上海工业的比重比2010年再提高两个百分点；前 10 个月，上海金融服务业、信息服务业新设户数增长率均超过第三产业的平均增幅，其中金融服务业注册资本增长了 2 倍；前三季度，上海仅跨国公司地区总部新增量就已接近 2010 年全年增量，总数达 347 家，居中国内地之首。

以功能创新“挺立潮头”

浦江浪涌，创新、创造的追求始终驱动着上海在时代的潮头澎湃激荡。作为上海国际金融中心和国际航运中心建设的“前哨阵地”，上海综合保税区走在了功能创新的前沿，一系列影响深远的改革措施正潜移默化展开：拓展保税区分销功能，支持区内企业同时从事国际贸易和国内贸易，实现两头辐射；拓展资金结算功能，创新外汇监管模式，适应企业离岸运作的新型国际贸易业态等。

“酝酿已久的上海洋山港启运港退税政策在 2011 年底或 2012 年初有望实现，如此洋山港的国际竞争力将进一步提升，可以更好地起到中转枢纽的功能，是上海迈向国际枢纽港的重要一步。”浦东新区副区长兼上海综合保税区管委会副主任戴海波日前透露。

而根据上海保监局最新公布的《上海保险业发展“十二五”规划纲要》，上海将在“十二五”期间推动个税递延型养老保险试点。这意味着这一国际成熟的养老保险产品，将在中国内地经济最发达的城市率先“破冰”。

依托上海国际金融中心强大的融资能力，金融对地方经济社会的推动作用也日益明显：11 月 15 日，上海在国内率先发行 71 亿元地方政府债，筹集资金将主要安排用于保障性安居工程、农村民生工程和农村基础设施、医疗卫生和教育文化等社会事业基础设施、生态建设工程。

上海市委常委、副市长屠光绍表示，目前上海正面临调结构、转方式的重要历史阶段。要加快金融创新，有了一系列的创新，才可以不断提升金融价值，并最终服务好社会发展的新需要，从而为金融产业的发展创造更大的发展空间。

“四个中心”驶向深蓝

上海市委副书记、市长韩正强调指出：“上海将继续推进市场创新发展，努力在重点领域争取新的突破，把上海建设成为具有全球资源配置能力和市场网络的枢纽中心。”

11 月底，在上海温煦的秋阳下，虹桥商务区核心区一期首发项目之“虹桥绿谷”正式启动，标志着“智慧虹桥、低碳虹桥”核心区从规划期正式进入开发建设期。

“虹桥商务区的规划论证和建设是一个窗口，充分折射出上海在加快建设‘四个中心’的过程中，不再是单兵突进、局部突破，而是从更高的战略谋划和全局部署，加强‘顶层设计’，协同推进‘四个中心’建设和功能承载。”上海市副市长、虹桥商务区管委会主任沈骏说。

虹桥枢纽工程建设正在成为上海发展的重要战略机遇。上海市政府副秘书长尹弘表示：它的重要性不仅在于整合了各类区域交通方式的换乘功能，而且为上海提供面向长三角的低商务成本现代服务业集聚区和总部经济聚集地创造了可能，成为上海城市未来的新亮点。

从单纯的交通枢纽到多维度的高端商务区，决策者的高瞻远瞩成就了“大虹桥”的先锋探索。

在汇聚了近 700 家金融机构的陆家嘴金融贸易区，浦东的决策者在制定“十二五”规划时同样为着金融和航运、贸易之间的联动效应而深谋远虑：积极引导和支持船舶融资、海上保险、海运资金结算等业务，使陆家嘴航运金融集聚区逐步发展成为国内、国际航运金融保险中心和海运衍生产品交易与结算中心。金融要素富集的黄浦区也已经进行了全面部署。黄浦区区长周伟表示，将进一步完善服务，全力抢抓国际金融格局变化、国际金融中心东移的历史性机遇。

与此同时，上海综合保税区正在向国际一流的自由贸易园区转型。这块自诞生起就带有“自由贸易园区”基因的“试验田”，将探索从外汇管理、货物入出区监管、税收政策、贸易模式等方面先行先试，向自由贸易园区转型，充分实现贸易、投资、金融和运输四方面的自由化，建设与国际惯例更加接轨、具有世界一流水准的自由贸易园区。

上海市政协副主席、浦东新区区长姜樑说：“浦东要紧紧围绕增强‘四个中心’的服务辐射功能，充分发挥核心区、主战场的作用，努力在金融、航运、贸易联动发展中更好地促进经济社会发展，在创新驱动、转型发展中走在前列。”

（来源：新华网，作者：姜微、姚玉洁、贾远琨）

中国改革报：全力打造国际金融中心

——访上海市发展改革委副主任、上海市发展改革研究院院长肖林博士

2012年2月17日，国家发展改革委正式印发《“十二五”时期上海国际金融中心建设规划》（以下简称《规划》）。为深入了解《规划》出台的背景、战略意义、亮点及对上海国际金融中心建设的促进作用，记者日前采访了上海市发展改革委副主任、上海市发展改革研究院院长肖林博士。

记者：上海在历史上曾经是远东知名的国际金融中心。近期，国家发展改革委正式发布《规划》，您能为我们描述一下上海国际金融中心建设的历史背景吗?

肖林：上世纪20年代—30年代，上海是仅次于纽约、伦敦的全球第三大金融市场。到30年代中期，有63家外资银行在上海设立了地区总部或分支机构，28家重要华资银行中有22家将总部设在上海，银行数目和业务总量位居亚洲各大城市之首，超过东京、新加坡和曼谷。这一时期，全国存款总额的一半存放在上海的银行，中国国际收支方面的金融业务，绝大部分都是通过上海进行的。

1990年，我国改革开放的总设计师邓小平就曾提出，把上海搞起来是一条捷径。1992年，党的十四大报告中提出，尽快把上海建成国际经济、金融、贸易中心之一。2001年，国务院在批复上海市城市总体规划时指出，把上海市建成经济繁荣、社会文明、环境优美的国际大都市，建成国际经济、金融、贸易、航运中心之一。2006年，胡锦涛总书记在参加全国“两会”上海代表团讨论时提出，上海要率先转变经济增长方式，率先提高自主创新能力，率先推进改革开放，率先构建社会主义和谐社会，大力推进国际经济、金融、贸易、航运中心建设。2009年3月，国务院常务会议通过《国务院关于推进上海加快发展现代服务业和先进制造业建设国际金融中心和国际航运中心的意见》，首次从国家层面提出上海国际金融中心和国际航运中心的发展目标、主要任务和政策措施。2012年正式印发《规划》，这是继2009年国务院《意见》颁布后上海国际金融中心建设进程中的又一重要标志，充分

体现了党中央、国务院对于加快推进上海国际金融中心建设的坚定决心。

记者：我们知道，国务院于 2009 年 4 月发布了《关于推进上海加快发展现代服务业和先进制造业建设国际金融中心和国际航运中心的意见》(以下简称国务院《意见》)。此次，国家发展改革委又发布了《规划》。这两份文件体现了怎样的国家战略和意图？

肖林：这两份文件是前后衔接、一脉相承的，都充分体现了中央对上海国际金融中心建设的重大战略部署，但两份文件出台的背景不同。2009 年 4 月，国务院发布《意见》之时，正值我国应对国际金融危机的关键时期。上海作为经济中心城市，长期站在我国改革开放前沿，外贸依存度高，经济外向度大，最早受到国际金融危机冲击，受冲击的程度也最大。同时，上海经济经过连续 16 年两位数高速增长，面临的资源、能源和环境瓶颈约束也越来越大，原有的粗放型、扩张式的增长模式已经走不下去，必须率先加快发展转型、率先走出一条科学发展之路。国务院《意见》的发布，既为我国应对国际经济金融形势变化、加快经济发展方式转变、增强我国经济金融国际话语权、维护国家经济金融安全提供了重要的战略支撑，同时也为上海加快经济转型、推进国际金融中心和国际航运中心建设、继续当好全国改革开放“排头兵”提供了系统的政策支持。

此次国家发展改革委发布《规划》，则是在世界经济金融格局在复苏中加快调整、我国国际经济金融地位不断提升、上海国际金融中心建设已经进入关键时期的大背景下，中央对“十二五”时期上海国际金融中心建设国家战略作出的新部署、新要求。《规划》系统阐述了“十二五”时期上海国际金融中心建设的指导思想、发展目标和主要任务，是指导“十二五”时期上海国际金融中心建设的行动纲领。《规划》发布对于上海加快推进国际金融中心建设，加快转变经济发展方式，不断扩大改革开放，继续发挥上海的带动和示范作用，更好地服务全国具有重要意义。

记者：在当前国际金融危机阴霾犹在、欧债危机持续发酵、世界经济不稳定不确定因素较多情况下，上海国际金融中心建设面临什么样的机遇和挑战？上海如何把握和应对？

肖林：从宏观层面来看，上海国际金融中心建设正面临一系列有利机遇和条件。一是国际金融危机背景下，世界经济金融格局在复苏中加快调整，以中国为代表的新兴经济体国际地位加快提升，跨国金融业务和金融交易加快向新兴经济体转移，这为上海加快国际金融中心建设提供了难得机遇。二是我国经济持续较快发展。“十二五”时期，我国经济将继续保持平稳较快发展，经济发展方式加快转变，经济发展的内生动力不断增强，这为上海国际金融中心建设提供坚实经济基础。三是我国经济金融改革开放不断深化。人民币跨境贸易结算全面推进，人民币跨境使用进程不断加快，利率市场化改革和汇率形成机制改革稳步推进，这为提升上海国际金融中心国际化程度和国际资源配置能力提供了有力支撑。四是上海进入创新驱动、转型发展新阶段。2011 年上海经济总量规模已达 1.9 万亿元人民币，2008 年、2009 年先后超越新加坡和香港，2011 年又超过日本京都、韩国首尔。按常住人口计，人均 GDP 达到 1.28 万美元，这为加快上海国际金融中心建设提供了坚实保障。

记者：作为国家战略，上海国际金融中心建设目前的进展如何？已经取得了哪些成效？与国际知名金融中心相比，上海要建成国际金融中心还存在哪些差距和不足？

肖林：国务院《意见》发布以来，上海在党中央、国务院的指导下，认真贯彻落实国务院《意见》，及时研究制定了《实施意见》，明确了国家和上海市层面的协调推进机制，每年制定重点工作安排和部门分工，合力推进上海国际金融中心建设，取得了明显成效。主要体现在：一是基本形成了比较完整的金融市场体系，市场规模和国际地位显著提升。中国金融期货交易所、上海清算所先后开业。上海银行间同业拆借利率成功推出，上海作为人民币汇率基准、利率基准生成地的地位进一步巩固。成功推出了中期票据、黄金期货、锌期货、股指期货等一批有重要影响的金融产品和工具。二是基本形成了门类齐全的金融机构体系，综合实力和发展活力明显增强。商业银行、证券公司、保险公司、基金管理公司、期货公司等金融机构加快集聚，各类功能性金融机构和新型金融机构不断涌现，小额贷款公司、融资性担保公司、股权投资企业等新型机构快速发展。三是基本形成了全方位的金融对外开放格局，金融国际化程度稳步提高。截至2010年末，总部设在上海的外资法人银行21家；合资证券公司5家；合资基金管理公司22家；外资法人财产险公司8家；合资寿险公司11家。

同时，我们也清醒地看到，与国际知名金融中心城市相比，上海国际金融中心建设还存在较大差距。突出体现在，金融国际化程度偏低，金融人才严重不足，金融机构竞争力不强，金融资源国际配置能力不足等。“十二五”时期，上海将按照《规划》要求，紧紧把握“一个核心、两个重点”的推进思路，即以金融市场体系建设为核心，以金融改革开放先行先试和营造良好金融环境为重点，加快体制机制和业务创新，不断提高上海国际金融中心的资源配置功能和辐射带动效应。

记者：《规划》提出，力争到2015年基本确立上海的全球性人民币产品创新、交易、定价和清算中心地位。如何理解这一发展目标？怎样推进这一目标的实现？

肖林：金融产品的创新、交易、定价和清算功能对于国际金融中心的形成、维护和发展具有重要意义。

《规划》明确提出，力争到2015年基本确立上海的全球性人民币产品创新、交易、定价和清算中心地位。全球性人民币产品创新中心是在人民币国际化不断推进的基础上，推出符合境内外投资者多样化投融资需求的各类人民币基础产品和衍生产品创新，形成丰富、完整的境内外人民币业务产品线，扩大人民币产品市场，提升全球金融资源配置能力。全球性人民币产品交易中心则依托各类人民币产品交易平台，为交易双方提供交易撮合和结算服务，优化金融资源配置，增强金融集聚辐射功能。全球性人民币产品定价中心，是依托庞大的人民币产品交易规模，形成包括基准利率、基准汇率在内的具有国际影响力的人民币产品价格体系，并对次级市场、衍生市场和离岸市场产品价格产生强大传导和影响。全球性人民币资产清算中心，主要包括连通中央银行的实时全额支付系统、外汇跨境支付系统、证券托管结算系统等，通过提供中央对手方本外币集中清算服务，建立交易头寸报告机制、风险暴露盯市机制、自动证券借贷机制等，成为开展各类人民币业务的重要纽带和基础平台。创新、交易、定价、清算相辅相成，有机统一，创新是国际金融中心的发展动力，交易是国际金融中心的基本功能，定价是国际金融中心的核心功能，支付清算则在国际金融中心市场交易体系中居于基础性地位。

上海打造全球性人民币产品创新、交易、定价和清算中心，要紧紧抓住人民币国际化加快推进机遇，以推进多功能多层次人民币资产交易市场体系建设为核心，努力构建科学合理、迅捷灵敏的人民币资产价格形成机制，加快形成布局全球、便捷高效的人民币资产清算网络，不断增强全球人民币资产配置能力，努力掌控全球人民币资产国际定价权，全面提升上海国际金融中心的核心功能和国际影响力。

记者：《规划》提出，要以金融市场体系建设为核心。当前上海在金融市场体系建设方面取得的进展有哪些？下一步上海在金融市场体系建设方面还有哪些重大推进举措？

肖林：金融市场体系建设是上海国际金融中心建设的核心任务。自1990年上海证券交易所成立以来，上海金融市场建设已历经20多年，目前已经基本形成比较健全、完善的金融市场体系，市场集聚配置金融资源能力不断增强，市场定价能力和话语权加快提升。主要表现在：一是市场规模不断扩大。2011年，上海各类金融要素市场交易总额420万亿元（包括外汇市场），较2005年增长10倍。二是市场价值明显提升。上海证券交易所股票市价总值从2002年末的2.53万亿元，增加至2011年末的14.84万亿元，跻身全球证券交易所前列。三是市场体系不断健全。已经初步形成包括全国性货币市场、资本市场、外汇市场、商品期货市场、黄金市场、产权市场和金融衍生品市场等在内的较为完备的金融要素市场体系。四是市场主体持续增长。形成了证券投资基金、保险公司、社保基金、企业年金、QFII等各类机构投资者和个人投资者共同参与的市场格局。五是市场开放度不断提升。上海获准率先开展外商投资股权投资企业试点和新型国际贸易结算中心试点，境外机构在境内开立人民币结算账户、境外银行参与境内银行间市场获得突破，境外投资主体范围不断扩大。

《规划》明确提出，到2015年上海金融市场（不含外汇市场）交易额要达到1000万亿元左右，主要金融市场规模保持或进入世界同类市场前列。下一步上海金融市场体系建设，要以拓展金融市场广度和深度为重点，着力增强金融市场功能，加快形成比较发达的、多功能、多层次的金融市场体系。一是提升现有金融市场功能。强化上海证券市场的全国主板市场地位，推进上海证券交易所发展成为亚太一流、具有较强国际影响的交易所；支持上海期货交易所发展成为具有重要国际影响的大宗商品定价中心；支持中国金融期货交易所逐步成为服务全国并在全球范围内具有影响力的风险管理中心。二是积极发展新的金融市场形态。推进张江高新技术产业开发区内具备条件的未上市企业进入全国场外交易市场进行股份公开转让；加快发展保险市场；规范发展贷款转让市场，逐步把上海建设成为全国性的贷款转让交易中心；积极发展票据市场，把上海建成全国性的票据交易中心；探索建立信托受益权转让市场，把上海发展成为全国性的信托产品托管、登记、交易、结算中心。三是丰富金融市场产品和工具。推动股票、债券等基础性金融产品加快发展，促进企业（公司）债、短期（超短期）融资券、中期票据、集合票据、外币债券等债券品种加快发展；稳步发展金融衍生产品。四是健全金融市场运行机制。健全银行间债券市场和交易所债券市场互联互通机制；研究符合条件的、以交易所为代表的组织金融市场交易的机构进行公司化改制试点；不断拓宽保险资金运用渠道。

记者：2012年召开的全国金融工作会议明确提出，要坚持金融服务实体经济的本质要求。此次《规划》也提出，要不断提升金融中心服务经济社会发展的能力。上海国际金融中心建设如何体现这一本质要求？如何确保金融服务实体经济、服务我国经济社会发展？

肖林：温家宝总理在2012年1月上旬召开的全国金融工作会议上指出，要坚持金融服务实体经济的本质要求。此次《规划》也明确提出，服务我国经济社会发展是上海国际金融中心建设的出发点和落脚点。金融是现代经济的血液，其根本功能是为实体经济提供资金融通服务，降低经济运行成本，推动经济更好更快地发展。因此，金融必须根植于实体经济并服务于实体经济这一根本，其价值创造必须源于实体经济的真实价值。金融一旦脱离实体经济这个元神，就会成为无源之水、无本之木，虚拟的金融资产就会迅速膨胀，最终在肥皂泡破灭的同时，也会对实体经济造成巨大的伤害。

上海国际金融中心建设，必须始终坚持金融服务实体经济本质要求，着力把金融资源配置到真正能够创造财富的行业，配置到真正具有成长价值的企业，配置到资源能够发挥最大效用的领域，立足于做大做强实体经济，不断夯实经济发展的“实体基础”。同时，要加强金融业发展的监测监管，增强金融风险监测、评估、预警和处置能力，加强对跨行业、跨市场、跨境风险和系统性风险的防范，坚决防止金融业发展“脱实向虚、以钱炒钱”。

记者：随着我国国民财富的快速增长和百姓收入的不断增加，财富与资产管理已经成为社会关注的热点。《规划》明确提出要大力发展财富与资产管理业务，将上海建设成为我国财富与资产管理中心。请问提出这一战略目标的重大意义是什么？上海如何推进这一目标的实现？

肖林：发达的财富与资产管理业是一个国家高效率配置经济金融资源的重要保障，也是国际金融中心建设的重要组成部分。加快发展财富与资产管理业务，把上海打造成我国财富与资产管理中心，对于稳妥管理和高效配置我国庞大国民财富、增强金融服务实体经济能力和社会保障能力、促进金融市场稳健发展和上海国际金融中心建设具有重要的战略意义。一是有助于高效管理我国快速增长的国民财富，提高金融资源配置效率。改革开放30多年来，我国经济持续快速发展，国民财富迅速增长，GDP跃居世界第二位，外汇储备稳居世界第一，庞大且不断增长的国民财富亟需得到高效率管理以实现保值增值。从发达国家经验来看，有相当比重的国民财富是以金融资产的形式进行配置和管理，如美国财富管理资产总额相当于其GDP的2倍，欧洲国家财富管理规模相当于其GDP总量的80%以上。二是有助于更好满足我国居民财富管理需求，提高居民财产性收入。随着我国居民收入的持续较快增长，百姓投资理财需求明显上升，从简单的财富资产保值增值需求转向更加全面和综合性的财富与资产管理需求，加快打造财富与资产管理中心，有助于更好地满足百姓日益增长的投资理财需求，提高财产性收入在居民收入中的比重。三是有助于缓解我国人口老龄化压力，完善社会保障机制。“十二五”时期，随着第一个老年人口增长高峰的到来，我国人口老龄化进程将进一步加快。由于我国社会保障制度改革起步较晚，老龄化社会的提前到来，将对我国社会养老保障带来巨大压力。加快发展财富与资产管理业，能够有效拓展社保基金和企业年金保值增值渠道，促进我国社会保障体系的可持续发展。

上海要抓住我国国民财富快速增长和金融业改革开放机遇，顺应上海国际金融中心建设战略要求，以提升金融资源配置能力为核心，加快培育和壮大一批本土财富与资产管理机构，大力吸引和集聚一批国际顶级财富与资产管理机构，推动国内外重要机构投资者向上海集聚，促进各类金融资产加速向上海集中，吸引和培育一批财富与资产管理人才，着力构建和完善有利于机构投资者运作和发展的环境，充分发挥财富与资产管理对国际金融中心建设和经济发展的支撑作用，努力把上海打造成为我国财富与资产管理中心。

记者：《规划》提出，提高国际化程度是当前和今后一段时期提高上海国际金融中心能级和影响力的关键。上海在推进金融对外开放方面已经取得了哪些进展？“十二五”期间，上海将从哪些方面提高金融国际化水平？

肖林：国际化程度是衡量一个国际金融中心城市的重要标杆。近年来，随着我国金融改革开放的稳步有序推进，上海金融国际化水平也不断提升。主要表现在：一是金融市场开放水平不断扩大。境外主体参与境内金融市场稳步推进，截至2011年末，已有41家境外商业性金融机构进入银行间市场；货币、外汇、黄金等市场稳步有序向外资金融机构开放。境外人民币直接投资（人民币ODI）和外资人民币直接投资（人民币FDI）业务有序开展。二是成功吸引了一批国际金融机构落户。截至2010年末，总部设在上海的外资法人银行21家，合资证券公司5家，合资基金管理公司22家，外资法人财产险公司8家，合资寿险公司11家。三是本地金融机构“引进来”、“走出去”步伐不断加快。2009年底，海通证券成功收购香港大福证券，成为内地企业收购香港上市券商的首例。2010年7月，国泰君安香港子公司在香港挂牌上市，成为第一家获证监会批准在港IPO的中资券商。2011年11月，浦发银行与美国硅谷银行设立浦发硅谷银行的申请获批，成为国内首家拥有独立法人地位的科技银行。

“十二五”时期，上海将以人民币跨境使用为契机，不断扩大金融对外开放，不断提升上海金融中心参与国际竞争、配置全球金融资源的能力。一是积极有序推进金融市场对外开放。进一步拓展和扩大境外投资者和发行体参与上海金融市场的渠道和规模，巩固上海金融市场在服务我国金融对外开放和人民币跨境使用中的主导作用，加快构建人民币跨境投融资中心。二是积极推进金融服务业对外开放。推动银行、保险、证券、期货等对外开放，加大中外资金融机构合作力度。三是拓展金融机构全球服务能力。支持在沪金融机构开展跨境人民币业务，扩大ODII业务规模，拓宽境内机构和个人投资者参与境外金融市场渠道。四是加强境内外金融交流合作。加强沪港、沪台金融合作，加强上海与国际金融中心城市的交流合作。

记者：《规划》提出，要以制度建设为重点，着力营造具有国际竞争力的金融发展环境。与国际知名金融中心相比，上海在金融环境方面还存在哪些差距和不足？“十二五”期间，上海将从哪些方面优化和完善金融发展环境？

肖林：金融发展环境是国际金融中心建设的重要基础和保障。伦敦金融城每年发布国际金融中心排名，其中最重要的考量因素是五个方面：基础设施、商业环境、人力资源、市场准入、综合竞争优势或者综合竞争力，前四个都是和环境营造有关的，这也说明金融环境对于国际金融中心的重要作用。自从国务院《意见》发布以来，上海将金融环境建设作为“两个重点”之一，在法治环境、信用环境、配套服务等方面不断优化，取得明显成效。具体表现在：一是金融法治环境不断完善。2007年12月18日，上海金融仲裁院正式揭牌；2008年11月13日，上海浦东新区成立国内首家金融审判庭；2009年8月1日，全国首部推进国际金融中心建设的地方性法规《上海市推进国际金融中心建设条例》正式颁布实施。目前，上海已先后在高级法院、两个中院以及金融机构云集的相关4个区设立了5个专门的金融审判庭。最高人民法院明确所有涉及上海证券交易所、上海期货交易所、中国金融期货交易所等纠纷案件管辖权归属上海。二是信用体系和支付体系建设取得重要进展。2008年5月9日，人民银行征信中心正式在上海挂牌，在长三角地区开展信贷征信新业务先行先试，推动长三角地区的社会信用体系建设，目前已建成全国集中统一的企业和个人信用信息基础数据库。在支付清算领域，2009年落户上海的银行间市场清算所股份有限公司（简称上海清算所）作为我国第一家专业清算机构，已开发出多个金融产品交易的清算方案，面向市场提供多产品、跨市场的清算服务。支付清算基础设施不断完善，票据、银行卡、网络支付等非现金支付工具广泛应用。三是金融信息服务和专业服务体系不断健全。新华社金融信息平台及其产品新华08落户上海并于2007年9月20日正式运行，不仅使国际金融市场有了“上海声音”，也推动上海成为金融信息的重要集散地。同时，各类为金融机构服务的专业服务机构如会计审计、法律服务、资产评估、信用评级、投资咨询、财经资讯、服务外包等也纷纷落户，上海已成为我国专业服务体系最发达的城市之一。四是金融人才服务不断优化。不断加大对金融机构引进的金融高层次人才的政策支持，对为上海国际金融中心建设作出显著贡献的金融人才给予奖励。加强公共服务平台建设，成立上海金融业联合会和上海市金融发展服务中心，为金融机构和金融人才提供专业服务；开发建立“上海金融人才网”，搭建金融人才供需和信息交流平台。五是金融在全市布局不断拓展完善。陆家嘴金融城、外滩金融集聚带“一城一带”金融核心集聚区功能加快提升，影响力不断扩大；张江、漕河泾等区域金融功能加快拓展，金融在全市布局不断优化。

虽然上海在营造良好金融发展环境方面已经取得了显著成绩，但与伦敦、纽约等国际知名金融中心相比，受市场机制不完善、创新能力不强、开放度不够等因素制约，上海在金融软环境方面还存在不少需要改进和提高的地方。比如，金融法治环境还不够完善，金融业税种偏多、税制结构还不尽合理，全社会信用体系建设覆盖面还不够全，国际金融人才关心的医疗保障、国际学校等需求还没得到很好地满足，金融监管体系建设还需进一步加强，等等。

“十二五”时期，上海将以制度建设为重点，以国际化、法治化为方向，加快形成具有国际竞争力的金融发展环境。比如，加强金融法治环境建设，推动制定既切合我国实际又符合国际惯例的金融法律制度；争取率先开展金融税收制度改革试点，充分发挥合理税制对金融中心建设的促进作用；加强信用体系建设，进一步完善个人和企业信用征信系统，把上海打造成为全国性信用服务中心；加快构建与金融市场发展相适应的专业服务和中介服务体系；大力实施国际金融人才战略，培养和引进一批国际金融人才，营造有利于金融人才集聚的良好工作、生活和文化环境。

（来源：中国改革报，作者：钱邦英、李承恩、李汉喜）

经济日报：我们需要怎样的国际金融中心

国家发展改革委近日印发的《“十二五”时期上海国际金融中心建设规划》提出，到2020年，要把上海建设成为与我国经济实力以及人民币国际地位相适应的国际金融中心——

无论从金融市场体系发育程度，还是金融机构数量、金融交易规模等指标来看，上海已经呈现出国际金融中心的雏形。根据《“十二五”时期上海国际金融中心建设规划》提出的目标，比照世界几大国际金融中心的发展经验，上海国际金融中心建设的蓝图清晰可见。

提升配置金融资源能力

根据2011年度新华—道琼斯国际金融中心发展指数对全球45个金融中心的排名，纽约和伦敦两个国际金融中心位居首位，东京、香港和新加坡紧随其后，上海综合排名位列第六。

上海金融学院副院长吴大器教授介绍说，该指数的 5 个一级指标分别是金融市场、成长发展、产业支撑、服务水平和综合环境。与发达金融中心相比较，上海的“成长发展”列第 1，但是作为指标权重最大的“综合环境”仅列第 19；与新兴经济体比较，上海国际金融中心在信心指数、资金吸引力、人才吸引力和本币知晓度等方面均名列前茅。“上海要紧抓金融市场的成长发展不放松，努力提升服务水平，尤其要在综合环境建设上急起直追，注重产业支撑向服务实体经济转型。”

金融中心是现代金融体系的核心，金融中心的竞争力和影响力在一定程度上决定着国家和地区在全球范围内的金融资源配置能力，对提升整个国家的经济实力和国际竞争力起到至关重要的作用。

“市场交易是国际金融中心的基本功能，产品定价是国际金融中心的核心作用，支付清算在国际金融中心市场交易体系中居于基础地位。”上海市发展改革委副主任肖林认为，把上海打造成为全球性人民币产品创新、交易、定价和清算中心，有助于显著增强我国金融资源配置能力，不断满足我国快速增长的人民币资产交易、清算和结算需求，也有助于防范人民币国际化风险，提高我国金融风险管控能力。

“上海国际金融中心建设的主要差距在于缺乏非居民参与，需要提高人民币国际化和资本项目开放程度。”上海社会科学院国际金融货币研究中心主任、研究员周宇指出，作为全球进行人民币金融产品交易的平台，上海国际金融中心为非居民提供的人民币金融产品种类越多、规模越大，人民币的国际化程度就会越高。当前需建立人民币国际清算中心和海外人民币投资中心，以此促进跨境贸易人民币结算，疏通人民币回流渠道。

“国际金融中心建成的一个必要前提是人民币资本项目实现可兑换，一个基本特征在于金融要素交易的市场中心。市场在哪里，金融中心就在哪里。”上海市金融办公室主任方星海说，上海已形成最全面的金融要素市场，但仍需大尺度开放，坚持为实体经济服务的方向。

服务经济社会转型发展

“在我国强大经济实力和人民币国际化发展的背景下，通过我们自己的国际金融中心对资源进行配置、满足经济发展对资本的需求，显得尤为迫切。”肖林认为，金融中心和金融产生的前提和基础是实体经济，金融产品的创新也必须是来源于实体经济和企业的现实需求。上海国际金融中心建设必须以服务我国实体经济发展、服务国家发展大局为出发点和落脚点，为快速成长的经济体系和发展方式转变提供支撑。

周宇认为，我国仍然面临相当艰巨的转型任务，而金融业属于高端的现代服务业。上海国际金融中心可以通过促进金融业发展，提高服务业和高端现代服务业占国民经济的比重，从而使我国经济结构得到进一步优化，还可通过集聚社会资金，鼓励和支持一批战略性新兴产业和现代服务业龙头企业通过上海资本市场进行融资。

“中国向创新型社会转型，必须要有健康的资本市场做支撑。”上海交通大学安泰经济与管理学院院长周林教授说，有创新想法的企业家只有通过风险投资和私募股权得到需要的资金，才能将新技术新想法变成真正的商机，而风投和私募的成功很大程度上取决于健康的资本市场。上海国际金融中心建设是培育创新型企业成长、推动产业升级换代、促进实体经济发展的重要保障。

在服务国家区域发展战略方面，吴大器认为，上海国际金融中心建设有利于促进长三角地区一体化发展，加强各地在金融市场、金融支付体系、金融信用体系、金融基础设施建设等方面的合作。同时，上海优势金融资源可以与中西部地区优势产业对接，鼓励支持在沪金融机构到中西部地区设立分支机构，支持西部地区符合条件的企业来沪上市融资，以此促进中西部地区发展。

加快上海国际金融中心建设还能促进我国社会事业发展，保障和改善民生。专家建议，可以加大金融对城市旧区改造、城镇化建设、经济适用房、廉租住房、公共租赁住房建设的支持，加大对养老、医疗等民生事业的支持，推进与社会管理有关的保险业务创新，例如发展安全生产责任、产品质量责任、环境污染责任等保险业务。

综合环境仍需重点改善

“与伦敦、纽约等国际知名金融中心相比，综合环境仍然是上海国际金融中心建设的短板。”吴大器说。比如，金融法治环境不够完善，金融业税制结构不尽合理，全社会信用体系建设覆盖面不够全面等。

复旦大学经济学院副院长孙立坚认为，金融的本质是风险控制能力，建设国际金融中心的关键是人才。作为国际金融中心，相关税收、法律、监管和人才制度应当参照国际惯例，开展先行先试。

“无论是金融市场化改革、金融创新，还是加快金融对内对外开放，一个共同的前提是建立良好的法律和诚信体系。”方星海说。与此同时，国际金融中心还需要完善商业环境和人文环境的配套，“上海航运中心和贸易中心的发展、长三角地区的经济容量，都为国际金融中心建设提供了支撑。”

“在可预见的未来，上海国际金融中心如能在推进金融审批市场化改革，促进金融市场的功能、产品和机构多元化多层次化，以及建立具有国际竞争力的金融税收制度等方面有所突破，机构和人才的聚集将水到渠成。”肖林说，“‘十二五’时期是上海国际金融中心建设的关键时期，我们期待更大的飞跃。”

（来源：经济日报，作者：张双、吴凯、赖薇）

国际金融报：上海建设人民币“四个中心”之环境

市场和人才在哪，金融中心就在哪

——对话上海市发展改革委副主任、上海市发展改革研究院院长肖林

[国际金融报 2012年3月6日报道] 伦敦金融城每年发布的国际金融中心排名被认为是最权威的榜单。这份榜单对每一座入围城市的考量因素有5项：基础设施、商业环境、人力资源、市场准入、综合竞争优势或综合竞争力。值得注意的是，前4项内容都与入围城市的金融环境建设息息相关。

由此可见，金融环境的营造对于任何一座致力于成为国际金融中心的城市而言都至

关重要。在上海市发展改革委副主任、上海市发展改革院院长肖林看来："金融发展环境是上海国际金融中心建设的重要基础和保障。"日前，《国际金融报》就上海金融发展环境过去5年取得的成就，以及"十二五"时期的工作重点与肖林展开深度对话。

至少尚有四大缺憾

金融创新主要依靠机构主体，金融发展环境的营造则是政府的职责。"十一五"时期，上海在党中央、国务院和国家有关部门的指导下，将营造良好金融环境作为国际金融中心建设的"两个重点"之一，从法治、信用、配套服务等方面不断优化金融发展环境，取得明显成效。

《国际金融报》："十一五"期间，上海市政府在营造金融环境方面取得了哪些成果？

肖林："十一五"时期，上海金融发展环境持续优化，配套服务功能明显改善。具体体现在5个方面：

一是金融法治环境不断完善。2007年12月18日，上海金融仲裁院正式揭牌；2008年11月13日，上海浦东新区成立国内首家金融审判庭；2009年8月1日，全国首部推进国际金融中心建设的地方性法规《上海市推进国际金融中心建设条例》正式颁布实施。目前，上海已先后在高级法院、两个中院以及金融机构云集的相关4个区设立了5个专门的金融审判庭。最高人民法院明确所有涉及上海证券交易所、上海期货交易所、中国金融期货交易所等纠纷案件的管辖权归属上海。

二是信用体系和支付体系建设取得重要进展。在信用征信领域，2008年5月9日，在原有地方政府征信平台的基础上，人民银行征信中心正式在上海挂牌，在长三角地区开展信贷征信新业务先行先试，目前已建成全国集中统一的企业和个人信用信息基础数据库。在支付清算领域，2009年落户上海的银行间市场清算所股份有限公司（以下简称"上海清算所"）作为我国第一家专业清算机构，已开发出多个金融产品交易的清算方案，面向市场提供多产品、跨市场的清算服务。支付清算基础设施不断完善，票据、银行卡、网络支付等非现金支付工具广泛应用。

三是金融信息服务和专业服务体系不断健全。新华社金融信息平台及其产品新华08落户上海并于2007年9月20日正式运行，不仅使国际金融市场有了"上海声音"，也推动上海成为金融信息的重要集散地。同时，各类为金融机构服务的专业服务机构如会计审计、法律服务、资产评估、信用评级等也纷纷落户上海。

四是金融人才服务不断优化。不断加大对金融机构引进金融高层次人才的政策支持，对为上海国际金融中心建设作出显著贡献的金融人才给予奖励；加强公共服务平台建设，成立上海金融业联合会和上海市金融发展服务中心；开发建立"上海金融人才网"，搭建金融人才供需和信息交流平台。

五是金融布局不断拓展。以陆家嘴金融城、外滩金融集聚带"一城一带"为核心的金融集聚区功能加快提升，影响力不断扩大；张江、漕河泾等区域金融功能加快拓展。

《国际金融报》：与老牌国际金融中心相比，上海在金融发展环境方面还有哪些差距？

肖林：受市场机制不完善、创新能力不强、开放度不够等因素的制约，上海国际金融中心建设进程与我国经济社会发展的要求相比，还存在一些差距。主要表现在：机构投资者种类和数量不足，金融产品和工具不够丰富；金融机构国际竞争力和影响力有待进一步提升；金融国际化程度有待进一步提高；金融法制、税收、信用、监管、人才服务等环境建设有待加强。这些问题必须通过加快金融改革开放和创新发展加以解决。

与老牌国际金融中心相比，上海金融发展环境还有很长的路要走，主要体现在4个方面的缺憾：

一是金融创新能力明显偏低。金融产品尤其是金融衍生品不够丰富，人民币产品创新能力不足，这在一定程度上是受现有体制所限，目前，金融产品还是审批制度，伦敦、纽约等成熟金融中心是市场化的产品创新机制。

二是金融开放程度还不够高。国际板还没有推出，尽管境外机构发行人民币债券、股票已经启动，但是规模比较小，这主要与人民币国际化进程、资本项目尚未开放有关。

三是高端金融人才缺口较大。目前上海金融从业人员已达23万人，但是，人才缺口仍然很大，突出表现在：高端金融人才紧缺，创新型金融人才匮乏，金融人才国际化程度不足，金融人才发展环境还需进一步优化等。

四是市场准入门槛实在太高。目前，一些外资机构在上海仍以设立代表处为主，部分业务开展仍受制度约束；民间金融机构进入市场的限制更多；除此之外，一些国有企业跨行政区域展业也存在政策壁垒。

重点改善两大领域

营造良好金融发展环境，需要持之以恒地推进、坚持不懈地完善。《国务院关于推进上海加快发展现代服务业和先进制造业建设国际金融中心和国际航运中心的意见》以及国家发展改革委印发的《“十二五”时期上海国际金融中心建设规划》，都对上海金融发展环境建设提出了具体要求和任务。

《国际金融报》：“十二五”期间，上海将从哪些方面入手，着力提升金融发展环境的国际竞争力？

肖林：“十二五”期间，上海将以制度建设为重点，以国际化、法治化为方向，从9个方面着力推进金融发展环境建设，其中大部分都是关于改善金融软环境的。具体包括：加强金融法治环境建设；争取率先开展金融税收制度改革试点；加强信用体系建设；加快构建与金融市场发展相适应的专业服务和中介服务体系；大力实施国际金融人才战略。

金融税负比较重一直是上海金融发展环境的“软肋”。令人高兴的是，在中央政策支持下，2012年1月1日起，上海在交通运输业和部分现代服务业中正式启动营业税转增值税改革试点。这也为金融税制改革奠定了坚实基础。

在信用系统建设方面，上海市委、市政府提出，2012年要实现社会诚信体系建设全覆盖；在国际金融人才战略方面，2012年将出台一系列政策，涉及居住证、户籍制度改革和人才激励机制等方面。

《国际金融报》：在上述9项任务中，哪些是重点改善的领域？

肖林：完善金融专业服务和中介服务体系以及加强金融集聚区规划建设是非常重要的2项领域的工作。

专业服务和中介服务体系是国际金融中心建设的重要组成部分。上海始终高度重视专业服务和中介服务业发展。早在2010年2月，上海市政府就发布了《关于进一步促进本市中介服务业发展的若干意见》，提出加快上海中介服务发展的指导思想、总体目标、重点领域、政策支持等。

近年来，随着上海国际金融中心建设的加快推进，与金融相关的会计审计、法律服务、资产评估、信用评级、投资咨询、财经资讯、服务外包等专业服务加快发展，集聚效应不断明显，行业竞争力不断增强。“十二五”时期，上海将以专业化、规模化为方向，加快构建与金融市场发展相适应的专业服务和中介服务体系。一是创新监管模式，鼓励各类专业服务和中介服务业发展；二是支持专业服务机构创新经营模式和业态，鼓励规模化、国际化发展；三是培育全球金融资讯服务市场，促进金融资讯机构发展；四是大力发展信用评级，培育民族品牌信用评级机构。

在金融集聚区建设方面，上海目前已经形成以陆家嘴金融城、外滩金融集聚带“一城一带”为核心，各重点区域特色金融加快发展的格局，金融功能加快提升，金融布局不断优化。“十二五”时期，上海将从三个方面加快金融集聚和功能布局优化：一是加快陆家嘴－外滩金融集聚区建设，陆家嘴金融城将进一步扩大，外滩金融集聚带将南北拓展，进一步提升“一城一带”的金融承载服务能力和国际影响力。二是打造金融后台服务基地，重点是加快推进金融信息服务产业基地、外高桥保税区、洋山保税港区、漕河泾新兴技术开发区等区域金融功能建设。三是加快商务区金融功能开发，重点推进南京西路、徐家汇、五角场等区域金融功能提升。

除此之外，“十二五”期间，上海还将布局5个重要战略空间：一是虹桥商务区，主要开展商务会展、服务贸易；二是世博园区后续开发，主要涉及总部经济和中央企业的地区总部；三是以徐汇滨江、外滩为主的黄浦江两岸地区；四是以迪士尼乐园为核心的国际旅游度假区，主要从事宾馆、文化创意、旅游业；五是临港产业区。

服务实体是本质要求

市场在哪里，人才在哪里，金融中心就在哪里。人才资源是第一资源，金融人才是上海国际金融中心建设的最重要推动力。《规划》明确提出“加快国际金融人才高地建设”，到2015年，上海金融从业人员达到32万人左右，国际化高端金融人才和新兴金融领域的人才明显增加。

《国际金融报》：上海在金融人才集聚方面做了哪些工作，将采取哪些具体举措吸引高端金融人才参与上海国际金融中心建设？

肖林：“十二五”时期，上海将重点从四个方面加快国际金融人才高地建设：一是重点引进一批海内外高层次、紧缺金融人才，培养一批引领国际竞争的海内外金融领军人才。到2015年，列入中央和上海“千人计划”、“上海市浦江人才计划”等计划的海外高层次金融人才达100名；列入上海市和金融领域领军人才培养计划的金融领军人才达200名。

二是完善金融人才教育培养体系，建立金融人才持续开发机制，为上海国际金融中心建设提供源源不断的高素质金融人才供应。到2015年，全市金融人才总量达到32万人左右。我们已经就此加大力度，包括中欧工商学院、上海交通大学上海高级金融学院、上海纽约大学，都是国际顶级大学，开设了金融MBA和EMBA课程。

三是做好金融人才服务，完善金融人才税收、社会保险、医疗保障等政策，着力营造有利于金融人才集聚的良好工作、生活和文化环境。

四是加强金融人才激励约束机制，探索在符合条件的金融企业中实行股权期权等中长期激励，逐步形成与国际接轨的科学合理的金融人才激励机制。其实，金融企业与其他企业相比，市场化程度更高，在股权激励、薪酬制度以及税制激励等方面已经走在了市场的前面。

《国际金融报》：全球金融危机给我们留下了一个课题，如何平衡金融创新与金融风险。作为金融发展环境的重要环节，上海如何完善金融安全稳定工作机制？

肖林：金融创新是国际金融中心建设的基础，也是其动力和源泉。需要指出的是，金融是高风险行业，确保金融安全是做好金融工作的生命线。上海按照中央要求，坚持金融服务实体经济的本质要求，把金融风险防范作为上海国际金融中心建设的重要保障，不断完善金融工作稳定机制，增强金融风险防范和处置能力。

总体上看，目前上海金融运行是稳定的、有序的。我们认为，金融是为实体经济服务的，一旦脱离了服务实体经济的本质，就会发生类似美国金融危机的风险。

因此，“十二五”时期，上海将在中央有关部门的指导和协调下，在金融风险防范方面重点做好四个方面工作：

一是借鉴国际经验，健全系统性金融风险监测、评估、预警体系，推动建立系统性金融风险处置机制和清算安排，确保不发生系统性金融风险。二是加强金融风险预警体系建设，完善金融突发事件应急预案和应急处置机制，增强金融风险应急处置能力。三是健全金融监管协调机制，加强对跨行业、跨市场、跨境金融风险的监管协作。四是完善监管规则，更新监管理念、制度和方式，推进监管协调工作规范化、常态化。

（来源：国际金融报，记者：张颖）

新华每日电讯：2012年全球十大金融中心城市排名点评

纽约：还是“老大”

在参评新华—道琼斯国际金融中心发展指数的45个城市中，纽约的综合排名继续位居榜首。“金融市场”、“产业支撑”、“服务水平”、“国家环境”4项要素均排名第一，成长发展要素也从2011年的第4跃升到第2。尽管美国经济复苏步履维艰，但其无疑仍是当前主导全球经济的中坚力量。从纽约金融市场方面看，银行、证券交易所、保险公司等金融机构云集。纽约证券交易所更是吸引了大约2800家公司在此上市，全球市值约为15万亿美元。

伦敦：老牌实力

伦敦在综合指数榜单上仍然位居第二。但在5项一级指标要素中，伦敦无一要素排在首位，欧债危机间接波及了这座古老的金融之城。伦敦的“成长发展”要素从2011年的第7名一跃到第3名，显示出巨大的发展潜力。在股票、债券、外汇、大宗商品交易、金融衍生品交易方面伦敦均举足轻重，也是目前真正能与纽约匹敌的金融中心。

东京：守住风光

守住全球第三大金融中心宝座的同时，2012年东京的多项一级指标要素出现衰退。其中，“成长发展”要素由2011年的第3位倒退到第6位，“产业支撑”由第2位下降到第3位，“国家环境”由第3位后退到第5位。和纽约、伦敦相比，东京的差距在拉大；而相较香港、新加坡以及上海的迅速发展，东京的身影越发显得单薄。面对越来越大的竞争压力，东京需要重振旗鼓。

香港：关键纽带

香港的全球金融中心地位早已得到公认。2012 年，香港继续名列全球第四大金融中心的位置，各项一级指标要素也都较为均衡。香港的外汇市场发展完善，可全日 24 小时与世界各地进行外汇买卖。在资本项目开放度、税收、法律体系的透明度、监管能力和经验、基础设施、人才、金融产品和市场深度等方面具有明显优势。香港的人民币离岸业务发展迅猛，中国内地 30% 的对外贸易通过香港 ,50% 的 FDI 源自香港，这是支撑香港成为国际金融中心的一大优势。

新加坡：全球视野

新加坡"蝉联"全球第五大金融中心。"服务水平"、"产业支撑"、"国家环境"3 项要素均位列第 6,"金融市场"则向前一步到了第 7 的位置。新加坡汇集了全球超过 500 家金融机构，在司法和行政透明、政府清廉、公司治理、基础设施便利、低税收、人才、租金成本等方面的优势成就了其金融中心的地位。

上海：潜力巨大

上海综合竞争力保持稳定 ,2012 年排名继续保持第六。上海的"成长发展"要素已经连续 3 年排名第一。锋芒初露的上海，与快速成长的新兴经济体金融中心相比处于领先地位，而与成熟的国际金融中心相比仍有提升余地，尤其是"服务水平"等方面仍存短板。上海多功能金融中心的形成，有助于进一步提升人民币在国际货币体系中的地位，成为未来国际货币多元化中的重要一极。

法兰克福：逆流而上

虽然欧债危机阻碍了欧洲国际金融中心的建设进程，但是法兰克福的综合排名较去年上升了一位。"金融市场"、"成长发展"、"产业支撑"、"服务水平"和"国家环境"各要素在本年度也全面提升。"全方位"的进步让法兰克福成为欧元区排名最高的金融中心城市，也成为在欧债危机中的一抹亮色。

巴黎：逐年走低

巴黎的综合排名从 2011 年的第 7 位下降到 2012 年的第 8 位，位次逐年下降，"金融市场"、"产业支撑"、"国家环境"等要素排名也都较 2011 年有不同程度下滑。可以看出，欧债危机带来的负面影响在不断加深。金融服务是巴黎的传统优势，在政府服务、智力资本、城市环境方面表现都较为突出 ,2012 年巴黎的"服务水平"要素继续排名第 5 位，领跑第二梯队。

苏黎世：财富管家

首次跻身全球十大金融中心城市的苏黎世最突出的优势在于优质的服务水平和稳定的综合环境，其综合排名较 2011 年上升了 3 位。苏黎世的银行业享誉全球，吸引和汇集了来自世界各地的财富，享有"欧洲百万富翁都市"的称号。作为瑞士最大的金融中心，每年从苏黎世调动的资金超过世界资金总量的 20%, 发达的私人银行业使其具备了开展国际财富管理业务的优越条件。苏黎世的瑞士证券是目前世界上唯一具有全自动交易和清算系统的交易所。

芝加哥：创新之都

2012 年，芝加哥取代阿姆斯特丹晋升为第十大国际金融中心。其“成长发展”、“服务水平”、“国家环境”3 项发展要素较上一年度均有大幅提升。芝加哥是美国中西部重要的金融中心。这里云集的各类交易所、金融机构和金融衍生品交易公司，让芝加哥成为世界金融风险管理之都。其中，芝加哥期货交易所成交额为美国最大，芝加哥交易局则是世界上最大、最早的期货、期权交易市场；目前股票成交额在美国名列前茅。

（来源：新华每日电讯，记者：王淑娟、王原）

国际金融报：上海“四个中心”白皮书发布

“复杂多变的国内外经济环境给上海‘四个中心’建设提供契机，人民币国际化或将成为突破口和着力点。”这是记者从 2011 年 10 月 19 日举行的转型发展与上海“四个中心”战略专家研讨会上获得的信息。

与此同时，由上海市发展改革委、上海市发展改革研究院组织编写的 2010/2011 上海“四个中心”发展报告（白皮书）（以下简称“白皮书”）正式发布。白皮书力求客观总结和反映国家有关部委和上海 2010 年为推进上海“四个中心”建设所采取的一系列政策措施以及取得的积极成效，同时阐述了 2011 年的工作思路和推进重点。

成绩显著

“2010 年上海‘四个中心’建设取得了积极成果，下一步关键是要在功能集聚、机构集聚和业务集聚 3 个层面上，开展政策突破和先行先试。”上海市发展改革委副主任、上海市发展改革研究院院长肖林说。

上海依靠结构调整、市场发展、业务集聚，在打造“四个中心”核心功能方面取得显著成效。白皮书指出，在国际经济中心建设方面，2010 年实现生产总值 17166 亿元，其中服务业占比达到 57.3%，新增跨国公司地区总部、投资型公司、研发中心 82 家，累计达 837 家，经济的服务和辐射功能进一步增强；

国际金融中心建设方面，2010 年上海金融市场交易总额 416 万亿元，较 2005 年增长 10 倍，上海证券交易所股票交易额位居全球第三，上海期货交易所成为全球三大有色金属定价中心之一；

国际航运中心建设方面，2010 年，上海港货物吞吐量连续 6 年保持世界第一，集装箱吞吐量首次跃居世界第一，浦东机场连续 3 年排名世界货运机场第三；

国际贸易中心建设方面，“十一五”期间，上海社会消费品零售总额位于全国大中城市前列，商品销售总额位于全国大中城市第一，关区进出口总额接近全国 1/4。

除了规模、数据，上海在国家有关部门支持下，为探索适应“四个中心”建设要求的基本制度框架，开展政策创新突破采取了一系列开创性举措。比如，在国际金融中心建设方面，开展了跨境人民币业务试点、期货报税交割试点、新台币现钞双向兑换业务试点，以及沪深300股票指数期货等。

协同发展

那么，上海距离成为“四个中心”还有多远？上海证券交易所研究总监胡汝银的回答是：“我们离这个目标还很远。”而在上海市委副秘书长、市委研究室主任王战看来：“‘四个中心’建设正处于新的转折点。”

上海交通大学中国金融研究院副院长费方域认为：“整合、协同发展是上海‘四个中心’的未来趋势。作为大都市，上海的竞争力优势在于整合和集聚。只要做大国际贸易，国际金融（贸易结算、支付）、国际航运自然会发展壮大。”

“整合发展‘四个中心’是其他城市不具备的条件。”上海国际航运研究中心秘书长真虹进一步分析到，“国际航运中心的发展促进了国际贸易中心建设，也对国际金融中心建设提出具体要求。如今，国际航运中心建设遇到瓶颈，这不仅是航运产业的问题，也牵涉金融、贸易领域。我们必须把‘四个中心’整合起来、共同推进。”

事实上，“四个中心”一起推动，更有利于国际航运中心的发展。真虹认为，“国际航运中心很重要的一个条件，就是这个城市必须是国际金融中心、国际贸易中心，要加强航运融资、航运保险、衍生品交易的研究。”

寻找突破

“作为‘四个中心’建设主线，人民币国际化应当成为着力点和突破口。”上海外贸学院院长孙海鸣认为，“人民币国际化不仅要发挥服务于产业的功能，更要实现服务于套利的功能，并鼓励国外大企业在国内发行人民币债券。”

对此，肖林表达了相似的观点：“顺应人民币国际化，把上海打造成全球人民币资产交易、定价和清算中心，对于提升我国金融资源国际化配置能力、增强上海国际金融中心集聚辐射功能具有重要意义。”

“发达的交易、支付和清算功能，成为这些老牌国际金融中心核心竞争力的重要体现。”肖林进一步分析到，把上海打造成全球人民币资产交易、定价和清算中心，有助于显著增强我国金融资源配置能力；有助于不断满足我国快速增长的人民币资产交易、清算和结算需求；有助于防范人民币国际化风险，提高我国金融风险管控能力。

在费方域看来：“‘四个中心’建设的出路是人民币国际化，在资本账户没有打开的情况下，可以考虑先从民币‘走出去’开始试水。”在这方面，上海应该主动为香港离岸金融发展做好配套工作，并做深做大在岸金融市场。

（来源：国际金融报，记者：张颖）

9 大事记

2011 年 1 月 14 日
上海口岸报检报关"一单两报"试点启动，实现企业对进口货物的报检、报关信息通过一个窗口、一次录入，分别报送海关与检验检疫两个部门。

2011 年 2 月 11 日
上海金融创新奖首次颁奖大会举行。

2011 年 3 月 24 日
铅期货在上海期货交易所上市交易，上海商品期货市场金属系列进一步丰富。

2011 年 3 月 29 日
上海举行建设张江国家自主创新示范区动员大会。

2011 年 4 月 1 日
人民币对外汇期权在银行间市场正式推出，标志着我国人民币对外汇期权交易正式进入实质性操作阶段。

2011 年 4 月 7 日
上海首批非银行系融资租赁公司正式获得营运批准。

2011 年 4 月 29 日
上海国际航运中心发展促进会成立。

2011 年 5 月 10 日
中国国际贸易促进委员会与浦东新区政府签署《关于加强海事法律服务促进上海国际航运中心建设的合作框架协议》。

2011 年 5 月 16 日
上海海事局与上海海事法院签署《关于共同促进上海国际航运中心建设合作备忘录》。

2011 年 5 月 17 日
国内首家海事法律网——上海海事局海事法律网在上海正式上线运行，供社会免费使用。

2011 年 5 月 19 日
上海金融业联合会专家委员会和上海金融业联合会航运金融专业委员会成立。

2011 年 5 月 19 日—21 日
2011 年陆家嘴论坛召开，论坛主题是"新时期的金融体系及其宏观管理"。

2011 年 5 月 24 日
上海"两个中心"建设部际协调机制第二次会议在北京召开。会议以纪要的形式确定了《推进上海加快发展现代服务业和先进制造业建设国际金融中心和国际航运中心 2011 年工作要点》。

2011 年 6 月 15 日
上海市政府出台《关于加快推进上海国际贸易中心建设的意见》。

2011 年 6 月 24 日—25 日
由交通运输部主办、交通运输部海事局承办的首届中国海员大会在上海举行。

2011 年 6 月 25 日
中国船员招募中心门户网站——中国船员招募网在上海正式开通，标志着中国

船员招募中心正式投入运行。

2011 年 6 月 28 日
上海航运运价交易有限公司正式运行，开展上海航运运价交易。

2011 年 7 月 2 日
上海出口集装箱中远期运价交易启动。

2011 年 7 月 22 日
世界海事大学上海代表处在虹口区揭牌落户。

2011 年 7 月 27 日
上海召开“两个中心”建设工作推进大会。

2011 年 8 月 23 日
国际海上人命救助联盟亚太中心揭牌仪式在沪举行，国际海上人命救助联盟亚太中心正式成立。

2011 年 8 月 25 日
上海期货交易所完成首单期货保税交割。

2011 年 8 月
商务部与上海市政府部市合作工作会议在上海举行，双方同意建立更加紧密的合作关系，共同推进上海国际贸易中心建设。

2011 年 9 月 28 日
上海市政府发布《上海建设国际贸易中心“十二五”规划》。

2011 年 9 月 28 日
上海船舶价格指数和二手船买卖标准合同正式发布。

2011 年 9 月 29 日
商务部授予上海市外高桥保税区“国家进口贸易促进创新示范区（试点）”称号。

2011 年 10 月 15 日
上海吴淞口国际邮轮港正式开港。

2011 年 11 月 3 日
上海机场集团与上海海关签订战略合作谅解备忘录，共同推进上海航空枢纽建设。

2011 年 11 月 10 日
第 11 届世界自由贸易园区大会在浦东外高桥召开。

2011 年 11 月 18 日
中国首家外商独资邮轮船务公司——歌诗达邮轮船务（上海）有限公司在北外滩宣告成立。

2011 年 11 月 28 日
外汇交易中心启动人民币对澳大利亚元和加拿大元的交易。

2011 年 11 月 29 日
“2011 中国国际海事技术学术会议和展览会”在上海新国际博览中心开幕。

2011 年 11 月
浦发银行与美国硅谷银行成立专注服务科技型中小企业的合资银行获银监会正式批准。

2011年12月7日
上海航运交易所正式发布中国沿海煤炭运价指数(CBCFI)，并推出中国沿海煤炭运价衍生品交易产品。

2011年12月21日
交通运输部海事局批准在洋山保税港区内以“中国洋山港”作为新的船籍港开展船舶登记业务。

2011年12月23日
上海港2011年集装箱吞吐量突破3000万标准箱。

2011年12月24日
越江跨省大通道崇启大桥正式通车。

2011年12月26日
中国博览会会展综合体项目正式开工。

2011年12月26日
上海市国际技术进出口促进中心签约揭牌仪式举行，中国（上海）国际贸易中心平台同步开通。

2011年12月
国家发展改革委正式印发《“十二五”时期上海国际金融中心建设规划》。

2012年1月16日
上海市政府正式发布《上海市战略性新兴产业发展“十二五”规划》。

2012年3月2日
上海“两个中心”建设部际协调机制第三次会议在北京召开。

2012年3月6日
洋山保税港区正式启动“保税船舶登记”试点，洋山保税港区正式成为全国第一个开展“保税船舶登记”的试点区域，可以为注册在洋山保税港区的企业所拥有的从事国际航运业务的保税船舶办理船舶登记业务。

2012年3月20日
中国银行上海人民币交易业务总部正式落户上海，这是四大国有银行在上海设立的第一个总部。

2012年5月24日
上海市政府正式发布《上海市加快国际航运中心建设“十二五”规划》。

2012年6月15日
财政部、海关总署、国家税务总局联合发布《关于在上海试行启运港退税政策的通知》，从8月1日起，将在青岛、武汉至上海洋山保税港区之间试行启运港退税政策。

2012年6月28日
2012年陆家嘴论坛在上海举行，本届论坛主题是“金融治理改革与实体经济发展”。

2012年7月18日
上海市政府正式发布《上海市服务业发展“十二五”规划》。

附录

重要政策文件目录索引

文件名称	文号	发文单位
关于印发《上海国际金融中心和国际航运中心建设 2011 年重点工作安排和部门分工》的通知	沪府办 [2011] 第 75 号	上海市政府办公厅
关于印发《上海国际金融中心和国际航运中心建设 2012 年重点工作安排和部门分工》的通知	沪府办 [2012] 第 62 号	上海市政府办公厅
关于印发《上海市加快国际航运中心建设"十二五"规划》的通知	沪府发 [2012] 第 48 号	上海市政府
关于印发《上海建设国际贸易中心"十二五"规划》的通知	沪府发 [2011] 第 61 号	上海市政府
关于加快推进上海国际贸易中心建设的意见	沪府发 [2011] 第 20 号	上海市政府
关于印发《上海市战略性新兴产业发展"十二五"规划》的通知	沪府发 [2012] 第 1 号	上海市政府
关于印发《上海市服务业发展"十二五"规划》的通知	沪府发 [2012] 第 59 号	上海市政府
上海口岸服务条例	上海市人大常委会公告第 40 号	上海市十三届人大常委会
关于批转市发展改革委市国资委制订的《张江国家自主创新示范区企业股权和分红激励试行办法》的通知	沪府发 [2011] 第 36 号	上海市政府
转发市口岸办制订的《2011 年上海口岸工作安排》和《上海口岸支持服务"创新驱动、转型发展"的意见》的通知	沪府办 [2011] 第 32 号	上海市政府办公厅
"十二五"时期上海国际金融中心建设规划	发改财经 [2011] 2991 号	国家发展改革委
境外直接投资人民币结算试点管理办法	中国人民银行公告 [2011] 第 1 号	人民银行
关于境内银行业金融机构境外项目人民币贷款的指导意见	银发 [2011]255 号	人民银行

文件名称	文号	发文单位
外商直接投资人民币结算业务管理办法	中国人民银行公告[2011]第23号	人民银行
保险公司保险业务转让管理暂行办法	保监会令2011年第1号	保监会
关于加强保险公司与商业银行保单质押贷款业务合作管理有关问题的通知	保监寿[2011]1312号	保监会
基金管理公司、证券公司人民币合格境外机构投资者境内证券投资试点办法	证监会令第76号	证监会
合格境外机构投资者参与股指期货交易指引	证监会公告[2011]12号	证监会
关于进一步改进小企业金融服务的通知	沪银监通[2011]197号	上海银监局
关于推进上海地区银团贷款业务发展的指导意见	沪银监通[2011]264号	上海银监局
关于贯彻《国务院关于加快长江等内河水运发展的意见》的实施意见	交水发[2011]76号	交通运输部
关于加快铁水联运发展的指导意见	交水发[2011]544号	交通运输部、铁道部
关于发布国际航行船舶保税油港口供应服务标准的通知	厅水字[2011]226号	交通运输部
关于加快建设全国交通电子口岸公共信息服务平台的通知	厅水字[2011]192号	交通运输部
关于做好上海“两个中心”建设检验检疫相关工作的通知	质检通函[2011]第270号	国家质检总局
关于做好检验检疫工作进一步推动特殊监管区域发展的通知	质检通函[2011]第545号	国家质检总局
关于印发《推进“上海国际航运中心建设2011年重点工作”的实施方案》的通知	沪检综函[2011]178号	上海检验检疫局
关于印发《2011年“全国检验检疫改革创新区”工作实施方案》的通知	沪检综函[2011]第193号	上海检验检疫局

图书在版编目(CIP)数据

2011～2012年上海国际经济、金融、贸易、航运中心发展报告/上海市发展和改革委员会，上海市发展改革研究院主编. —上海：格致出版社：上海人民出版社，2012

ISBN 978-7-5432-2163-5

Ⅰ. ①2… Ⅱ. ①上… ②上… Ⅲ. ①区域经济发展-研究报告-上海市-2011～2012 Ⅳ. ①F127.51

中国版本图书馆CIP数据核字(2012)第213757号

责任编辑 忻雁翔
装帧设计 包晨晖

2011/2012年上海国际经济、金融、贸易、航运中心发展报告

上海市发展和改革委员会
上海市发展改革研究院 主编

出　版 世纪出版集团 www.ewen.cc 格致出版社 www.hibooks.cn 上海人民出版社

(200001 上海福建中路193号24层)

编辑部热线 021-63914988
市场部热线 021-63914081

发　行 世纪出版集团发行中心
印　刷 苏州望电印刷有限公司
开　本 889×1194毫米 1/16
印　张 15.5
字　数 360,000
版　次 2012年10月第1版
印　次 2012年10月第1次印刷

ISBN 978-7-5432-2163-5/F·573

定　价 78.00元